UMA PEQUENA HISTÓRIA DA TRIBUTAÇÃO E DO FEDERALISMO FISCAL NO BRASIL

A necessidade de uma reforma tributária justa e solidária

CONTRACORRENTE

FABRÍCIO AUGUSTO DE OLIVEIRA

UMA PEQUENA HISTÓRIA DA TRIBUTAÇÃO E DO FEDERALISMO FISCAL NO BRASIL
A necessidade de uma reforma tributária justa e solidária

São Paulo

2020

CONTRACORRENTE

Copyright © **EDITORA CONTRACORRENTE**
Rua Dr. Cândido Espinheira, 560 | 3º andar
São Paulo – SP – Brasil | CEP 05004 000
www.loja-editoracontracorrente.com.br
contato@editoracontracorrente.com.br
www.editoracontracorrente.blog

Editores
Camila Almeida Janela Valim
Gustavo Marinho de Carvalho
Rafael Valim

Equipe editorial
Coordenação de projeto: Juliana Daglio
Revisão: Douglas Magalhães
Diagramação: Denise Dearo
Capa: Maikon Nery

Equipe de apoio
Fabiana Celi
Alice Lopes
Carla Vasconcelos
Fernando Pereira
Regina Gomes

Dados Internacionais de Catalogação na Publicação (CIP)
(Ficha Catalográfica elaborada pela Editora Contracorrente)

O48	OLIVEIRA, Fabrício Augusto de.
	    Uma pequena história da tributação e do federalismo fiscal no Brasil: a necessidade de uma reforma tributária justa e solidária
		Fabrício Augusto de Oliveira – São Paulo: Editora Contracorrente, 2020.
		
		    ISBN: 978-65-991612-2-3
		
		    1. Tributação. 2. Reforma tributária. 3. Administração pública. 4. Direito tributário. I. Título. II. Autor..
		
		                                                                                              CDD: 341.39
		                                                                                              CDU: 342

Impresso no Brasil
Printed in Brazil

@editoracontracorrente
Editora Contracorrente
@ContraEditora

Para o professor Wilson Cano,
mestre que guiou meus primeiros passos na economia

(In memoriam)

SUMÁRIO

APRESENTAÇÃO 11

PARTE I
TRIBUTAÇÃO E FISCO BRASILEIRO NA REPÚBLICA: 1889-2014)

INTRODUÇÃO 17

Capítulo I – Economia agroexportadora, Estado Oligárquico e Federação: 1889-1930 23

1. A Constituição de 1891 e a nova moldura tributária 23

2. Crises, déficits públicos e mudanças tributárias: a criação e o pequeno avanço dos impostos internos 29

Capítulo II – Centralização, Estado Desenvolvimentista e Industrialização: 1930-1964 39

1. Vargas, Estado unitário e a mudança no padrão de acumulação: 1930-1945 39

2. Avanço da industrialização, democracia e ressureição federativa: 1946-1964 54

Capítulo III – Estado Autoritário, Reformas e Crise: 1964-1988   69

1. O golpe de 1964: abrindo o caminho para as reformas instrumentais.   69

2. A reforma da tributação e do fisco: ajustando-os como ferramentas da acumulação e da arrecadação 70

3. A crise da década de 1970 e a perda do paraíso fiscal 79

Capítulo IV – Redemocratização, Reformas, Estabilização e o novo papel da política fiscal e tributária: 1988-2014 85

1. A Constituição de 1988: descentralização das receitas, ampliação dos direitos sociais e o ajuste fiscal 85

2. Plano Real, desequilíbrios fiscais e aumento das distorções do sistema tributário: 1994-1998 94

3. A reorientação do Plano Real: um novo papel para a política fiscal e tributária: 1999-2010 102

4. Reforma da gestão tributária: avançando nos caminhos da eficiência e da transparência...112

5. O Governo Dilma Rousseff: nau sem rumo e o avanço do caos tributário: 2011-2014...119

    5.1 Introdução 119

    5.2 A política econômica e a desordem tributária 123

    5.3 A proposta de reforma do ICMS em 2012: uma andorinha perdida num oceano de problemas 128

    5.4 O fracasso da Nova Matriz Econômica: rumo à recessão e ao mergulho na geração de *déficits* primários............................. 132

6. Considerações gerais 136

Referências bibliográficas..140

PARTE II
TEORIAS DA FEDERAÇÃO E A EVOLUÇÃO DO FEDERALISMO FISCAL NO DO BRASIL (1889-2014)

1. Estado unitário e federalismo 147
2. Origem, essência e bases do federalismo 149
    2.1 Origem e essência... 149
    2.2 As bases do modelo de federalismo....................................... 150
3. Tipos e evolução dos de federalismo 155
    3.1 O federalismo dual.. 156

3.2 O federalismo cooperativo: Keynes e a *welfare economics* 158
3.3 O federalismo competitivo: neoliberalismo e *public choice* 163
3.4 O federalismo revisitado: o "neoinstitucionalismo" e a "nova economia política" 171
4. Divisão de poderes e responsabilidades no federalismo: centralização e descentralização 175
   4.1 O Estado centralizado: as "falhas do mercado" 176
   4.2 O Estado descentralizado: as "falhas públicas" 182
   4.3 O Estado institucional: as "novas falhas do mercado" e o Estado regulador 187
5. Algumas considerações sobre os modelos de federalismo 190
6. A evolução do federalismo no Brasil: um pêndulo em busca de um pouso (1891-2014) 193
   6.1 Império: Estado unitário e ensaio de federação 193
   6.2 Arremedo de federação ou a "federação para poucos": 1891-1930 195
   6.3 Vargas e o retorno do Estado unitário autoritário: 1930-1946 200
   6.4 A federação ressuscitada: 1946-1964 205
   6.5 Um novo enterro da federação: 1964-1985 211
   6.6 Ascensão e declínio da federação: 1985-2002 217
      6.6.1 A ascensão: 1988-1993 217
      6.6.2 O declínio: 1993-2002 223
   6.7 A federação soterrada: 2003-2014 236
      6.7.1 A ilusão do fortalecimento da federação: 2003-2010 237
      6.7.2 Desaceleração, crise econômica e o novo declínio da federação: 2011-2014 244
           6.7.2.1 O imbróglio dos royalties do petróleo e do gás natural: 2009-2013 244
           6.7.2.2 Os critérios de distribuição do Fundo de Participação dos Estados (FPE) 255
           6.7.2.3 A renegociação da dívida dos estados e municípios com a União: 2011-2014 257

6.7.2.4 A proposta de reforma tributária do governo Dilma 262
6.7.2.5 A regulamentação da EC 29 em 2013, o aumento do FPM em 2014 e a distribuição do bolo tributário 263

Referências bibliográficas 266

PARTE III
UM OLHAR PARA O FUTURO:
A NECESSIDADE E OS CAMINHOS DE UMA REFORMA TRIBUTÁRIA JUSTA E SOLIDÁRIA

1. Introdução 273
2. Origem do caos tributário: Constituição de 1988, ajuste fiscal e globalização 274
3. Consequências do caos tributário: complexidade, iniquidade e entrave do crescimento e da federação e os caminhos da reforma no Brasil 279

Referências bibliográficas 294

APRESENTAÇÃO

Este livro reúne alguns trabalhos escritos em diferentes momentos de minha vida, nem todos publicados. O primeiro – "Tributação e fisco brasileiro na República" – foi elaborado entre agosto e novembro de 2009 no âmbito do Convênio IPEA/CEPAL. Como tal, foi publicado originalmente como texto para discussão do IPEA em 2010, e, depois, com algumas modificações, publicado também, total ou parcialmente, como capítulo de mais três livros editados por essa instituição.[1] Para este livro, o trabalho foi revisto, ampliado e a ele incorporada a análise da política econômica e fiscal do primeiro mandato do Governo Dilma Rousseff (2011-2014), já que a versão original se encerrava em 2009.

O segundo – "Teorias da federação e a evolução do federalismo fiscal no Brasil (1889-2014)" – foi escrito no ano de 2007 e deveria ser o último capítulo de meu livro *Economia e política das finanças públicas no Brasil: um guia de leitura*, publicado pela Editora Hucitec em 2009. Por

---

[1] São eles: 1) IPEA. *Estado, instituições e democracia:* República. Brasília: IPEA, 2010, vol. 3. (Série Eixos Estratégicos do Desenvolvimento Brasileiro, Livro 9); 2) CASTRO, Jorge Abrahão; SANTOS, Claudio Hamilton Matos; RIBEIRO, José Aparecido Carlos (orgs.). *Tributação e equidade no Brasil*: um registro da reflexão do IPEA no biênio 2008-2009. Brasília: IPEA, 2010; 3) CARDOSO Jr., José Celso; BERCOVICI, Gilberto (orgs.). *República, democracia e desenvolvimento:* contribuições ao Estado brasileiro contemporâneo. Brasília: IPEA, 2013, vol. 10.

sugestão do editor, terminou sendo retirado da publicação para evitar que esta ultrapassasse quinhentas páginas, o que poderia desestimular leitores potenciais. Terminou sendo publicado em 2007, apenas como texto para discussão da Escola de Governo da Fundação João Pinheiro (onde lecionava, à época), de divulgação restrita. Assim como ocorreu com o primeiro trabalho, foi revisto, ampliado e atualizado até 2014.

O terceiro – "Um olhar para o futuro: a necessidade e os caminhos de uma reforma tributária" – foi escrito para esta publicação. Nele se procura fazer um balanço dos problemas do sistema tributário brasileiro na Grande Recessão de 2014-2016 e apontar os caminhos que deveriam ser percorridos para sua reforma, visando recuperá-lo como instrumento manejado pelo Estado para os objetivos do crescimento econômico, da redução das desigualdades de renda e para o fortalecimento da federação.

O que une estes trabalhos é, principalmente, o método de análise. Tanto as estruturas tributárias, assim como os tipos de federalismo que predominam em cada etapa de desenvolvimento do País, são analisados a partir de uma perspectiva histórica que considera tanto o papel do Estado na sua determinação quanto o padrão de acumulação dominante e a correlação das forças sociais e políticas atuantes no sistema. Sua compreensão não repousa, assim, na análise de estruturas despidas de influências e determinações econômicas, sociais e políticas, mas é justamente nessas que se procura entender como se formaram e também as dificuldades e resistências que se colocam para sua reforma e mudança.

Esse método considera ainda a influência do pensamento econômico na orientação das reformas realizadas nas estruturas tributárias, bem como estas costumam ser afetadas por problemas conjunturais. Guiadas por visões distintas sobre o papel do Estado e da tributação na economia e geralmente apoiadas em princípios abstratos a respeito destes temas, nem sempre as recomendações de reformas que nascem dos paradigmas teóricos dominantes em cada contexto histórico são favoráveis para a economia e a sociedade como um todo, não raro escondendo a defesa de interesses das classes sociais mais poderosas que determinam a direção e as tendências políticas do próprio Estado.

APRESENTAÇÃO

Com este livro, acredito que completo o projeto a que me propus desenvolver desde o longínquo ano de 1978, quando elaborei minha dissertação de mestrado sobre a reforma tributária de 1966,[2] empregando o mesmo método. Embora tenha continuado a seguir por esse caminho em trabalhos posteriormente desenvolvidos,[3] faltava-me melhor desenvolver seu arcabouço teórico e avaliar sua consistência por meio de uma análise histórica de mais longo prazo. Quanto ao primeiro caso – o arcabouço teórico –, no livro já mencionado (*Economia e políticas das finanças públicas*), procurei dar fundamentação ao método empregado. Quanto ao segundo, a averiguação de sua consistência através da análise da evolução histórica tanto da estrutura tributária quanto do federalismo brasileiro constitui o cerne deste livro. Se me desincumbi bem ou não desse projeto, cabe ao leitor dar a palavra final.

O apoio financeiro da Federação Nacional do Fisco Estadual e Distrital (FENAFISCO), por meio de seu presidente, Charles Alcântara, e do Sindicato dos Químicos de São Paulo, presidido por Hélio Rodrigues de Andrade, foi fundamental para tornar possível esta publicação. Da mesma forma, o agradecimento deve ser estendido para o professor e amigo Eduardo Fagnani, da Universidade Estadual de Campinas (Unicamp), que trabalhou incansavelmente para torná-la realidade.

Fabrício Augusto de Oliveira

---

[2] OLIVEIRA Fabrício Augusto. *A reforma tributária de 1966 e a acumulação de capital no Brasil*. 2. ed. Belo Horizonte: Oficina de Livros, 1991.

[3] Ver, por exemplo: OLIVEIRA, Fabrício Augusto. *Autoritarismo e crise fiscal no Brasil: 1964-1984*. São Paulo: Hucitec, 1995; e OLIVEIRA, Fabrício Augusto. *Crise, reforma e desordem do sistema tributário nacional*. Campinas: Editora da Unicamp, 1995.

PARTE I
TRIBUTAÇÃO E FISCO BRASILEIRO NA REPÚBLICA: (1889-2014)

INTRODUÇÃO

Esta parte é dedicada à análise da evolução da estrutura tributária e da constituição e organização do fisco brasileiro ao longo do período que vai de 1889 até 2014. Seu objetivo, de um lado, é o de identificar as funções atribuídas ao Estado, à política fiscal e à tributação, bem como as forças que influenciam e determinam o formato das estruturas tributárias, as quais terminam viabilizando ou cerceando o cumprimento desse papel, assim como as mudanças necessárias tanto para sua modernização quanto para seu manejo como instrumento proativo de política econômica. De outro lado, o objetivo desta parte é o de compreender como o aparelho fiscal evoluiu em meio a essas mudanças, propiciando ao Estado, por meio da cobrança de tributos, condições mais ou menos favoráveis para o desempenho de suas funções.

No tocante às estruturas tributárias, a hipótese que permeia a análise é a de que estas só podem ser compreendidas numa perspectiva histórica que contemple os seus principais determinantes aqui considerados: o padrão de acumulação e o estágio de desenvolvimento atingido por um determinado país; o papel que o Estado desempenha em sua vida econômica e social; e a correlação das forças sociais e políticas atuantes no sistema. Em países federativos, inclui-se, ainda, o que se manifesta nas inevitáveis disputas por recursos travadas entre os entes que compõem a federação.[4] Influências

---

[4] Uma exposição mais aprofundada desse método de análise sobre os determinantes das estruturas tributárias se encontra em meu trabalho, mais especificamente no capítulo

conjunturais nessas estruturas, embora relevantes em determinados contextos e períodos, não costumam ser decisivas para modificar substancialmente seu formato.

O método aqui empregado não considera, portanto, a tributação apenas como resultado de uma vontade do Estado, visando atender suas necessidades de recursos, independente de seus condicionantes econômicos e políticos. Ele segue, assim, o mesmo caminho trilhado no primeiro trabalho que desenvolvemos sobre o tema no final da década de 1970, editado sob o título *A reforma tributária de 1966 e a acumulação de capital no Brasil* e complementado, em termos teóricos, no livro *Economia e política das finanças públicas: um guia de leitura*, cuja primeira edição foi lançada em 2009. Nesses trabalhos, as estruturas tributárias são compreendidas em uma perspectiva histórica, influenciada e condicionada pelos determinantes acima relacionados – o nível de desenvolvimento, o papel do Estado e a correlação das forças políticas –, e, em países federativos, pela forma como este se organiza e distribui as receitas e encargos entre os entes que o compõem.

Isso significa que o imposto não é considerado apenas como um instrumento de arrecadação que pode ser cobrado pelo Estado de forma independente do contexto histórico, com aquele decidindo, por *motu proprio*, a melhor forma de fazê-lo. Contrariamente, consideramos que as estruturas econômicas determinam os tipos mais viáveis dos impostos a serem cobrados em cada etapa do processo de desenvolvimento econômico – impostos diretos, indiretos ou ambos, ou se incidentes sobre as exportações, importações, consumo ou renda – e que as decisões do Estado, pelo fato de os impostos representarem ônus monetário direto para quem os paga, são influenciadas na sua definição pelo jogo ou correlação das forças políticas representadas em seu aparelho.

Em cada contexto histórico, a influência desses determinantes sobre as estruturas tributárias se revela com maior ou menor força.[5] Em

---

IV: OLIVEIRA, Fabrício Augusto. *Economia e política das finanças públicas no Brasil*: um guia de leitura. São Paulo: Editora Hucitec, 2009.

[5] Com algumas mudanças substantivas em relação aos seus determinantes, adota-se o

INTRODUÇÃO

economias altamente dependentes das exportações (agroexportadoras, por exemplo), que não contam com o vigor da produção de bens voltados para o mercado interno e apresentam reduzidos níveis de renda *per capita*, insuficiente para financiar o Estado, não restam alternativas para a tributação a não ser a de dar maior ênfase às atividades do comércio exterior. À medida que a economia se desenvolve, colocando em marcha o processo de industrialização, expandindo o mercado de trabalho e constituindo o mercado interno, as bases da tributação se ampliam, deslocando-se para os impostos indiretos cobrados sobre o consumo da população e a produção. À medida que cresce o nível de renda, essa também passa a se viabilizar como base relevante da tributação, sendo as bases da produção os fatores determinantes mais preponderantes. Economias desenvolvidas, em que as bases econômicas já se diversificaram o suficiente para que se possa optar pelo *mix* de impostos sobre o consumo, o patrimônio e a renda, ou entre o conjunto de impostos diretos e indiretos, a correlação das forças políticas e sociais adquire maior influência na definição dessas estruturas.

Por trás de tudo isso, não se pode desconsiderar a influência do pensamento econômico sobre o papel que o Estado desempenha na ordem econômica e social, nem o que é conferido, como decorrência dessa visão, à política fiscal, pois é o primeiro que vai definir tanto o campo de atuação do segundo – portanto, a sua necessidade de recursos ou o tamanho da carga tributária – como também as funções precípuas e os limites da tributação e dessa política.

Nessa perspectiva, enquanto o pensamento clássico e neoclássico cerceou consideravelmente as ações do Estado, por considerá-las nocivas para o sistema econômico, e limitou a função da política fiscal

---

método de Hinrich, que realizou uma esplêndida análise da evolução das estruturas tributárias durante o desenvolvimento para um conjunto de países nas várias etapas desse processo: HINRICH, Harley. *Teoria geral da mudança tributária durante o desenvolvimento econômico*. Rio de Janeiro: Ministério da Fazenda/Secretaria da Receita Federal, 1972. Para uma análise mais completa e detalhada desse método e também para a sua crítica, conferir: OLIVEIRA, Fabrício Augusto. *Economia e política das finanças públicas no Brasil*: um guia de leitura. São Paulo: Editora Hucitec, 2009.

e da tributação a objetivos arrecadatórios e ao equilíbrio fiscal, o pensamento keynesiano deu um novo *status* para essa instituição e instrumentos, transformando-os em veículos importantes para sustentar o sistema econômico, enfrentar suas crises e atenuar suas flutuações cíclicas, o que se refletiu sobre suas estruturas e formas de atuação. Da mesma maneira, com a crise das ideias keynesiana, na década de 1980, e a transformação do capitalismo na etapa mais recente de seu desenvolvimento, retornaram as propostas de maiores restrições ao Estado, à política fiscal e à tributação. Como decorrência, negou-se novamente ao Estado a função de promover políticas de desenvolvimento econômico e social, sendo-lhe atribuída apenas a de garantir, por meio de uma gestão fiscal responsável, as condições requeridas, nessa nova perspectiva teórica, para a estabilidade macroeconômica.

Isso significa que a tributação não deveria se preocupar com políticas redistributivas e nem provocar prejuízos para a competitividade da produção na economia globalizada, deslocando suas bases de incidência da produção, dos investimentos e da riqueza para os fatores de menor mobilidade espacial – consumo, trabalhadores menos qualificados, propriedade imobiliária etc. –, e nem a política fiscal ser conduzida de forma a despertar desconfiança nos agentes econômicos sobre a capacidade de o governo não cumprir seus compromissos financeiros e manter estabilizada a relação dívida/PIB em patamares confiáveis. Foi esse o caminho percorrido pelas reformas que passaram a ser realizadas nesse campo, a partir dessa época, por diversos países do mundo capitalista, guiadas pelo compromisso com as questões da competitividade e da sustentabilidade da dívida pública, um ideário que se disseminou para o restante do mundo e contou com a maior adesão dos países periféricos.

Na análise que se realiza sobre o caso brasileiro, pode-se confirmar ser esse o percurso feito pelo Estado e pelo sistema tributário, com a estrutura deste também sendo condicionada tanto pela natureza de suas bases econômicas quanto pelo arranjo federativo estabelecido em cada um dos períodos analisados. De um Estado de cunho liberal até 1930 – com limitada intervenção na atividade econômica e reduzida carga tributária gerada predominantemente por impostos sobre o comércio exterior –, evoluiu-se, nos períodos seguintes, quando as ideias keynesianas e

INTRODUÇÃO

cepalinas ganharam força, para a condição de um *Estado desenvolvimentista*, o qual, no entanto, teve de lançar mão de outras fontes de financiamento para desempenhar seu papel.

Com efeito, apesar da expansão das atividades produtivas internas, essas não eram suficientes para dotar o Estado de recursos para suas ações. Tampouco reformas de profundidade em sua estrutura se mostraram viáveis, dado o pacto político do *Estado de Compromisso*, que sustentou suas ações até o final da década de 1950. Tais reformas só foram efetivamente realizadas na década seguinte, quando o sistema foi, finalmente, ajustado para dar condições ao Estado tanto de desempenhar seu papel quanto para transformá-lo num instrumento efetivo de política econômica.

Já na década de 1990, sob a influência das transformações conhecidas pelo capitalismo com o processo de globalização – financeira, de produtos e de investimentos – e do novo paradigma teórico que deu outro *status* para a atuação do Estado, da política fiscal e da tributação, as reformas necessárias para o sistema tributário ajustar-se ao novo quadro têm sido obstadas principalmente pela precedência que tem, nesse ideário, o compromisso com o ajuste fiscal para garantir a sustentabilidade da dívida.

Isso é importante para se compreender duas características importantes da estrutura tributária brasileira na atualidade. A primeira diz respeito ao fato de ter sido o sistema transformado, a partir da década de 1990, em um instrumento voltado para a produção de elevados e crescentes *superávits* primários, esterilizando parte expressiva dos recursos públicos para o pagamento dos juros da dívida, visando manter estabilizada a relação dívida/PIB. Como decorrência, estreitou-se seu espaço como instrumento de política econômica e social, conduzindo a uma profunda degenerescência de sua estrutura.

A segunda característica diz respeito ao fato de em nenhum momento ter-se avançado, muito em virtude desse seu novo papel, na correção de suas principais distorções, as quais se ampliaram consideravelmente após a Constituição de 1988, na medida em que sua reforma poderia provocar perda de receitas para o Estado e, com isso, inviabilizar o sistema como instrumento produtor de *superávits* primários. Ao mesmo tempo, nenhum governo democrático pós-Constituição de 1988, seja de esquerda, direita ou centro, até os dias atuais, se dispôs a estender a cobrança de impostos tanto para o capital como para as camadas mais ricas da população, por considerá-la um pecado capital, como se verá mais detidamente na parte final dessa primeira parte do trabalho.

Uma análise da evolução do fisco brasileiro ao longo de todo o período considerado é também contemplada nessa análise, procurando-se mostrar que apenas quando se realiza uma reforma mais profunda do sistema tributário, na década de 1960, e o Estado vê suas bases de financiamento fortalecidas, é que se começa a avançar na efetiva constituição de suas estruturas – com o aumento do quadro de pessoal, a criação de instrumentos de controle dos contribuintes em geral, a integração sistêmica de suas unidades de fiscalização e de arrecadação e a criação da Secretaria da Receita Federal em 1968. Esse processo se acentuará nas décadas seguintes com a revolução ocorrida nos sistemas de informação, que abrirá novos caminhos para o aprimoramento dessa estrutura, e com a unificação do fisco, em 2008, ao se operar a união da Receita Federal e do Instituto Nacional de Seguro Social (INSS) numa única estrutura que passou a ser denominada Super-Receita. O processo se completará com uma expressiva modernização dos fiscos estaduais e municipais, bem como com as instituições envolvidas nas questões fiscais, casos, por exemplo, dos Tribunais de Contas e do Ministério Público.

Capítulo I

ECONOMIA AGROEXPORTADORA, ESTADO OLIGÁRQUICO E FEDERAÇÃO: 1889-1930

1. A Constituição de 1891 e a nova moldura tributária

O grande tema debatido no processo de elaboração da Constituição de 1891, no campo fiscal, foi o da partilha de receitas entre os entes que passaram a integrar a recém-criada federação em 1889, o que é compreensível. Afinal, nessa Constituição – que formalizaria a ruptura com o período imperial e inauguraria o regime republicano –, o mais importante era, de fato, a definição de uma estrutura de distribuição de competências fiscais entre a União e os estados, em substituição à vigente no período anterior e medida indispensável para cimentar a nova forma de organização política do Estado brasileiro. Entre as posições extremadas que se manifestaram na elaboração da Constituição, fossem em favor da União ou dos estados, terminou prevalecendo o bom senso. No final, terminou aprovada uma estrutura de maior equilíbrio nessa repartição, necessária para garantir e resguardar a força da nova federação.

Não houve, ali, grandes preocupações com o efeito dos tributos sobre o contribuinte ou a economia, nem com a exploração de novas bases da tributação. Não poderia ser diferente: apesar das importantes transformações "estruturais" que o País vinha conhecendo nas últimas décadas do século XIX – com o avanço da produção cafeeira, o fim da escravatura, a entrada maciça de imigrantes que a ela se seguiu, a ampliação do trabalho assalariado e o progressivo aumento de sua participação nos fluxos comerciais e financeiros da economia internacional –, o fato é que tais transformações se encontravam em estágio incipiente, sem ainda terem produzido alterações relevantes em suas bases produtivas, cujas características eram, essencialmente, as de uma economia agroexportadora. Não havia, como decorrência, condições para se realizarem deslocamentos importantes nas bases da tributação, nem para permitir, ao Estado Central, ampliar suas fontes de arrecadação ou mesmo para se abrir mão de tributos que não tinham muito bem definido seu fato gerador.

Não surpreende, assim, que a nova estrutura de tributos aprovada pouco se distanciasse da vigente em períodos anteriores. Apesar do equilíbrio que se buscou ao garantir uma melhor distribuição das competências entre a União e os estados, seus resultados não foram favoráveis para assegurar a harmonia federativa. Um exame dessa nova estrutura, contida no Quadro I.1, é importante para ajudar a entender melhor essas questões.

PARTE I - CAPÍTULO I - ECONOMIA AGROEXPORTADORA...

Quadro I.1
Constituição de 1891: distribuição das competências tributárias, por unidades da federação

---

União
- Sobre a importação de procedência estrangeira;
- Direitos de entrada, saída e estada de navios, sendo livre o comércio de cabotagem às mercadorias nacionais, bem como às estrangeiras que já tenham pago imposto de importação;
- Taxas de selo;
- Taxas de correios e telégrafos federais;
- Outros tributos, cumulativamente ou não, desde que não contrariem a discriminação de rendas previstas na Constituição.

Estados
- Sobre a exportação de mercadorias de sua própria produção;
- Sobre imóveis rurais e urbanos;
- Sobre a transmissão de propriedade;
- Sobre as indústrias e profissões.
- Taxas de selo quanto aos atos emanados de seus respectivos governos e negócios de sua economia;
- Contribuições concernentes aos seus telégrafos e correios;
- Outros tributos, cumulativamente ou não, desde que não contrariem a discriminação de rendas previstas na Constituição.

Municípios
- Atribuição de competências a cargo dos Estados.

Fonte: Baleeiro, Aliomar. *Constituições brasileiras: 1891*. Brasília: Senado Federal e Ministério da Ciências e Tecnologia, Centro de Estudos Estratégicos, 2001.

Como observou Varsano a respeito dessa nova estrutura,

> [a] República brasileira herdou do Império boa parte da estrutura tributária que esteve em vigor até a década de 30. Sendo a economia eminentemente agrícola e extremamente aberta, a principal fonte de receitas públicas durante o Império era o comércio exterior, particularmente o imposto de importação que,

em alguns exercícios, chegou a corresponder a cerca de 2/3 da receita pública.[6]

Comparada, no entanto, à que vigorava no último ano do Império, a nova estrutura se apresentava bem mais enxuta: dela, foram excluídos vários impostos que integravam o orçamento federal de 1889, como os impostos de armazenagem, de faróis, de docas e de transportes e os incidentes sobre os subsídios e vencimentos recebidos dos cofres públicos e também sobre os dividendos distribuídos pelas Sociedades Anônimas; igualmente, eliminaram-se alguns impostos de competência das províncias de então, como os dízimos de gêneros alimentícios, subsídio literário, taxa de viação em estradas provinciais, entre outros.

Foram mantidos, por sua vez, tributos criados durante o período colonial, mas que tiveram sua base de incidência ampliada, como a Taxa de Selo (Alvará de 17/06/1809) ou de Indústrias e Profissões (fusão de impostos incidentes sobre lojas, casas de leilões e modas e sobre despachantes e corretores), assim como os impostos sobre o patrimônio e a transmissão de propriedade, cobrados ou pelo Poder Central ou pelas províncias (sisas dos bens de raiz, décima dos legados e heranças, décima dos rendimentos dos prédios urbanos, transmissão de propriedade). Além desses, preservaram-se, com nomenclatura modificada, os principais impostos do Estado: o de importação, que os estados pleitearam inicialmente, e o de exportação (ex-Direitos de Entradas e Saídas, vigentes nos períodos colonial e imperial).

É interessante notar ter-se aberto mão, nessa estrutura, da instituição de impostos que, além de já estarem sendo cobrados há algum tempo, transformar-se-iam nas mais importantes fontes de receita para os cofres públicos, à medida que o País avançou no processo de industrialização da economia: o Imposto sobre o Consumo, anteriormente cobrado sob a forma dos dízimos sobre as mercadorias em geral (pescado,

---

[6] VARSANO, Ricardo. *A evolução do sistema tributário brasileiro ao longo do século:* anotações e reflexões para futuras reformas. Brasília: IPEA, 1996, p. 2 (Texto para Discussão n. 405).

PARTE I - CAPÍTULO I - ECONOMIA AGROEXPORTADORA...

gado, embarcações, azeite, tabaco etc.) e posteriormente, já com essa denominação, sobre mercadorias específicas (sal, fumo, rapé); e o Imposto de Renda, cobrado na forma de impostos sobre alguns rendimentos, como os de "Novos e Velhos Direitos" e posteriormente como "Subsídios e Vencimentos".

Tanto no caso do Imposto de Consumo como no do Imposto de Renda, tal posição parecia decorrer da opinião – não consensual – de que sobre esses fatos geradores já incidia o Imposto sobre Indústrias e Profissões, que havia sido estendido, desde 1867, para toda e qualquer atividade industrial ou profissional. Isso também ocorria com o Imposto do Selo, que, além de cobrado, na sua origem, sobre quaisquer títulos, folhas de livros, papéis forenses e comerciais, passou – com as mudanças feitas no sistema tributário entre 1865-1870 para garantir financiamento para a Guerra do Paraguai – a atingir, pelo sistema de estampilhas, todos os atos e transações em que o capital viesse a se manifestar, sob a forma de valores e somas, de transmissão de uso e gozo de propriedade.

De qualquer forma, não se pode ignorar o fato de que, no período de elaboração e aprovação da nova Constituição, eram fortes os ventos liberais que sopravam em volta do mundo, e que o paradigma teórico dominante preconizava papéis bem restritos para o Estado, limitando, consequentemente, o volume de recursos que este poderia extrair do setor privado para cumprir suas tarefas, sob pena de provocar prejuízos para o sistema produtivo. Além disso, também a lembrança, então ainda viva, e a fadiga da sociedade em relação aos impostos escorchantes e muitas vezes irracionais cobrados tanto na Colônia quanto no Império, podem ter concorrido para influenciar os trabalhos dos constituintes na definição dessa estrutura. De qualquer modo, a autonomia concedida à União para criar novos tributos, cumulativamente ou não, desde que não contrariasse a discriminação de rendas prevista no texto constitucional, garantiria que novos impostos poderiam ser instituídos a qualquer tempo.

Com o papel do Estado liberal restrito a poucas atividades, não deve causar estranheza o fato de se ter circunscrito suas receitas principalmente às derivadas do comércio exterior (atividades de importação e exportação), o motor dinâmico da economia à época, com poucos outros impostos incidindo sobre as atividades internas, cujos mercados de trabalho, renda e produto) encontravam-se em fase incipiente de formação.

De fato, no final do século XIX, enquanto a agricultura respondia por algo em torno de 40% do PIB, a participação das exportações alcançava mais de 20% na sua geração, garantindo divisas para o País cobrir suas necessidades de importações de bens e serviços. Os impostos que incidiam sobre as importações representavam mais de 60% das receitas do Império. Nesse contexto histórico e teórico, a função da tributação consistia precipuamente em prover o governo de recursos destinados para desempenhar suas limitadas atividades, inexistindo seu manejo como instrumento de política econômica voltado para outros objetivos.

Do ponto de vista da discriminação de receitas para os estados, a Constituição de 1891 destinou-lhes: (i) o imposto de exportação, que o seu projeto original propunha ser extinto em 1898, devido às suas implicações negativas para a concorrência da produção nacional no mercado externo, tendo sua alíquota sido limitada, por essa razão, a 30%; (ii) os impostos sobre o patrimônio (imóveis rurais e urbanos e sobre a transmissão de propriedade), que já eram, em geral, cobrados pelas províncias; e (iii) os impostos sobre as atividades de suas economias (Indústria e Profissões e Taxa de Selo).

Nessa estrutura, além da superposição de alguns tributos também cobrados pela União (Selo, Loterias), a autonomia concedida aos estados, à semelhança do que ocorrera com a União, para criar novos tributos não discriminados no texto constitucional, cumulativamente ou não, deixou uma importante porta aberta para a ampliação de suas receitas, desde que necessário, com o risco, entretanto, de se instabilizar o sistema como resultado desse poder concorrente. Além disso, ao não discriminar receita para os municípios, atribuindo tal responsabilidade aos estados, reforçaram-se as fontes dessa instabilidade pelas disputas de bases tributárias que poderiam ocorrer entre esses níveis de governo.

Do ponto de vista do equilíbrio federativo, no entanto, apesar de se ter concedido autonomia aos estados não somente no campo das competências tributárias como também em outras diversas áreas (política, financeira, administrativa, trabalhista), não se teve, na elaboração da Constituição, preocupação em estabelecer mecanismos de redistribuição de receitas para compensar ou pelo menos atenuar as desigualdades econômicas e tributárias entre eles existentes.

Como a atividade produtiva se concentrava predominantemente na região Sudeste à época, notadamente em São Paulo e Minas Gerais e, em menor escala, no Rio de Janeiro e Rio Grande do Sul, enquanto o poder central se encontrava enfraquecido financeiramente e dominado pelas oligarquias desses estados, eram estas que definiam, em seu benefício, as principais medidas de política econômica. Nesse quadro, o Governo central não dispunha de condições para adotar medidas voltadas para esse objetivo. Isso também não era recomendado pelo pensamento dominante sobre o papel do Estado e da tributação. Com isso, a nova federação transformou-se, na prática, numa "federação para poucos" e o sistema tributário, em uma caixa de ressonância desses conflitos, preservando e ampliando suas distorções.

2. Crises, *déficits* públicos e mudanças tributárias: a criação e o pequeno avanço dos impostos internos

Até 1930, tendo como motor dinâmico da economia a atividade agroexportadora, o Brasil – altamente dependente do comércio exterior tanto para a geração de renda e a realização dos lucros do sistema como para suprir o Estado dos recursos necessários para o cumprimento de suas funções – viu seus ciclos econômicos oscilarem ao sabor de dois tipos de choques externos, além dos internos: os decorrentes das periódicas flutuações da oferta e dos preços do café, o principal produto de exportação; e os que tinham origem nas perturbações da economia internacional e afetavam a demanda dos países centrais.[7] Independentemente

---

[7] FRITSCH, Winston. "Apogeu e crise na Primeira República: 1900-1930". *In:* ABREU,

de sua origem, esses choques implicavam para o País menores níveis de produção, exportações, importações, emprego, renda e, consequentemente, menor arrecadação.

Em decorrência disso, após uma década de estagnação que se seguiu à instauração do regime republicano, o País conseguiu, entre 1901 e 1930, registrar taxas de crescimento do PIB superiores a 5% em apenas treze dos anos desse período, taxas rapidamente sucedidas por movimentos de redução ou contração do produto. Na primeira metade da década de 1900, após o crescimento espetacular de 14,3% em 1901, seguiram-se anos de baixa expansão do PIB até 1905, devido à política monetária altamente restritiva implementada pela administração anterior (Campos Sales/Joaquim Murtinho), inibidora dos ganhos que começavam a ser colhidos com o crescimento das exportações de borracha e com a vinda de investimentos europeus para a periferia.

No ciclo que perdurou até 1913, quando o abrandamento da política monetária propiciou melhor aproveitamento das favoráveis condições externas, a Primeira Grande Guerra Mundial (1914-1918) paralisou os mercados dos países centrais e a economia internacional. As políticas restritivas implementadas por alguns países centrais às voltas com fortes pressões inflacionárias e hiperinflacionárias, somadas, mais tarde, à grande crise mundial de 1929/1930, encarregaram-se de enfraquecer e abortar a recuperação iniciada em 1919 e que havia avançado pela primeira metade da década de 1920.[8]

Não surpreende, assim, que as contas do governo federal tenham se mostrado permanentemente deficitárias, à exceção de alguns poucos anos até 1907, e sua dívida tenha crescido consideravelmente, mesmo com a separação entre a Igreja e o Estado estabelecida na Constituição, o que, tudo indicava, deveria contribuir para a redução dos gastos públicos.[9] Isso

---

Marcelo de Paiva (org.). *A ordem do progresso:* cem anos de política econômica republicana – 1889-1989. Rio de Janeiro: Campus, 1997, p. 34.

[8] Para uma análise mais aprofundada dessa evolução da economia, conferir o trabalho mencionado em nota anterior.

[9] GOLDSMITH, Raymond W. *Brasil 1850-1984:* desenvolvimento financeiro sob um século de inflação. São Paulo: Harper e Row do Brasil, 1986.

PARTE I - CAPÍTULO I - ECONOMIA AGROEXPORTADORA...

se explica por algumas razões: (i) as acentuadas reduções e contrações da atividade econômica nesse período prejudicaram as receitas públicas, tendo a carga tributária bruta da economia, depois de ter atingido a média de 12,5% do PIB entre 1900-1905, despencado para cerca de pouco mais de 7% entre 1916-1925 e fechado a década de 1930 próxima a 9%, o que obrigou o governo a lançar mão de um crescente endividamento para financiar seus desequilíbrios; (ii) liberal na aparência e intervencionista na prática, o Estado brasileiro realizaria inúmeras operações de salvamento do setor cafeeiro nos períodos de crise, visando sustentar seus preços no mercado internacional e proteger os níveis de renda dos exportadores, o que aumentou expressivamente seus gastos, no conhecido processo de socialização das perdas; e (iii) como boa parte da dívida pública era de origem externa, as políticas de desvalorização da moeda nacional implementadas para proteger e favorecer o setor exportador implicavam aumento de seus encargos financeiros e, consequentemente, de seu desequilíbrio fiscal.[10]

Diante desse quadro, com os impostos sobre o comércio exterior prejudicados, o governo começou gradativamente a explorar os impostos internos para fortalecer suas receitas, embora as mudanças introduzidas no sistema não tenham encontrado terreno fértil para produzir resultados satisfatórios que permitissem o equacionamento dos desequilíbrios em suas contas, dada a ainda pequena dimensão do mercado de consumo interno e dos baixos níveis de renda do País.

Ainda no ano de 1891, valendo-se da autonomia que lhe foi concedida pela Constituição de criar novos impostos, desde que nela não discriminados, o governo instituiria, com a Lei n. 25, de 30 de dezembro, o Imposto de Consumo (IC), bem como os critérios de sua incidência, para os artigos de fumo. A partir daí, sua base foi sendo gradativamente alargada, a ela sendo incorporados novos produtos, como bebidas (1895), fósforos (1897), vinhos estrangeiros (1904), café torrado (1906), louças e vidros (1914), pilhas elétricas (1918), até ter

---

[10] De acordo com o trabalho mencionado em nota anterior, cerca de 70% da dívida do governo federal era, entre 1900 e 1930, de origem externa.

estendida sua incidência para praticamente todo o universo de produtos na década de 1930.[11]

Da mesma forma, no Governo Campos Sales (1898-1902), quando várias medidas na área fiscal foram adotadas para conter os *déficits* públicos e viabilizar o programa de estabilização implementado à época, o Imposto do Selo foi aumentado. Numa medida inovadora, o governo determinou o uso de estampilhas nos produtos transacionados, para a União dispor de maior controle sobre a circulação de mercadorias no País. Tal iniciativa valeu a Campos Sales o apelido de "Campos Selo", bem de acordo com a ironia com que a população costuma premiar os governantes que adotam medidas que oneram seu orçamento.[12]

Em 1922, o Imposto de Renda (IR), que havia sido descartado nos trabalhos de elaboração da nova Constituição pelo seu aparente caráter concorrencial com o Imposto sobre Indústrias e Profissões, seria, finalmente, criado pela Lei n. 4.625, de 31 de dezembro. Cobrado desde 1843 sobre os vencimentos recebidos dos cofres públicos, com alíquotas progressivas que variavam de 2% a 10% (Lei n. 317, de 21 de outubro de 1843) e posteriormente reduzidas à alíquota única de 3% (Lei n. 1.507, de 16 de setembro de 1867), esse imposto tivera sua incidência estendida, em 1867, também para os dividendos distribuídos pelas Sociedades Anônimas, à razão de 1,5%.

Não tendo integrado a estrutura tributária aprovada na Constituição, nem por isso deixou de ir ampliando gradativamente seu campo de incidência, especialmente à medida que aumentava a necessidade de recursos por parte do Estado. Estudo da Comissão de Reforma do Ministério da Fazenda de 1966[13] aponta que, em 1917, já era possível detectar seu gravame sobre as "hipotecas"; em 1920, sobre o "lucro líquido

---

[11] AMED, Fernando J.; NEGREIROS, Plínio José Labriola de Campos. *História dos tributos no Brasil*. São Paulo: Edições SINAFRESP, 2000.

[12] AMED, Fernando J.; NEGREIROS, Plínio José Labriola de Campos. *História dos tributos no Brasil*. São Paulo: Edições SINAFRESP, 2000.

[13] COMISSÃO DE REFORMA TRIBUTÁRIA/Ministério da Fazenda. *A evolução do imposto de renda no Brasil*. Rio de Janeiro: FGV, 1966.

das atividades fabris"; em 1921, sobre o "lucro líquido do comércio"; e, em 1922, sobre o "lucro líquido das profissões liberais". Sua cobrança foi estendida para os rendimentos de todas as pessoas físicas e jurídicas do País, estabelecendo-se, com a sua regulamentação, em 1923, alíquotas progressivas que variavam de 0,5% a 8%, sem diferenciar, porém, os rendimentos do capital e do trabalho.

Apesar da correção feita nessa sistemática de incidência do imposto em 1925 (Lei n. 4.984, de 21 de dezembro de 1925), quando os rendimentos foram divididos em cinco categorias e foram estabelecidas alíquotas proporcionais de acordo com a sua natureza e complementadas por uma tabela progressiva variante entre 0,5% e 10%, porcentagens incidentes sobre o conjunto dos rendimentos ou sobre a renda global, sua arrecadação continuaria inexpressiva por um bom tempo. Isso se devia, mais do que à incipiência das atividades econômicas internas e dos mercados urbanos, ao fato de se ter isentado, desde a sua criação, os rendimentos auferidos pela atividade agropecuária – o setor líder do crescimento à época –, o que poderia dar maior contribuição enquanto fonte de receita para o Estado. Somem-se a isso os descontos, que alcançavam até 75% do imposto devido, concedidos para os contribuintes que efetuassem seu pagamento dentro do prazo previsto para o recolhimento.

Ainda no ano de 1922, seria criado o Imposto sobre Vendas Mercantis (IVM) por meio da Lei n. 4.625, de 31 de dezembro de 1922, que passaria a ser cobrado em 1923. Trata-se de um precursor do Imposto sobre Vendas e Consignações (IVC), de 1934, e do atual Imposto sobre a Circulação de Mercadorias e Serviços (ICMS). Tendo sua competência sido atribuída à União, o IVM foi criado mais para atender às solicitações dos comerciantes do País, em especial os do Rio de Janeiro. Estes, sentindo-se desprotegidos pelo fato de as faturas emitidas terem perdido as características de um título de crédito – fator de proteção perante os compradores, desde que por eles assinadas – com o disciplinamento das notas promissórias e letras de câmbio, pressionaram o governo para a criação de um título que, legitimado, além de constituir garantia de seu crédito, facilitaria seu desconto nos bancos. Esse título surgiu na forma de *duplicata de fatura* e, em troca, os comerciantes concordaram com a criação de um imposto geral incidente sobre as vendas realizadas à vista ou a prazo, à alíquota inicial de 0,25%.[14] Com uma base restrita de incidência, esse imposto só ganharia relevância depois de 1934, quando passaria a ser cobrado sobre as "vendas e consignações" de produtos em geral, inclusive agrícolas.

Apesar dessas mudanças na estrutura tributária, nem a carga tributária se elevou expressivamente, nem o Estado reduziu, de forma importante, sua dependência dos impostos externos, assim como os impostos diretos pouco viram avançar sua participação na arrecadação. Como mostra a Tabela I.1, no final da década, a carga tributária, que havia atingido o nível de pouco mais de 7% do PIB no período 1916-1925, situou-se pouco acima de 9% em 1929, com os impostos indiretos respondendo por 86% da arrecadação e os impostos diretos por apenas 14%. Trata-se de um nível ainda distante dos que haviam sido atingidos até o início da Primeira Guerra Mundial – em 1905 e 1907, a carga tributária situou-se em torno de 15% do PIB –, período em que era ainda mais expressiva a participação da tributação indireta na geração de receita. Considerando apenas a receita da União, é possível constatar, na Tabela I.2, que o Imposto de Renda responderia, em 1929, por apenas 4,5% do total arrecadado, cabendo 80% apenas aos Impostos de Importação e de Consumo.

---

[14] COSTA, Alcides Jorge. *História do Direito Tributário*. Disponível em: www.buscalegis.ufsc.br/revistas/index.../20285. Acesso em: 24 jul. 2009.

Tabela I.1
Carga tributária bruta e sua distribuição entre impostos diretos e indiretos (em % do PIB)

Períodos (média)	Carga tributária (% do PIB)	Composição dos tributos (% do PIB)	
		Indiretos	Diretos
1900-1905	12,59	11,35	1,24
1906-1910	12,41	11,18	1,23
1911-1915	11,14	9,96	1,18
1916-1920	7,00	6,07	0,93
1921-1925	7,53	6,58	0,95
1926-1930	8,89	7,68	1,21

Fonte: IBGE. *Estatísticas do século XX*. Rio de Janeiro: IBGE, 2006.
Elaborado pelo autor.

Tabela I.2
Composição da arrecadação federal (em %)

Ano	Tributos					Total
	Importação	Consumo	Renda e proventos	Selos e afins	Outros tributos	
1923	50,3	29,8	5,1	14,7	0,1	100,0
1924	51,9	27,3	2,2	18,5	0,1	100,0
1925	56,0	24,2	2,6	17,1	0,1	100,0
1926	47,8	30,1	2,9	19,0	0,2	100,0
1927	53,5	26,5	4,0	15,9	0,1	100,0
1928	55,2	25,9	4,0	14,8	0,1	100,0
1929	54,8	25,2	4,5	15,3	0,2	100,0
1930	50,2	28,3	5,0	16,4	0,1	100,0

Fonte: DIREÇÃO-GERAL DA FAZENDA NACIONAL/Ministério da Fazenda. Assessoria de Estudos, Programação e Avaliação. *78 anos de Receita Federal: 1890-1967*. Rio de Janeiro: DGNF/MF, 1968. In: OLIVEIRA, Fabrício Augusto. *A reforma tributária de 1966 e a acumulação de capital no Brasil*. 2. ed. Belo Horizonte: Oficina de Livros, 1991, p. 21.

Tanto as periódicas crises da economia brasileira, provocadas principalmente pelo estrangulamento externo, quanto a predominância do setor externo como líder do crescimento no meio de um "pacto oligárquico", o que restringia as atividades do Estado às políticas de seu interesse, ajudam a entender esse comportamento da carga tributária, bem como a composição de seus tributos. Mesmo que se pretendesse fortalecer as receitas governamentais, esse esforço tenderia a esbarrar em inevitáveis limites dados tanto pela estrutura econômica e pelos baixos níveis de renda da população[15] quanto pela capacidade de resistência dos setores agrários representados no aparelho do Estado no que diz respeito ao aumento de sua contribuição para os cofres públicos. O fato é que nessa estrutura ainda não eram significativos os espaços, como indicam os resultados registrados até 1930, nem para tornar predominantes os impostos incidentes sobre as atividades internas, nem para tornar mais expressivos os impostos diretos, mais especificamente o Imposto de Renda, o que poderia melhorar o perfil de distribuição do ônus tributário entre os membros da sociedade.

Além da situação econômica, o aparato institucional da máquina arrecadadora era despreparado para combater a sonegação e garantir a cobrança eficiente dos tributos, o que também ajuda a explicar os baixos níveis de arrecadação. Criada em 1909, a Diretoria da Receita Pública, que substituiu a Diretoria de Rendas Públicas de 1892, era um exemplo de estrutura administrativa esdrúxula, incompleta e inadequada para a missão do fisco. De acordo com estudo realizado pela FGV para o Sindireceita, "seus chefes eram nomeados em caráter efetivo, [sendo], portanto, indemissíveis",[16] e os Conselhos dos Contribuintes restritos aos do Imposto de Renda e do Consumo, com os demais tributos federais desguarnecidos dessa instituição. Além disso, com uma estrutura

---

[15] Para se ter uma ideia desses níveis, o PIB *per capita* situou-se, em 1930, em R$ 1,78 mil contra R$ 1,01 mil em 1900, ambos cotados a preços de 2008, conforme dados do Instituto de Pesquisa Econômica Aplicada - Ipeadata. *Dados macroeconômicos e regionais.* Disponível em:< http://www.ipeadata.gov.br>.

[16] *A nova administração federal*: um estudo técnico sobre o fisco unificado. Rio de Janeiro: FGV, SINDIRECEITA, 2005, pp. 18-19.

PARTE I - CAPÍTULO I - ECONOMIA AGROEXPORTADORA...

de administração de impostos herdada do Império, que conheceria poucas transformações e tinha nas atividades do comércio exterior – de exportação e importação – seus principais impostos, a instituição não se encontrava preparada e capacitada para cobrar os impostos que começavam a incidir sobre as atividades internas.

Em relação às relações federativas, o período foi de permanente tensão entre os estados e a União, especialmente na disputa de bases tributárias mal definidas na legislação, acirrando os conflitos na busca por maior arrecadação, com prejuízos para a economia. Foi assim com a Taxa de Selo, que não teve muito bem definido o que seriam os atos relativos às economias dos estados para o seu gravame; com o Imposto de Exportação, para o qual não se estabeleceu com precisão a proibição de sua cobrança nas mercadorias transacionadas entre os estados e que constituía importante fonte de arrecadação, principalmente para os que não comerciavam com o exterior; e com o Imposto de Importação, cobrado até 1931 (ano em que foi abolido) sobre a "importação de procedência nacional".

A crise econômica e mundial – que se manifestou inicialmente com o *crash* da Bolsa de Nova York em 1929 e conduziu a economia mundial para uma profunda depressão nos anos seguintes –, ao derramar fortemente seus efeitos sobre o Brasil, com a queda dos preços e das exportações do café, enfraqueceria o pacto político que se formou na Primeira República por meio da "política dos governadores" e abriria o caminho para importantes transformações nos campos político, institucional e econômico.

Da Aliança Liberal que se formou à época, reunindo as forças políticas de Minas Gerais, Rio Grande do Sul, Paraíba e os grupos de oposição ao governo, contra as pretensões do presidente Washington Luís de conduzir outro paulista, Júlio Prestes, à presidência, caminhou-se para a deflagração da "Revolução de 30", que garantiu a chegada de Getúlio Vargas ao poder, rompendo-se com a aliança política anterior e inaugurando um período de novas articulações e de um novo desenho para o papel do Estado. Da crise econômica que continuou a avançar nesse início de um novo governo, acentuando o desequilíbrio externo da economia brasileira, surgiriam as condições para o País acelerar o processo de industrialização e modificar o seu padrão de acumulação, com as atividades internas assumindo a liderança do crescimento e passando a comandar os ciclos econômicos. Essas mudanças refletir-se-iam sobre a estrutura tributária, modificando tanto sua dimensão quanto sua composição. É o que se analisa em seguida.

Capítulo II

CENTRALIZAÇÃO, ESTADO DESENVOLVIMENTISTA E INDUSTRIALIZAÇÃO: 1930-1964

1. Vargas, Estado unitário e a mudança no padrão de acumulação: 1930-1945

Na prática, a Constituição de 1891 acabou em 1930. Até 1934, quando foi promulgada a nova Constituição, o País foi governado por decretos editados pelo Governo Provisório, liderado por Getúlio Vargas, que se constituiu como resultado da Revolução de 1930. Com o novo governo, foram dissolvidos, por meio do Decreto 19.398, de 11 de novembro daquele ano, o Congresso Nacional, as Assembleias Legislativas Estaduais e as Câmaras Municipais, tendo-se substituído também os governadores dos estados por interventores nomeados pela presidência. Toda a legislação existente continuou em vigor, desde que não conflitasse com as disposições legais do novo governo. De acordo com Ribeiro de Moraes,[17] "pouco se fez [neste interlúdio] em matéria tributária, não

---

[17] RIBEIRO DE MORAES, Bernardo. *Compêndio de Direito Tributário*. Rio de Janeiro, Forense, 2002, pp. 138-139, *apud* FRANCISCO NETO, João. *Sistema tributário nacional na atualidade e a evolução histórica dos tributos*. São Paulo: Impactus, 2008, pp. 113-114.

havendo cogitação alguma para reformas tributárias". Alterações mais importantes nessa matéria seriam de responsabilidade de uma Assembleia Constituinte que iria elaborar nova Carta Magna para o Brasil, tão logo restabelecida a normalidade democrática, o que só ocorreria em 1933.

Os dois principais desafios do novo governo em meio aos conflitos políticos que se intensificaram com a Revolução Constitucionalista de 1932 foram: (i) desmontar as estruturas institucionais do Estado oligárquico, as quais garantiam poder excessivo para as principais oligarquias regionais – o que colocou, em marcha, um forte movimento de centralização do poder e das instâncias decisórias sobre as atividades econômicas no Poder Central, em oposição à forte descentralização do período anterior; e (ii) enfrentar a crise econômica iniciada em 1929/1930, a qual havia se aprofundado nos anos seguintes, conduzindo a economia mundial para uma depressão, e cujos efeitos, no Brasil, poderiam minar suas forças. Não foram desafios pequenos, dada a situação econômica e política da época, especialmente porque as medidas a serem adotadas exigiriam volumes apreciáveis de recursos, com os quais, definitivamente, o Estado brasileiro não contava.

Os estragos produzidos pela crise no tecido econômico foram mais evidentes no triênio 1929/1931. Depois de registrar uma taxa robusta de crescimento de 11% no biênio 1927/28, a economia a viu declinar para 1,1% em 1929 e encolher 2,1% e 3,3% em 1930 e 1931. Os maiores efeitos da crise se fizeram sentir principalmente sobre os preços das exportações, cujos valores ingressaram numa trajetória de queda, a partir de 1929, caindo de US$ 473 milhões em 1928 para US$ 179,4 milhões em 1932 (queda de 60%), provocando um forte estrangulamento externo da economia, que se manifestou na queda ainda mais espetacular das importações: tendo atingido US$ 388 milhões em 1928, estas foram reduzidas para US$ 92,8 milhões em 1932 (queda nominal de 75%).[18]

---

[18] Como "os preços de importação em mil réis cresceram 6% [e] os de exportação caíram 25% [...], os termos de intercâmbio sofreram uma deterioração de 30% e a capacidade de importar 40%". ABREU, Marcelo Paiva. Crise, crescimento e modernização autoritária: 1930-1945. In: _____ (org.). *A ordem do progresso*: cem anos de política econômica republicana – *1889-1989*. Rio de Janeiro: Campus, 1997, p. 74.

Ou seja, as duas principais fontes de receita dos governos – federal e estadual – enfraqueceram-se, num momento em que mais se precisava contar com recursos para a implementação de políticas anticíclicas. O problema só foi atenuado porque os impostos internos aumentariam sua importância na estrutura da arrecadação, mais do que compensando o declínio dos externos: na média anual, a carga tributária saltou de 8,89% no período 1926-1930 para 10,2% em 1931-1935.

Nessas condições, a política econômica do Governo Provisório, de acordo com a interpretação de Furtado,[19] teria sido decisiva para sustentar a demanda, com a implementação de políticas expansionistas de gastos, principalmente na compra, para destruição, de estoques do café, visando impedir quedas mais significativas de seus preços, mesmo que incorrendo em elevados *déficits* orçamentários. De acordo com Abreu,[20] entre 1931-1933 estes *déficits* se mantiveram acima de 12% dos gastos agregados, tendo alcançado 40% em 1932.

A imposição de vários controles sobre as importações teria sido outra medida importante para mitigar o estrangulamento externo, proteger a indústria nacional e garantir respostas para a demanda interna, o que foi facilitado pela existência de uma capacidade ociosa prévia instalada na economia nos anos anteriores. Tais medidas, ao fortalecerem a industrialização e o mercado interno, teriam propiciado ao Brasil dar início ao deslocamento do centro dinâmico da economia para dentro do País no processo conhecido como "Substituição de Importações", reduzindo a dependência da demanda externa. Como resultado, em meio à depressão mundial, a recuperação da economia teria início já em 1932, quando o PIB cresceu 4,3%, acentuando-se no biênio seguinte, ao registrar-se uma taxa média anual de 9% de expansão. Com o avanço das atividades econômicas internas e a redução progressiva da importância do comércio exterior na economia, ampliaram-se, progressivamente,

---

[19] FURTADO, Celso. *Formação econômica do Brasil*. 13. ed. São Paulo: Companhia Editora Nacional, 1971.

[20] ABREU, Marcelo Paiva. Crise, crescimento e modernização autoritária: 1930-1945. *In:* _____ (org.). *A ordem do progresso*: cem anos de política econômica republicana – *1889-1989*. Rio de Janeiro: Campus, 1997, p. 80.

as bases da tributação para os impostos internos aumentarem sua participação na estrutura da arrecadação.

Por outro lado, para levar à frente o projeto de desmonte das estruturas do Estado oligárquico e transferir para o Poder Central instâncias importantes em que se tomavam decisões estratégicas de política econômica, o que era também fundamental para a implementação de políticas de âmbito nacional, deu-se início à criação de autarquias e agências descentralizadas, vinculadas à esfera federal e financiadas, em geral, por fundos vinculados, cujos recursos, oriundos de percentuais fixos cobrados por unidade física de cada produto a elas associados, independiam do orçamento fiscal.

Como decorrência, várias atividades antes sob o controle dos estados foram sendo transferidas para a órbita central, atenuando-se também com isso as limitações do sistema tributário da época. Esse processo seria acentuado nas décadas de 1940 e 1950: da criação do Instituto de Valorização do Café (IVC) e do Açúcar e do Álcool (IAA), em 1931, avançar-se-ia na criação do Instituto Nacional do Mate (1938), do Sal (1940), do Pinho (1941), da Marinha Mercante, do Leite (1942), entre outros, prática que foi se generalizando a ponto de se associar imediatamente o surgimento de uma autarquia à criação de um fundo para o seu financiamento. Com isso, conseguiu-se desalojar o poder estadual dessas estruturas, nelas acomodar os distintos interesses cooptados e reunidos em torno do projeto político de Vargas, conhecido como "Estado de compromisso", que não se vinculava a um setor específico, e abrir mão de mudanças tributárias arrojadas que poderiam minar as bases do novo pacto político estabelecido.[21]

Também importante para tornar mais eficiente a cobrança de tributos do governo federal nesse período foi a reforma que se realizou,

---

[21] Para uma análise detalhada da evolução dessas autarquias e fundos e do avanço da administração descentralizada neste período, ver PRADO, Sergio Roberto Rios do. *Descentralização do aparelho de Estado e empresas estatais:* um estudo sobre o setor público descentralizado brasileiro, vol 2. 1985. Dissertação (Mestrado) – Universidade Estadual de Campinas, Instituto de Economia, Campinas, 1985.

PARTE I - CAPÍTULO II - CENTRALIZAÇÃO, ESTADO...

em 1934, na estrutura da instituição responsável por sua administração. Nas mudanças realizadas, a Diretoria de Receita Pública, de 1909, foi substituída pela Direção-Geral da Fazenda Nacional (DGNF), a qual passou a ser integrada por três departamentos: de Rendas Internas, de Rendas Aduaneiras e do Imposto de Renda. Com isso, todos os impostos federais passaram a contar, o que não ocorria anteriormente, com cobertura nas áreas de fiscalização, arrecadação e apoio administrativo, sendo essas atividades distribuídas e alocadas nos respectivos departamentos. Contudo, apesar de se contemplar, pela primeira vez, uma direção especializada para as alfândegas e também para os impostos internos, o tratamento conferido a esses órgãos na forma de departamentos, operando de maneira estanque, conduziria à superposição e duplicação de funções e à inevitável rivalidade entre seus quadros, prejudicando sua missão e aumentando seus custos. Trata-se de uma estrutura que, apesar desses problemas, se manteria praticamente a mesma até a década de 1960, quando começaria a sofrer uma profunda reformulação.

Com a economia em franca recuperação, comandada pelas atividades internas, e superada a crise provocada pela Revolução Constitucionalista de 1932, realizaram-se, em 03 de maio de 1933, eleições para a formação de uma Assembleia Constituinte responsável pela elaboração da nova Carta Magna para o País, a qual, instalada em novembro de 1933, teve concluídos seus trabalhos no dia 16 de julho de 1934, com a promulgação da Constituição. Como observa Costa,[22] na definição do novo sistema tributário o debate sobre o sistema de partilha também foi dominante, mas realizado num nível superior ao que se observara na de 1891, com a apresentação, inclusive, de dados e informações confiáveis de seus resultados e problemas. Diferentemente também do que ocorrera naquela, teria também havido, nesta, alguma preocupação em identificar os efeitos dos tributos sobre a economia e o contribuinte. O Quadro I.2 apresenta a estrutura que terminou sendo aprovada nessa Constituição.

As principais alterações no sistema no tocante à sua estrutura foram as seguintes: (i) a constitucionalização dos impostos de renda e consumo,

---

[22] COSTA, Alcides Jorge. "História da tributação no Brasil". *In:* FERRAZ, Roberto (coord.). *Princípios e limites da tributação*. São Paulo: Quartier Latin, 2005, pp. 43-101.

de competência federal, que haviam sido criados por lei ordinária; (ii) o desmembramento e distinção dos impostos sobre a transmissão da propriedade *causa mortis* e *inter-vivos*; (iii) a criação do imposto sobre combustíveis destinado aos estados; (iv) a transformação do imposto sobre vendas mercantis no imposto sobre vendas e consignações; e (v) a criação do imposto de licença.

Em relação à distribuição das competências, a principal inovação – importante para o federalismo – foi a atribuição constitucional aos municípios, pela primeira vez, de um campo próprio de competências, com uma estrutura de cinco tributos, e de sua participação com os estados, em partes iguais, na arrecadação do imposto sobre indústrias e profissões. Os estados foram beneficiados, por sua vez, com o imposto de consumo de combustíveis e a transferência do imposto sobre vendas mercantis, transformado em vendas e consignações, com base significativamente alargada e de incidência cumulativa para seu campo de competência. Além disso, foi-lhes permitido exercer poder concorrente com a União na criação de novos impostos, vedando-se, contudo, a bitributação, prevalecendo, em caso de impostos dessa natureza, o criado pela União. À União apenas couberam, adicionalmente, os impostos de renda e consumo já existentes.

No que se refere à preocupação com os efeitos dos impostos sobre a atividade econômica, a limitação da alíquota do imposto de exportação em 10% foi a principal mudança realizada, feita com o claro objetivo de garantir maior competitividade no mercado externo para o produto nacional. Esse imposto continuou, contudo, sendo cobrado sobre o valor das mercadorias transacionadas entre os estados brasileiros, apesar da expressa proibição, no art. 17, IX, de ser "vedada a cobrança de impostos interestaduais [...] e intermunicipais em território nacional".

Além de reforçar, portanto, o campo de competência dos estados, alargando suas bases de financiamento, principalmente por meio do IVC, a Constituição também premiou os municípios ao destinar-lhes impostos próprios e garantir sua participação na arrecadação do imposto sobre indústrias e profissões. Por isso, não é nenhum exagero dizer que tenha sido benéfica para a federação, dada a distribuição mais equilibrada de receitas. Todavia, isso não significa que a União tenha sido sacrificada, visto que, embora o imposto de importação tenha ingressado numa rota de declínio relativo, os principais impostos internos – renda e consumo – aumentavam sua participação na estrutura tributária com o avanço do mercado interno na geração do produto. Deve-se, sobre esse arranjo, registrar algo que costuma passar despercebido nas análises feitas sobre o novo sistema: talvez tão ou mais importante do que fortalecer financeiramente os municípios e as bases da federação, tal medida era altamente funcional para o projeto político de Vargas, pois, ao reduzir a dependência daqueles em relação aos estados, enfraquecia o poder de influência destes e deixava o caminho mais livre para o Poder Central costurar melhor as alianças políticas.

Quadro I.2
Constituições de 1934 e 1937: distribuição das competências tributárias, por unidades da federação

Distribuição das competências tributárias	
Constituição de 1934 **União**	**Constituição de 1937** **União**
• Importação • Renda, à exceção da renda cedular sobre imóveis. • Consumo, exceto os combustíveis de motor a explosão. • Transferências de fundos para o exterior • Selo sobre atos emanados do governo e negócios de sua economia • Impostos de competência residual, proibida a bitributação. • Taxas	• Importação • Renda • Transferências de fundos para o exterior • Consumo • Sobre atos emanados do governo e negócios de sua economia • Impostos de competência residual, proibida a bitributação. • Taxas
Estados • Propriedade territorial, exceto a urbana. • Transmissão da propriedade *causa mortis* • Transmissão da propriedade imobiliária, *inter-vivos*, inclusive a sua incorporação ao capital e sociedade. • Consumo de combustíveis de motor a explosão • Vendas e consignações • Exportação, à alíquota máxima de 10% • Indústrias e Profissões, dividido em partes iguais com os municípios. • Selo sobre atos emanados do governo e negócios de sua economia • Impostos de competência residual, proibida a bitributação, prevalecendo o cobrado pela União. • Taxas	**Estados** • Propriedade territorial, exceto a urbana. • Transmissão da propriedade *causa mortis* • Transmissão da propriedade imobiliária, *inter-vivos*, inclusive a sua incorporação ao capital e sociedade. • Transferido para a competência da União e integrado ao Imposto de consumo • Vendas e consignações • Exportação, à alíquota máxima de 10% • Indústrias e Profissões, dividido em partes iguais com os municípios. • Selo sobre atos emanados do governo e negócios de sua economia • Impostos de competência residual, prevalecendo o criado pela União. • Taxas

Municípios	Municípios
• Licenças • Imposto predial e territorial urbano • Diversões Públicas • Imposto cedular sobre a renda de imóveis rurais • Taxas	• Licenças • Imposto predial e territorial urbano • Diversões Públicas • Transferido para a União e Integrado ao IR • Taxas

Fontes: Poleti, Ronaldo. *Constituições brasileiras: 1934*. Brasília: Senado Federal e Ministério da Ciência e Tecnologia, Centro de Estudos Estratégicos, 2001. Costa Porto, Walter. *Constituições brasileiras: 1937*. Brasília: Ministério da Ciência e Tecnologia, Centro de Estudos Estratégicos, 2001.

Fazendo um balanço das mudanças introduzidas na estrutura tributária neste período, Varsano observa que

> [a] Constituição de 1934 e diversas leis desta época promoveram importantes alterações na estrutura tributária do País, deixando-o em condições de ingressar na fase seguinte da evolução dos sistemas tributários, aquela em que predominam os impostos internos sobre produtos. As principais modificações ocorreram nas órbitas estadual e municipal. Os estados foram dotados de competência privativa para decretar o imposto de vendas e consignações, ao mesmo tempo que se proibia a cobrança do imposto de exportações em transações interestaduais e limitava-se a alíquota deste imposto a um máximo de 10%. Quanto aos municípios, a partir de Constituição de 16 de julho de 1934, passaram a ter competência privativa para decretar alguns tributos.[23]

Apesar do bom momento vivido pela economia brasileira em meio à severa crise mundial – a taxa de crescimento médio do PIB atingiu, entre 1933/1937, o nível de 7,5% – e das melhores perspectivas abertas com o restabelecimento do regime constitucional, esse período durou pouco. Conforme aponta Oliveira:

> o sopro democrático que percorreu o País nos primeiros anos da década e circulou, ainda que brandamente na Constituição de 1934,

---

[23] VARSANO, Ricardo. *A evolução do sistema tributário brasileiro ao longo do século: anotações e reflexões para futuras reformas*. Brasília: IPEA, 1996, p. 3.

começou a perder força com os embates travados entre os quadros da Ação Integralista Brasileira (AIB), da direita, e a Ação Libertadora Nacional (ALN), da esquerda, e foram paralisados com o movimento conhecido como Intentona Comunista, em 1935, que forneceu a justificativa para o golpe de Estado dado por Vargas, em 1937, instaurando no País o que ficou conhecido como *Estado Novo* – um regime autoritário que se manteria até 1945.[24]

Com o *Estado Novo*, as liberdades democráticas foram novamente suprimidas: as eleições e os partidos políticos foram suspensos; o Congresso Nacional, as Assembleias estaduais e as Câmaras municipais dissolvidas, e os governos dos estados, bem como os prefeitos municipais, passaram, reeditando o período Imperial, a ser nomeados pelo presidente da República. Com a Constituição de 1937 outorgada, com o estabelecimento dos contornos jurídicos do novo regime, Vargas dotou-se de poder constituinte e transformou-se numa constituição viva, remendando-a a seu bel-prazer e de acordo com seus interesses. Ainda como nota Oliveira,

> [...] embora a federação tenha nela sido formalmente mantida, ajustando a de 1934 à nova ordem que se instaurou, o fato é que não passava de uma ficção. Em contrapartida, a centralização política avançou, transformando o Estado em fonte exclusiva de poder.[25]

É interessante notar, contudo, não ter ocorrido uma centralização no campo das competências tributárias e administrativas entre as esferas de governo, o que estaria mais de acordo com o novo regime. Como é possível deduzir da análise do Quadro I.2, a Constituição de 1937 manteve praticamente intacta a mesma estrutura da de 1934. Apenas transferiu dos estados para o campo de competência da União o imposto de consumo sobre combustíveis de motor a explosão, que vinha sendo cobrado desordenadamente por aquela esfera, estendendo inclusive sua incidência para a

---

[24] OLIVEIRA, Fabrício Augusto. *Teorias da federação e do federalismo fiscal*: o caso do Brasil. Belo Horizonte: Escola de Governo/Fundação João Pinheiro, 2007, p. 37.

[25] OLIVEIRA, Fabrício Augusto. *Teorias da federação e do federalismo fiscal*: o caso do Brasil. Belo Horizonte: Escola de Governo/Fundação João Pinheiro, 2007, p. 37.

energia elétrica, e retirou dos municípios o imposto cedular sobre a renda de imóveis rurais. Além disso, devido à preocupação com os efeitos dos impostos sobre a economia, deu maior clareza, no art. 25, à proibição da cobrança do imposto de exportação nas transações realizadas entre os estados, o qual só foi efetivamente extinto em 1940. Como também constata Lopreato "a nova estrutura tributária não se diferenciou da anterior no que se refere à distribuição regional e intergovernamental da receita tributária".[26]

Procurando compreender por que isso teria ocorrido, com o Governo Central renunciando à possibilidade de enfraquecer financeiramente os estados e municípios e submetê-los mais facilmente ao seu comando, Lopreato considera que, mesmo no regime autoritário de Vargas, teria sido necessário, para sua sustentação, refazer pactos e negociar acordos com as forças políticas estaduais, "reconstruindo o pacto oligárquico em novas bases, tendo à frente interventores, e articulando-se com o governo central forte".[27] É possível. Mas o fato é que Vargas detinha o controle absoluto das unidades federadas, via interventores e Departamentos de Administração dos Serviços Públicos, os Daspinhos que substituíram os legislativos estaduais, e, a rigor, poderia até mesmo não ter seguido esse caminho, embora, com isso, pudesse correr maiores riscos. Não se deve por isso descartar a hipótese de que pode ter pesado nessa decisão a avaliação de que os ganhos que poderiam ser obtidos no reordenamento do sistema tributário não seriam suficientes para propiciar, ao Estado, a tarefa que se propunha empreender, não compensando os riscos políticos que tal medida representaria. Por isso, pode ter-se considerado mais adequado dispensar alterações conflituosas no campo das competências tributárias, mantendo soldados os interesses regionais nessa questão, e articular, em outras bases, as condições de financiamento para o papel que o Estado iria desempenhar na economia a partir do advento do *Estado Novo*.

A reorientação do papel do Estado observada a partir de 1930, com a criação e transferência para o Poder Central das agências governamentais com objetivos regulatórios, visando reverter a forte descentralização do

---

[26] LOPREATO, Francisco L. Cazeiro. *O colapso das finanças estaduais e a crise da federação*. São Paulo: Editora UNESP, IE/UNICAMP, 2002, p. 27.

[27] LOPREATO, Francisco L. Cazeiro. *O colapso das finanças estaduais e a crise da federação*. São Paulo: Editora UNESP, IE/UNICAMP, 2002, p. 29.

período anterior e quebrar o poder das elites estaduais, avançou na primeira metade dessa década, com a sua intervenção nas operações de compras dos estoques de café – política identificada por alguns autores como de natureza pré-keynesiana de demanda agregada. Ela se acentuou a partir de 1937, quando o mesmo Estado assumiria a responsabilidade de dar início à constituição da indústria de base no País e começar a remover os principais óbices que barravam um curso mais veloz e também mais suave para o processo de industrialização.

De um Estado com atividades mais de cunho regulatório na esfera econômica, que foram também fortemente ampliadas no *Estado Novo* com a criação de uma infinidade de novas autarquias, conselhos e agências descentralizadas inseridas no aparelho central, ele também assumiria, a partir desse período, o compromisso com a constituição das bases necessárias para o País fazer avançar o seu processo de industrialização, libertando-se, gradativamente, dos recorrentes estrangulamentos externos que enfrentava.

Assumiria, dessa forma, o papel de *Estado desenvolvimentista*, antecipando-se também às ideias cepalinas, segundo as quais seria missão do Estado, especialmente em países subdesenvolvidos, libertá-los da situação de atraso e de miséria. Nascem daí, nessa fase, empresas que seriam cruciais para impulsionar o processo de industrialização: o projeto de instalação no País de uma usina integrada, que se materializará na criação da Companhia Siderúrgica Nacional (CSN), em 1941, em meio a Segunda Grande Guerra Mundial, com financiamento norte-americano, cujas operações só começariam, no entanto, em 1946; a Companhia Vale do Rio Doce (CVRD), em 1942; a Companhia Nacional de Álcalis (CNA) e a Fábrica Nacional de Motores (FNM), em 1943; a Acesita, em 1944, para a produção de aços especiais. Ao mesmo tempo foram deslanchados vários projetos para aumentar a oferta de energia no País, a exemplo da criação da Hidroelétrica de São Francisco (CHESF) em 1945.

Sem dispor de condições adequadas de financiamento interno e com os fluxos de capitais internacionais paralisados desde a crise de 1930, a ação do Estado para esses propósitos foi limitada, tendo ele continuado, a partir da década de 1940, a lançar mão da cobrança de taxas específicas vinculadas à atividade econômica do setor (café, açúcar, mate, pinho, sal, entre outras) e independentes do orçamento fiscal para o financiamento das agências e órgãos regulatórios que se multiplicaram; da emissão primária de moeda para a cobertura dos elevados *déficits* orçamentários da época, especialmente a partir de 1942; e, aproveitando as relações de "boa vizinhança" com os EUA no período da guerra, para a obtenção de financiamento junto ao *Export-Import Bank of the United States* (EXIMBANK) para a construção da CSN.[28]

No campo tributário, foram muito poucas as mudanças realizadas no período, mesmo porque, independentemente da crise econômica provocada pela guerra, as bases da tributação interna ainda não haviam se alargado o suficiente para permitir alterações importantes em sua estrutura. De qualquer forma, duas alterações mais relevantes merecem ser destacadas pelo que representarão em termos de fortalecimento dos impostos internos e da capacidade de financiamento do Estado: a inclusão no sistema federal, em 1940, sob a forma de *imposto único*, de todos os tributos incidentes sobre os combustíveis e lubrificantes, e a reorganização da estrutura de administração do imposto de renda em 1942.

A importância da lei de criação do Imposto Único sobre Combustíveis e Lubrificantes – IUCL (Lei Constitucional n. 04, de 20 de setembro de 1940, e Decreto-lei n. 2.615, de 21 de setembro de 1940) foi que, por meio dela, vetou-se, de um lado, a cobrança do IVC, que vinha sendo feita pelos estados sobre o mesmo produto, e assegurou-se, de outro, que parcela de seus recursos, destinada para os estados e municípios, estaria vinculada a investimentos na área de transportes, alimentando o Fundo Rodoviário dos Estados e Municípios, criado à época, enquanto a da União representaria receitas que poderiam ser livremente despendidas pelo governo federal.[29] Esse imposto representou, do ponto de vista tributário, a primeira vinculação de receitas introduzida no sistema para o financiamento de uma atividade específica e, no tocante às relações federativas, a criação do primeiro mecanismo de cooperação intergovernamental.

---

[28] PRADO, Sergio Roberto Rios do. *Descentralização do aparelho de Estado e empresas estatais:* um estudo sobre o setor público descentralizado brasileiro, vol 2. 1985. Dissertação (Mestrado) – Universidade Estadual de Campinas, Instituto de Economia, Campinas, 1985.

[29] Só em 1949, quando se criou o Fundo Rodoviário Nacional (FRN), substituto do Fundo Rodoviário dos Estados e Municípios, extinto em 1945, a arrecadação do IUCL passaria a ser inteiramente vinculada a aplicações no setor rodoviário. Conferir PRADO, Sergio Roberto Rios do. *Descentralização do aparelho de Estado e empresas estatais:* um estudo sobre o setor público descentralizado brasileiro, vol 2. 1985. Dissertação (Mestrado) – Universidade Estadual de Campinas, Instituto de Economia, Campinas, 1985.

A reforma administrativa do Imposto de Renda foi realizada em 1942 (Decreto-lei n. 4.178, de 13 de março de 1942) e consistiu, entre outras mudanças: (i) no estabelecimento da obrigatoriedade de fornecimento, por parte de determinados órgãos, de valiosas informações cadastrais para o fisco; (ii) na exigência de apresentação, pelas pessoas físicas e jurídicas, de comprovantes do pagamento do imposto de renda em determinadas operações; e (iii) na definição da obrigatoriedade da prestação de informações, pelos contribuintes, dos rendimentos pagos ou creditados a terceiros. Contudo, o mais importante foi a profunda descentralização realizada na sua estrutura de administração: reorganização de sua divisão, ampliação das Delegacias Regionais e instalação das Delegacias Seccionais, aprimorando-se a estrutura administrativa de 1924 e descentralizando os seus serviços. Como parte do esforço de guerra, seria também criado, em 1943, um imposto incidente sobre lucros extraordinários, o que, juntamente com a reforma administrativa realizada, propiciaria ao imposto de renda aumentar expressivamente sua participação na estrutura tributária.[30]

Com a guerra, as taxas espetaculares de crescimento do PIB alcançadas entre 1932-1936 entraram em declínio, arrastando o País para uma recessão entre 1939 e 1942, da qual só começou a se recuperar a partir de 1943, contando principalmente com a expansão mais vigorosa da atividade industrial. Devido a este quadro e também à ausência de alterações mais significativas no sistema de tributação, a carga tributária se manteve, entre 1941-1945, praticamente no mesmo nível do quinquênio anterior, tendo atingido, na média anual, 12,7% do PIB. Sua composição, no entanto, no final deste período mudara radicalmente, como se constata pelo exame da Tabela I.3. Enquanto em 1931 os impostos diretos respondiam por apenas 17% da arrecadação total, em 1945 esta participação aumentara para 33%.

No caso da receita tributária federal, essa mudança seria ainda mais evidente. O Imposto de Importação, que respondia, em 1935-1937, por 50% da arrecadação, viu esta participação declinar acentuada e aceleradamente a partir do final da década, devido ao início da guerra, à contração do mercado mundial, à perda de força da produção e exportação cafeeiras

---

[30] COMISSÃO DE REFORMA TRIBUTÁRIA/Ministério da Fazenda. *A evolução do imposto de renda no Brasil*. Rio de Janeiro: FGV, 1966.

e ao consequente estrangulamento externo da economia brasileira. Enquanto isso, as atividades econômicas internas avançavam estimuladas pelos ganhos obtidos com o processo de substituição de importações, e se viabilizavam os impostos sobre elas incidentes. Em 1945, enquanto o Imposto de Importação participou com apenas 14,5% no total da receita federal, a do Imposto de Consumo chegou a 40% e, mais importante, a do Imposto de Renda saltou de 8%, em 1935, para 33%, beneficiada pela expansão dos empregos urbanos e dos lucros das empresas e, principalmente, pela modernização de sua estrutura administrativa governamental.

Com o final da guerra e a derrota dos regimes totalitários, a posição de Vargas se enfraqueceu e aumentaram as pressões, inclusive internacionais, que conduziram à sua queda e à realização de eleições livre no País, seguidas da promulgação de uma nova Carta constitucional em 1946. Nessa época, a economia já começara a mudar a sua face, com os primeiros passos dados pelo Estado para deslanchar o seu processo de industrialização, modificando as bases produtivas para uma nova estrutura de impostos. Deixava-se, para trás, a herança de uma economia agroexportadora, altamente dependente da demanda externa e de tributos incidentes predominantemente sobre o comércio exterior.

Tabela I.3

Carga tributária bruta e sua distribuição entre impostos diretos e indiretos (em % do PIB)

Períodos (média)	Carga tributária (% do PIB)	Composição dos tributos (% do PIB)			
		Indiretos		Diretos	
		% do PIB	% na CT	% do PIB	% na CT
1930-1935	10,23	8,43	82,4	1,80	17,6
1936-1940	12,50	9,92	79,4	2,58	20,6
1941-1945	12,71	8,90	70,0	3,81	30,0

Fonte primária: IBGE. *Estatísticas do século XX*. Rio de Janeiro, IBGE, 2006
Elaborado pelo autor.

Tabela I.4
Composição da arrecadação federal (em %)

Ano	Tributos					Total
	Importação	Consumo	Renda e proventos	Selos e afins	Outros tributos	
1935	47,6	27,2	8,1	16,4	0,7	100,0
1937	50,8	28,9	9,9	10,2	0,2	100,0
1940	33,9	38,7	15,1	10,2	0,1	100,0
1945	14,5	40,0	33,2	12,2	0,1	100,0

Fonte: DIREÇÃO-GERAL DA FAZENDA NACIONAL/Ministério da Fazenda. Assessoria de Estudos, Programação e Avaliação. *78 anos de Receita Federal: 1890-1967*. Rio de Janeiro: DGNF/MF, 1968. *In:* OLIVEIRA, Fabrício Augusto. *A reforma tributária de 1966 e a acumulação de capital no Brasil*. 2. ed. Belo Horizonte: Oficina de Livros, 1991, p. 21.

2. Avanço da industrialização, democracia e a ressurreição federativa: 1946-1964

A elaboração da nova Carta constitucional do País, promulgada em 18 de setembro de 1946, foi influenciada, em oposição à forte centralização de poderes do período anterior, por compromissos com o liberalismo político, a restauração das liberdades democráticas, o fortalecimento do federalismo e a descentralização das atividades públicas, tendo, como ator privilegiado nessas mudanças, os municípios.

No campo político, a Constituição contemplou a criação de novas regras, visando ampliar o conceito de cidadania e moralizar o processo eleitoral, ao mesmo tempo que, assegurando a liberdade de organização partidária, garantiu a formação de partidos políticos de massa, de âmbito nacional, entre os quais se destacaram a União Democrática Nacional (UDN), o Partido Social Democrático (PSD), o Partido Trabalhista Brasileiro (PTB) e o Partido Comunista, criado em 1922, sob a sigla PCB.

Por meio dessa Constituição, foram restabelecidas também as eleições diretas para governadores e deputados estaduais, atribuindo-se autonomia aos municípios de elegerem, por voto popular, os prefeitos e vereadores. O legislativo federal, por sua vez, ganhou autonomia para emendar e modificar o orçamento apresentado pelo Executivo, deixando de ter um papel meramente decorativo na definição das prioridades do governo. Além disso, uma nova organização e divisão de responsabilidades foram estabelecidas para as duas casas legislativas no Congresso – o Senado e a Câmara Federal. À primeira, atribuiu-se a responsabilidade pela supervisão e defesa dos interesses dos estados, com autonomia para aprovar matérias de ordem financeira a eles referentes, sem a necessidade de submetê-las à sanção da Câmara dos Deputados; à segunda, a autonomia para aprovar projetos de lei não relacionados com aquelas matérias, dispensando-se sua apreciação pelo Senado.[31]

No campo tributário, não se observaram, contudo, grandes mudanças nas áreas de competências tributárias dos entes da federação, nem alterações significativas no sistema de impostos em face das transformações que vinham se operando nas estruturas da economia, como se constata pelo exame do Quadro I.3. De fato, nem a autonomia para os estados legislarem sobre os seus impostos, nem a estrutura tributária e nem a distribuição dessas competências conheceram mudanças relevantes. Os municípios ganharam o Imposto sobre Indústrias e Profissões, que já vinha sendo por eles cobrado, e a competência de cobrarem também o Imposto do Selo; as contribuições de melhoria, contemplada na Constituição de 1934, mas esquecidas na de 1937, foram novamente resgatadas, e a competência de sua cobrança estendida para as três esferas de governo, mas este nunca foi um tributo importante para a arrecadação; do ponto de vista da economia, apenas reduziu-se a alíquota de exportação de 10% para 5% para se garantir maior competitividade da produção nacional nos mercados externos; e constitucionalizou-se o regime único de incidência do Imposto sobre Lubrificantes e Combustíveis sobre esse produto, estendendo-o também para os minerais e energia elétrica do País, os quais somente seriam efetivamente instituídos anos mais tarde.

---

[31] OLIVEIRA, Fabrício Augusto. *Teorias da federação e do federalismo fiscal:* o caso do Brasil. Belo Horizonte: Escola de Governo/Fundação João Pinheiro, 2007 (Texto para Discussão n. 43).

A grande novidade nesse campo surgiu na definição constitucional de transferências de receitas para os governos subnacionais e na garantia de destinação de parcela do orçamento federal para aplicação nas áreas menos desenvolvidas do País. A primeira iniciativa teve o claro objetivo de fortalecer os municípios, o que leva vários autores a ressaltarem o viés municipalista dessa Constituição. Por isso, para Varsano[32], "embora não tenha promovido uma reforma da estrutura tributária, a Constituição de 1946 modificou, profundamente, a discriminação de rendas entre as esferas de governo, institucionalizando um sistema de transferência de impostos"; a segunda iniciativa teve o objetivo de contribuir para a redução das disparidades inter-regionais de renda e para melhorar o equilíbrio federativo, configurando as bases de um federalismo cooperativo.

---

[32] VARSANO, Ricardo. *A evolução do sistema tributário brasileiro ao longo do século:* anotações e reflexões para futuras reformas. Brasília: IPEA, 1996, p. 5 (Texto para Discussão n. 405).

Quadro I.3
Constituição de 1946: distribuição das competências tributárias, por unidades da federação

União
- Importação;
- Consumo;
- Imposto único sobre a produção, comércio, distribuição, consumo, importação e exportação de lubrificantes e combustíveis, estendendo-se esse regime, no que for aplicável, aos minerais do País e à energia elétrica;
- Renda e proventos de qualquer natureza;
- Imposto sobre a transferência de fundos para o exterior;
- Selo sobre os negócios de sua economia, atos e instrumentos regulados por lei federal;
- Extraordinários;
- Outros impostos, a serem criados, segundo a competência concorrente com os Estados, prevalecendo o imposto federal;
- Taxas;
- Contribuições de melhoria.

Estados
- Propriedade territorial, exceto a urbana;
- Transmissão de propriedade *causa mortis;*
- Transmissão de propriedade imobiliária *inter-vivos* e sua incorporação ao capital das sociedades;
- Vendas e Consignações;
- Exportação de mercadorias de sua produção para o estrangeiro, até o máximo de 5% *ad valorem;*
- Selo para os atos regulados por lei estadual, os do serviço de sua justiça e os negócios de sua economia;
- Outros impostos a serem criados, concorrentemente com a União, prevalecendo o imposto federal;
- Taxas;
- Contribuições de melhoria.

Municípios
- Predial e territorial urbano;
- Indústrias e profissões;
- Diversões públicas;
- Selo sobre atos de sua economia ou assuntos de sua competência;
- Taxas;
- Contribuições de melhoria.

Fonte: BALEEIRO, Aliomar e SOBRINHO, Barbosa Lima. *Constituições brasileiras: 1946.* Brasília: Senado Federal e Ministério da Ciência e Tecnologia, Centro de Estudos Estratégicos, 2001.

No que diz respeito à distribuição das receitas entre os entes da federação, pela Constituição de 1946, 60% da arrecadação do IUCL passariam a ser transferidos para os estados, o Distrito Federal e os municípios, proporcionalmente à sua superfície, população, consumo e produção, nos termos e para os fins estabelecidos em lei (art. 15, § 2º). Da mesma forma, 10% da receita do Imposto de Renda caberiam aos municípios, excluídos os das capitais, divididos em partes iguais, exigindo-se que pelo menos metade (50%) dessa transferência fosse aplicada em benefícios da zona rural (art. 15, § 4º). Quanto aos impostos estaduais, estabelecer-se-ia, no art. 20, que, no caso da arrecadação estadual – dela excluído o imposto de exportação –, exceder o total das rendas locais, excluído o município das capitais, o estado deveria transferir-lhe 30% do excesso arrecadado. Segundo Arretche,[33] inaugurou-se, com a Constituição de 1946, um "tipo de arranjo que vigora até hoje, pelo qual as regras relativas às transferências constitucionais implicam que a União opere como arrecadadora substitutiva para estados e municípios, bem como os estados para os seus municípios".

As disputas federativas tenderam, com isso, a deslocar-se, nesse campo, da área das competências tributárias para a de definição das alíquotas de repartição das receitas.

A Constituição foi, entretanto, mais longe no campo da descentralização fiscal ao incluir, no capítulo das Disposições Gerais (Título IX), a obrigatoriedade de a União aplicar: (i) no mínimo 3% de sua receita tributária na execução do plano de defesa contra os efeitos da seca no Nordeste, exigindo igual contrapartida dos estados beneficiados (art. 198); (ii) 3%, durante pelo menos 20 anos consecutivos, na execução do plano de valorização da Amazônia, com igual contrapartida dos estados e territórios da região (art. 199); e (iii) 1% no plano de aproveitamento das possibilidades econômicas do Rio São Francisco e afluentes.[34]

---

[33] ARRETCHE, Marta. "Quem taxa e quem gasta: a barganha federativa na federação brasileira". *Revista de Sociologia e Política*. Curitiba, n. 24, 2005, pp. 69-85.

[34] LOPREATO, Francisco L. Cazeiro. *O colapso das finanças estaduais e a crise da federação*. São Paulo: Editora UNESP, IE/UNICAMP, 2002, p. 33.

De maneira clara, a questão regional seria assim introduzida, pela primeira vez, no orçamento, adotando-se medidas concretas para a redução das desigualdades inter-regionais de renda e dos desequilíbrios federativos. Órgãos de desenvolvimento regional começaram a ser criados para essa finalidade, casos da Superintendência do Plano de Valorização Econômica da Amazônia (SPVEA), do Departamento de Obras contra as Secas (DNOCS), e da Comissão do Vale do São Francisco (CVSF). A eles se juntou, em 1959, a Superintendência de Desenvolvimento do Nordeste (SUDENE), que passou a contar, nos primeiros anos da década de 1960, com vários incentivos fiscais para estimular o desenvolvimento da região. A partir de 1963, também seria criada a Superintendência de Desenvolvimento da Amazônia (SUDAM), à qual também foram destinados os mesmos incentivos concedidos ao Nordeste para promover o desenvolvimento do Norte do País. Isso levou autores, como Francisco de Oliveira,[35] a considerar, talvez exageradamente, que teria ocorrido uma "verdadeira revolução federativa" nesse período.

No campo da economia e da política econômica, a nova ordem inaugurada com a Constituição de 1946 e que se estende até 1964, conhece três períodos distintos, os quais irão fazer avançar, de forma diferenciada, o novo padrão de acumulação instituído na década de 1930 e o papel do Estado como comandante desse processo. No novo padrão, seriam afetadas as estruturas de tributação do País, como decorrência do fortalecimento dos impostos internos, colocando-se a necessidade de realização de reformas, nesse campo, ditadas por tais transformações.

No primeiro período, que vai de 1947 a 1950, o Brasil, beneficiado pelo período da guerra, conseguiria acumular vultosas reservas cambiais, mas defrontar-se-ia, ao seu final, com fortes pressões de demanda reprimida e, em decorrência, com pressões inflacionárias. Para conter o ímpeto do crescimento dos preços, adotou-se uma política liberal de importações e fixou-se a taxa de câmbio no nível de Cr$ 18,50/US$ 1, paridade

---

[35] OLIVEIRA, Francisco. "A crise da federação: da oligarquia à globalização". *In:* AFFONSO, R.B.A. & Silva, P.L.B. (orgs.). *A federação em perspectiva.* São Paulo: FUNDAP, 1995.

mantida até 1953, o que provocou uma rápida diminuição das reservas e conduziu a economia novamente a uma situação de estrangulamento externo com vultosos *déficits* em transações correntes já em 1947. A partir daí, a política econômica restringiu-se, diferentemente do que ocorrera durante o período do *Estado Novo*, ao manejo da política cambial, especialmente via controle administrativo das importações, para enfrentar esse desafio. Com essa reserva de mercado, o processo de industrialização deslanchado na década de 1930 continuou avançando, porém de forma extensiva e pouco integrada, como aponta Lessa,[36] dando continuidade ao processo de substituição de importações, mas de produtos menos essenciais na faixa de bens de consumo, notadamente na de bens duráveis. Isso propiciou uma expansão média anual de 6,8% do PIB entre 1946-1950 e um aumento da carga tributária de 12,7% do PIB entre 1941-45 para 13,9% nesse período, beneficiada pelo alargamento do mercado interno.

No segundo período, que vai de 1951 a 1954, novamente com Getúlio Vargas no poder, agora eleito democraticamente, o País avançaria na diversificação de sua estrutura industrial, de forma consciente, ainda segundo Lessa, procurando superar os principais pontos de estrangulamento da economia, localizados nos setores de energia e transportes. Com esse propósito, realizou-se a reestruturação do Plano Rodoviário Nacional, ampliou-se a oferta energética da região Nordeste, constituiu-se o Fundo Federal de Eletrificação e, entre outras medidas também importantes, criou-se a Petrobrás, em 1953, e o Banco Nacional de Desenvolvimento Econômico (BNDE) para dar suporte financeiro à montagem da infraestrutura econômica e ao processo de industrialização. Nesse período, apesar da Guerra da Coreia, a economia cresceu à taxa média anual de 6%, avançando no processo de constituição da infraestrutura e da indústria de base e na remoção de importantes lacunas da pirâmide industrial que obstavam o curso da industrialização e a consolidação do mercado interno.

---

[36] LESSA, Carlos. *Quinze anos de política econômica*. São Paulo: Brasiliense, 1981, pp. 15-19.

PARTE I - CAPÍTULO II - CENTRALIZAÇÃO, ESTADO...

Depois de um período de transição compreendido entre 1955 e 1956 – em que a principal preocupação da política econômica esteve voltada para combater um processo inflacionário em ascensão, via contenção da demanda global –, os anos de 1957 a 1960 correspondem ao período em que, mais uma vez sob a liderança e comando do Estado, completam-se, no País, as bases da industrialização, com o preenchimento das lacunas existentes na pirâmide industrial. É neste período, que o processo deslanchado na década de 1930 por Getúlio Vargas se aprofunda com o avanço da indústria de base e o início da montagem da indústria de bens de capital, e a significativa substituição de importações na faixa de bens de consumo duráveis e não duráveis. Nas palavras de Lessa[37], é o período em que se implementa "(...) a decisão mais sólida de forma consciente em prol do processo de industrialização", ou que se constituem, no País, de acordo com Cardoso de Mello[38] "as forças produtivas especificamente capitalistas, reduzindo sua dependência externa e endogenizando os ciclos da economia brasileira". Como decorrência, o PIB cresceu a uma taxa média anual em torno de 8% entre 1957 e 1960.

No comando dessas transformações, o Estado aumentou consideravelmente sua participação na economia, tanto na formação bruta de capital como no consumo. De acordo com Lessa,[39] "a participação do governo na formação bruta de capital fixo (exclusive empresas estatais) cresceu de 25,6% no quadriênio 1953-56 para 37,1% nos quatro anos do Plano de Metas". Incluídas apenas as empresas estatais do governo federal, essa participação se elevaria para 47,8%. Ainda segundo este autor, o consumo do governo teria crescido de 14,3% para 20,3% entre 1947 e 1960, aumentando à taxa anual de 8,3%, em termos reais, contra 5,3% do consumo privado.

---

[37] LESSA, Carlos. *Quinze anos de política econômica*. São Paulo: Brasiliense, 1981, p. 27.

[38] MELLO, João Manuel Cardoso de. *O capitalismo tardio. Contribuição à revisão crítica da formação e do desenvolvimento da economia brasileira*. 10. ed. Campinas, SP: UNICAMP, IE, 1998 (30 Anos de Economia – UNICAMP, 4).

[39] LESSA, Carlos. *Quinze anos de política econômica*. São Paulo: Brasiliense, 1981, p. 70.

Apesar do avanço do Estado na vida econômica, suas estruturas institucionais e de financiamento continuaram defasadas frente à nova realidade. Em todo o período posterior a 1946, as mudanças no sistema tributário foram apenas pontuais, mantendo-se praticamente a mesma estrutura legada pela Carta Magna daquele ano. Mais importante nesse período, a par da reestruturação do Plano Rodoviário Nacional, em 1949, foi a criação de um Adicional Restituível do Imposto de Renda de 15% por quatro anos, entre 1952 e 1956, para alimentar o Fundo de Reaparelhamento Econômico, criado em 1951, pela Lei n. 1.474, de 26 de novembro, para financiar o desenvolvimento das indústrias básicas e das atividades agropecuárias.

Seus recursos seriam administrados pelo Banco Nacional de Desenvolvimento Econômico (BNDE), fundado em 1952 para essa finalidade. Cite-se, ademais, a instituição do Imposto Único sobre Energia Elétrica (IUEE), em 1954 (previsto na Constituição de 1946), cujos recursos seriam destinados ao Fundo Federal de Eletrificação, também criado no mesmo ano (Lei n. 2.308), visando garantir a expansão da oferta energética no País. Afora isso, as mudanças no sistema para aumentar a capacidade de financiamento do Estado foram feitas dentro dos limites que este propiciava, sem nenhuma reforma importante. Mudança de incidência de impostos específicos para *ad valorem*, reajustes em suas bases para defender a receita do processo inflacionário, ampliação do campo de incidência de alguns impostos, criação de adicionais, como o do Imposto de Consumo, em 1956, e mudanças de suas alíquotas em 1958, figuraram entre as limitadas alterações tributárias realizadas para dotar o Estado de maior capacidade de financiamento.

Isso não significa que reformas mais profundas do sistema não tenham sido tentadas. Em 19 de agosto de1953, por exemplo, pela Portaria 784 do Ministério da Fazenda, sob a influência das propostas de modernização da economia da Comissão Mista Brasil-EUA, foi nomeada uma comissão para elaborar um anteprojeto do Código Tributário Nacional. Enviado pela comissão ao Presidente da República e por este ao Congresso Nacional, o anteprojeto não conseguiu se converter em lei.⁴⁰ Mudanças mais profundas na estrutura tributária implicariam colocar em risco o arco de alianças, inclusive inter-regionais, e desagradar às forças políticas e econômicas que sustentavam o governo no pacto que ficou conhecido como *Estado de Compromisso*, o que levou um arguto observador, como Tancredo Neves, a considerar que "a reforma tributária não sai enquanto depender do apoio do Congresso, porque [incide] sobre todos os grupos a ninguém interessando".⁴¹

Não quer dizer, tampouco, que as bases da produção não comportassem alterações mais significativas nas bases da tributação, visando adequar estas ao estágio de desenvolvimento do País. As atividades econômicas internas haviam se expandido em virtude da ampliação significativa dos níveis de renda *per capita*, enquanto o comércio exterior via minguar sua participação relativa na geração da renda nacional e encolher sua contribuição para o financiamento do Estado.

Apesar da ausência de reformas mais profundas no sistema, a carga tributária, beneficiada pelo crescimento econômico verificado nesses períodos, continuou em trajetória de elevação, mas sem conseguir atender as demandas ampliadas do Estado por mais recursos, dado o seu novo papel. Dos 12,5% do PIB que atingira, na média anual, entre 1941-1945, saltou para 13,8% entre 1946-1950, para 15,4% no quinquênio seguinte e para 17,4% entre 1956-1960. Sua composição, no entanto, modificou-se substancialmente: embora os impostos indiretos tenham mantido sua participação, em média, na casa de 70%, estes se referiam predominantemente aos impostos internos. No caso da União, depois de ter contribuído com cerca de 40% de sua receita, o Imposto de Renda começou a ver declinar sua participação relativa, na ausência de mudanças em suas bases de incidência e diante do maior avanço da produção, dos investimentos e do consumo interno, com estes sendo gravados por uma estrutura tributária de natureza pró-cíclica.

---

⁴⁰ AMED, Fernando J.; NEGREIROS, Plínio José Labriola de Campos. *História dos tributos no Brasil*. São Paulo: Edições SINAFRESP, 2000, p. 272.

⁴¹ BENEVIDES, Maria Victória. *O governo Kubitschek:* desenvolvimento econômico e estabilidade política – 1956-1961. Rio de Janeiro: Paz e Terra, 1976, p. 80.

Não surpreende que diante desse quadro e do esforço realizado para comandar e apoiar tais transformações, o Estado tenha incorrido durante todo o período em *déficits* gigantescos, cobertos com consideráveis emissões primárias de moeda e endividamento. De acordo com a série de dados estatísticos do IBGE sobre o século XX, os gastos primários do governo consolidado foram, em média, no longo período de 1930 a 1960, superiores a 20% da carga tributária. O capital externo, por meio de investimentos diretos ou de empréstimos, notadamente durante o período do Plano de Metas (1957-1960), complementou os recursos necessários para o País dar o grande "salto" da industrialização.

No final da década de 1950, os efeitos do bloco de investimentos do Plano de Metas começaram a se esgotar, num momento em que a inflação ganhava força e se acelerava, minando as bases do pacto político que dera sustentação ao projeto desenvolvimentista e acirrando os conflitos intercapitalistas e os do capital/trabalho. Diante do pacto em desintegração, da crise econômica se avizinhando e da inflação em trajetória ascendente, somente a implementação de um novo bloco de investimentos complementares, para garantir a continuidade da vigorosa expansão do período anterior e para acabar de preencher as lacunas da pirâmide industrial, poderia reverter o quadro. Desestruturado institucional e financeiramente, o Estado, no entanto, não se encontrava preparado para comandar essa nova etapa de transformações e a desaceleração econômica tornou-se inevitável. Depois de conhecer uma expansão de 9,4% em 1960, o crescimento do PIB declinou para 8,6% no ano seguinte, 6% em 1962 e apenas 0,6% em 1963. Sua retomada exigiria a realização de reformas instrumentais e de financiamento da economia e do Estado, o que o conturbado contexto político da época não propiciou.

Do ponto de vista do sistema tributário, foram poucas as mudanças nele introduzidas, e elas foram especificamente destinadas a mitigar a crítica situação financeira em que se encontrava a maioria dos municípios brasileiros. Apesar do objetivo da Constituição de 1946 de fortalecê-los, o fato é que estes não dispunham de recursos suficientes para dar respostas mais adequadas à ampliação de demandas por serviços públicos decorrentes da intensificação do processo de industrialização e

PARTE I - CAPÍTULO II - CENTRALIZAÇÃO, ESTADO...

da expansão das atividades e da população urbana. Em novembro de 1961, seria editada a Emenda Constitucional n. 5, com a qual se adicionariam aos 10% do Imposto de Renda destinados aos municípios, também 15% do Imposto de Consumo. Além disso, transferir-se-iam para seu campo de competência o Imposto sobre a Propriedade Territorial Rural (ITR), condicionando a aplicação de 50% de seus recursos à área rural, e o Imposto sobre a Transmissão de Bens Imóveis *inter-vivos*. Procurando explicação para a crítica situação financeira vivida pelos municípios à época, Varsano elenca alguns motivos que ajudam a entender a frustração da Constituição de 1946 de reforçar as finanças dos municípios. Para ele, foram vários fatores que contribuíram para que isso viesse a ocorrer:

> Primeiro, a maioria dos estados jamais transferiu para os municípios os 30% do excesso da arrecadação. Segundo, as cotas do IR só começaram a ser distribuídas em 1948 e eram calculadas em um ano, com base na arrecadação do período anterior, para distribuição no ano seguinte; em consequência, os municípios recebiam cotas cujo valor real já fora corroído pela inflação. Terceiro, essas cotas (e, mais tarde, as do imposto de consumo) eram distribuídas igualmente entre os municípios, o que gerou, através de desmembramentos, um rápido crescimento dos mesmos. Os 1.669 municípios existentes em 1945 transformaram-se em 3.924 em 1966. Muitas das novas unidades passaram a depender quase exclusivamente das transferências da União, cujo valor real diminuía à medida que crescia o número de municípios. Finalmente, a aceleração da inflação na segunda metade da década de 50 e principalmente no início da década de 60 prejudicou a receita dos impostos predial e territorial urbano que dependem da ação da administração fiscal no sentido de reavaliar o valor dos imóveis. A participação desse imposto na receita tributária municipal, que era da ordem de 33% em 1960, reduz-se para cerca de 20% em 1966.[42]

---

[42] VARSANO, Ricardo. *A evolução do sistema tributário brasileiro ao longo do século:* anotações e reflexões para futuras reformas. Brasília: IPEA, 1996, p. 6 (Texto para Discussão n. 405).

No mais, a estrutura permaneceria a mesma que fora herdada da Constituição de 1946, sem capacidade de prover o Estado de condições fiscais adequadas para desempenhar seu papel sem incorrer em fortes desequilíbrios. Em face da crise econômica instalada nos primeiros anos da década, a carga tributária recuaria mais de 1 ponto percentual do PIB, caindo de 17,4% no quinquênio 1956-1960 para 16,3% no quadriênio 1961-1964. O golpe de 1964 abriria, contudo, as portas para a realização de uma reforma tributária de profundidade, para a modernização e aprimoramento da máquina de arrecadação e fiscalização e para garantir, ao Estado, fontes mais amplas e seguras de financiamento.

Tabela I.5

Carga tributária bruta e sua distribuição entre impostos indiretos e diretos (em % do PIB)

Períodos (média)	Carga tributária (% do PIB)	Composição dos tributos			
		Indiretos		Diretos	
		% do PIB	% na CT	% do PIB	% na CT
1946-1950	13,88	9,30	67,0	4,58	33,0
1951-1955	15,44	10,18	65,9	5,26	34,1
1956-1960	17,42	12,01	69,0	5,41	31,0
1961-1964	16,30	11,49	70,5	4,81	29,5

Fonte primária: IBGE. *Estatísticas do século XX*. Rio de Janeiro: IBGE, 2006. Elaborado pelo autor.

Tabela I.6
Composição da arrecadação federal (em %)

Ano	Tributos					Total
	Importação	Consumo	Renda e proventos	Selos e afins	Outros tributos	
1950	10,9	41,0	35,8	12,2	0,1	100,0
1955	4,6	36,0	39,8	13,3	6,3	100,0
1958	12,7	38,8	31,2	11,8	5,5	100,0
1960	11,2	42,4	31,6	12,9	1,9	100,0
1963	10,3	48,2	28,7	10,9	1,9	100,0
1964	7,2	51,3	28,1	10,9	2,5	100,0

Fonte: DIREÇÃO-GERAL DA FAZENDA NACIONAL/Ministério da Fazenda. Assessoria de Estudos, Programação e Avaliação. *78 anos de Receita Federal: 1890-1967*. Rio de Janeiro: DGNF/MF, 1968. *In:* OLIVEIRA, Fabrício Augusto. *A reforma tributária de 1966 e a acumulação de capital no Brasil.* 2. ed. Belo Horizonte: Oficina de Livros, 1991, pp. 25-33.

Capítulo III
ESTADO AUTORITÁRIO, REFORMAS E CRISE: 1964-1988

1. O golpe de 1964 e o caminho das reformas

O golpe militar desfechado em março de 1964, apoiado pelas classes dominantes em associação com o capital estrangeiro e por segmentos da classe média sob influência da propaganda anticomunista, conduziu novamente à instalação, no País, de um Estado autoritário, que se manteve à frente de seu comando por mais de vinte anos. Como uma repetição do mesmo filme da era do *Estado Novo*, as liberdades individuais foram suprimidas; os partidos políticos, extintos e recriados na forma do bipartidarismo para melhor atenderem aos interesses e controle do novo governo; o Congresso Nacional foi transformado em mera figura decorativa no concerto dos poderes; e o Judiciário, silenciado. Limitações às ações dos sindicatos e a suspensão dos direitos à greve dos trabalhadores figuraram entre as medidas adotadas nesse período de montagem de um forte aparelho repressivo, implantado para viabilizar os objetivos dos novos donos do poder. Sem oposição, avançou-se na realização de várias reformas da economia e do Estado – administrativa, financeira, bancária, previdenciária, tributária, do mercado de capitais –, que, embora consideradas necessárias no quadro anterior, não haviam prosperado por conta dos inevitáveis conflitos de interesses que carregavam.

A desaceleração e o baixo crescimento da economia entre 1961 e 1964 – 4,5% ao ano – em relação ao período anterior, associados a uma inflação ascendente – a projeção para 1964 atingia 144% – colocou grandes desafios, desde o início, para o golpe não sucumbir diante do caos econômico e social. Do diagnóstico realizado sobre a situação da economia e de seus principais problemas, explicitados no Programa de Ação Econômica Governamental (PAEG), evidenciou-se que sua superação deveria contar com a modernização e o saneamento financeiro do Estado, com a restauração do crédito público, bem como com a redefinição do mecanismo de financiamento da economia em geral e com a dinamização do mercado de capitais. Decididas, elaboradas e realizadas sob o comando do Poder Executivo, as reformas implementadas, incluindo-se a do sistema tributário, tiveram, como farol, esses objetivos.

2. A reforma da tributação e do fisco: ajustando-os como ferramentas do crescimento e da arrecadação

A reforma tributária, que teve início com a Emenda Constitucional n. 18 (EC18/65), de 01 de dezembro de 1965, e se completou com a aprovação do Código Tributário Nacional (CTN), pela Lei n. 5.172, de 25 de outubro de 1966, teve, de acordo com esse diagnóstico, as seguintes prioridades:[43]

a) Depurar o sistema de impostos inadequados para o estágio de desenvolvimento atingido pelo País e ajustá-lo à nova realidade econômica;

b) Recompor a capacidade de financiamento do Estado, adequando-a ao novo papel que havia assumido na condução do processo de acumulação;

c) Transformar o instrumento tributário em uma poderosa ferramenta do processo de acumulação;

---

[43] OLIVEIRA, Fabrício Augusto. "A lógica das reformas do sistema tributário: 1966-2002". *In:* PINTO, Márcio Percival Alves; BIASOTO JR., Geraldo (orgs.). *Política fiscal e desenvolvimento no Brasil*. Campinas: Editora da Unicamp, 2006.

d) Criar incentivos fiscais e financeiros para estimular/apoiar setores considerados estratégicos no novo modelo de desenvolvimento;
e) Desenhar um modelo de federalismo fiscal que contribuísse para que os recursos repartidos entre as esferas governamentais fossem prioritariamente destinados para viabilizar os objetivos do crescimento.

A nova estrutura tributária, bem como a distribuição de seus recursos entre as esferas da federação, posteriormente confirmadas, em sua essência, pela Constituição de 1967, encontram-se retratadas no Quadro I.4. Alguns especialistas da área de finanças públicas, como Aliomar Baleeiro,[44] não identificaram mudanças importantes nessa nova estrutura, mas apenas mudanças de nomes, como os do Imposto do Selo para Imposto sobre Operações Financeiras, do Imposto sobre Vendas e Consignações para Imposto sobre Circulação de Mercadorias, entre outros. Não é verdade. Do ponto de vista econômico, o sistema conheceu uma apreciável modernização, adequando-se ao estágio de desenvolvimento atingido pela economia brasileira e ao novo papel que o Estado vinha desempenhando.

Para Varsano,[45] que considera a reforma de 1966 como a mais radical já realizada no Brasil,

> [ela] teve o mérito de [...], pela primeira vez no Brasil, conceber um sistema tributário que era, de fato, um sistema – e não apenas um conjunto de fontes de arrecadação – com objetivos econômicos, ou, mais precisamente, que era instrumento da estratégia de crescimento acelerado traçada pelos detentores do poder.

Várias mudanças podem ser apontadas para confirmar tanto a dimensão da modernização promovida no sistema de impostos quanto sua adequação para serem utilizados como instrumentos de política econômica e como ferramenta do processo de acumulação.

---

[44] BALEEIRO, Aliomar. "O Direito Financeiro na Constituição de 1967". In: *Constituições Brasileiras:* 1967. Brasília: Senado Federal e Ministério da Ciência e Tecnologia, Centro de Estudos Estratégicos, 2001.

[45] VARSANO, Ricardo. *A evolução do sistema tributário brasileiro ao longo do século:* anotações e reflexões para futuras reformas. Brasília: IPEA, 1996, p. 9. (Texto para Discussão n. 405).

Em primeiro lugar, com o objetivo de imprimir maior racionalidade ao sistema e fechar as portas para a criação indiscriminada de impostos por todos os entes federativos, o que praticamente conduzira à formação de três sistemas tributários autônomos, sem conexão entre si, com prejuízos para o sistema produtivo e para a competitividade da economia, eliminou-se a competência residual da decretação de impostos para os estados e municípios, restringindo essa autonomia à União, sem a obrigatoriedade dessa esfera partilhar, com os governos subnacionais, o produto dos que seriam criados.[46]

Em segundo, o sistema foi depurado de vários impostos que não tinham muito bem definido seu fato gerador – os casos mais evidentes são os Impostos sobre Indústrias e Profissões, o Imposto do Selo e o Imposto de Licença – e que, por essa razão, eram manejados como meros instrumentos de socorro financeiro para os governos atenderem suas necessidades de caixa, prejudicando o sistema produtivo ao distorcer preços relativos e aumentar os custos de produção. Em contrapartida, o sistema estabeleceu claramente as bases de incidência dos impostos que os substituíram, como o Imposto sobre Serviços de Qualquer Natureza (ISS), o Imposto sobre Transportes e Comunicações (ITC) e o Imposto sobre Operações Financeiras (IOF).

Em terceiro, os tributos foram organizados, pela primeira vez, à luz de suas bases econômicas, dando maior visibilidade e racionalidade à política econômica para viabilizar seus objetivos. Classificados em dois setores, interno e externo, foram enquadrados em quatro grupos: comércio exterior, patrimônio e renda, produção, circulação e consumo de bens e serviços e impostos especiais.

Mais importante nessa reorganização e saneamento do sistema foi o fato de, pioneiramente no mundo, ter se decidido pela extinção da cumulatividade do Imposto sobre Vendas e Consignações, transformando o imposto que o substituiu, o ICM (e também o Imposto de Consumo em Imposto sobre Produtos Industrializados – IPI), em um tributo incidente sobre o valor agregado, eliminando-se as distorções que provo-

---

[46] A Emenda Constitucional n. 18/65 havia estendido essa proibição também para a União, o que foi corretamente corrigido pela Constituição de 1967, ao lhe reatribuir poderes para instituir novos tributos.

cava sobre os preços relativos e sobre o processo "artificial" de integração das empresas para escapar de ou reduzir seu ônus.

Quadro I.4
Estrutura tributária: competências e partilha dos tributos

Competências	Partilha/distribuição (%)		
	União	Estados	Municípios
União			
Importação	100,0	-	-
Exportação	100,0	-	-
Propriedade Territorial Rural	100,0	-	-
Renda e proventos	80,0	10,0	10,0
Produtos Industrializados	80,0	10,0	10,0
Operações Financeiras	100,0	-	-
Transporte, salvo o de natureza estritamente municipal	100,0 100,0	- -	- -
Serviços de Comunicações	40,0	48,0	12,0
Combustíveis e Lubrificantes	40,0	50,0	10,0
Energia Elétrica	10,0	70,0	20,0
Minerais	100,0	-	-
Taxas	100,0	-	-
Contribuição de Melhorias			
Estados			
Transmissão de Bens Imóveis	-	50,0	50,0
Propriedade de Veículos Automotores	-	50,0	50,0
Circulação de Mercadorias	-	80,0	20,0
Taxas	-	100,0	-
Contribuição de melhorias	-	100,0	-
Municípios			
Propriedade Territorial urbana	-	-	100,0
Serviços de Qualquer Natureza	-	-	100,0
Taxas	-	-	100,0
Contribuição de Melhorias	-	-	100,0

Fontes: Emenda Constitucional n. 18/1965; Lei n. 4452/64; Lei n. 5.172/1966, Decreto-lei n. 343/67; Constituição Federal de 1967. Elaborado pelo autor.

Também importante foi que se despertou, finalmente, para explorar, com maior eficiência e produtividade, o potencial da tributação interna: de um lado, as alíquotas dos principais impostos foram consideravelmente elevadas, casos do novo Imposto sobre Produtos Industrializados (IPI), do Imposto sobre Circulação de Mercadorias (ICM) e do Imposto de Renda (IR), este tanto para as pessoas jurídicas como físicas, ao mesmo tempo que se ampliou expressivamente o número de contribuintes pessoas físicas com a redução, em 1966, do limite de isenção de doze para dez salários mínimos para os que recebiam renda de uma única fonte, e mais ainda em 1969, quando o limite foi reduzido para dois salários. Além disso, extinguiu-se o privilégio da isenção para várias categorias profissionais que dele desfrutavam, como os professores, atores, jornalistas e magistrados, e estendeu-se sua cobrança para os rendimentos da atividade agrícola.[47]

A essa estrutura começaram a se integrar, crescentemente, contribuições sociais criadas à margem do sistema tributário (também chamadas de contribuições parafiscais), de acordo com a autorização confirmada nas Constituições de 1967 e 1969, destinadas ao financiamento de políticas sociais específicas, casos do salário-educação e da contribuição previdenciária, ou para a formação de um *funding* para o financiamento de longo prazo da economia, casos do Fundo de Garantia do Tempo de Serviço (FGTS), criado em 1967, e do Programa de Integração Social (PIS) e do Programa de Formação do Patrimônio do Servidor Público (PASEP), de 1969 e 1970.

De outro lado, avançou-se consideravelmente na criação das condições para dotar a máquina de arrecadação e fiscalização federal de maior eficiência: os débitos fiscais passaram a ser corrigidos pela correção monetária, visando proteger seus valores da inflação; pela Lei n. 4.729, de 14 de julho de 1965, configurou-se, de forma cristalina, o crime de apropriação indébita, com penas prisionais e pecuniárias para impostos não recolhidos no prazo de 180 dias; convênios informais entre o governo federal, estados e municípios foram acordados para a fiscalização do Imposto de Renda e do IPI; e no caso do novo imposto estadual, o ICM, sua sistemática de registro pelo critério de débito/crédito dificultava, ao contrário do IVC, a sonegação, ao estabelecer uma solidariedade em cadeia

---

[47] OLIVEIRA Fabrício Augusto. *A reforma tributária de 1966 e a acumulação de capital no Brasil*. 2. ed. Belo Horizonte: Oficina de Livros, 1991.

PARTE I - CAPÍTULO III - ESTADO AUTORITÁRIO, REFORMAS...

dos próprios contribuintes. Reside, no entanto, na modernização do aparelho fiscal do Imposto de Renda e na criação de instrumentos mais completos para se ter controle sobre os contribuintes desse imposto, a principal inovação realizada para aumentar sua produtividade, dotando a instituição responsável por sua administração de mecanismos e estrutura mais eficientes.[48]

No campo administrativo do Ministério da Fazenda (MF), as mudanças realizadas dariam novo *status* à administração tributária em termos de eficiência. Iniciadas nos primeiros anos da década de 1960, essas mudanças evoluíram nos anos seguintes, passando pela criação da Secretaria da Receita Federal (SRF), em 1968, e se ampliariam na década de 1970. Dentre elas, cabe destacar: (i) a instituição, a partir do exercício de 1963, da declaração de bens como parte integrante da declaração do Imposto de Renda; (ii) a instituição, em 1964, do Cadastro Geral das Pessoas Jurídicas (Lei n. 4.503, de 30 de novembro de 1964), depois transformado em Cadastro Geral de Contribuintes (CGC) e, posteriormente, no atual Cadastro Nacional da Pessoa Jurídica (CNPJ); (iii) a criação, em 1964, do Serviço Federal de Processamento de Dados (Serpro), empresa pública subordinada ao Ministério da Fazenda, que passaria a ser responsável pelo processamento de dados dos contribuintes; (iv) a autorização da cobrança da arrecadação federal pela rede bancária, sistemática que, regulamentada em 1965, entrou em vigor em 1966, começando pelas cidades do Rio de Janeiro e São Paulo, dando início à extinção do sistema de arrecadação por vários órgãos, como os de Recebedoria de Rendas, Alfândegas, Mesas de Rendas e Coletorias Federais; e (v) a instituição, em 1965, do Registro das Pessoas Físicas, transformado, em 1968, no Cadastro das Pessoas Físicas (CPF), pelo Decreto-Lei 401, de 30 de dezembro de 1968, que substituiria os fichários com dados dos contribuintes assistemáticos, desatualizados e incompletos.

A reorganização administrativa da Direção-Geral da Fazenda Nacional (DGNF) passou pela redefinição das áreas dos Conselhos dos

---

[48] Boa parte das informações que se seguem foi retirada de A NOVA administração federal: um estudo técnico sobre o fisco unificado. Rio de Janeiro: FGV, SINDIRECEITA, 2005.

Contribuintes, com sua ampliação; pela regulamentação de novos cargos (o de Agente Fiscal, criado em 1958, o de Exator Federal etc.) e exigência de concurso para sua contratação; pela transformação das Diretorias de Rendas Aduaneiras, de Rendas Internas e do Imposto de Renda em Departamentos, acrescentando, a essa estrutura, o Departamento de Arrecadação; e pela divisão do território nacional em dez regiões fiscais, que contariam com Delegacias Regionais daqueles departamentos, revigorando o processo de descentralização das atividades de fiscalização e arrecadação.

Apesar das melhorias realizadas, a estrutura administrativa da Direção-Geral da Fazenda Nacional (DGNF) continuou problemática: com suas atividades distribuídas em quatro Departamentos (Rendas Aduaneiras, Rendas Internas, Imposto de Renda e Arrecadação) que funcionavam de forma autônoma, sem se comunicarem, desenvolvendo atividades que se sobrepunham nas áreas da fiscalização, tributação e controle dos contribuintes, com desperdício de recursos, sem planejamento integrado de suas ações e sem uma visão sistêmica do processo.

A percepção dessa deficiência levou, em 1968, à criação da Secretaria da Receita Federal, em substituição à Direção-Geral da Fazenda Nacional, à luz do conceito de organização sistêmica. Na nova estrutura, os departamentos foram extintos e estabelecidas as funções que deveriam ser desempenhadas pelo órgão central – a SRF – e pelas unidades descentralizadas (regionais e locais): tributação, arrecadação, fiscalização, informações sobre os contribuintes e as receitas. Dos departamentos estanques e autônomos da DGNF, surgiram, no órgão central, as áreas de Coordenação dos Sistemas de Arrecadação, Fiscalização, Tributação e de Informações Econômico-Fiscais, uma estrutura integrada, sistêmica, que se reproduziu para os órgãos regionais (Superintendências da Receita Federal), sub-regionais (Delegacias) e locais (Inspetorias), aos quais se subordinavam as agências e os postos de sua jurisdição. Essas mudanças, realizadas à luz do enfoque sistêmico, avançariam na década de 1970, aprimorando a capacidade técnica, operacional e administrativa da SRF em desempenhar, com maior eficiência, suas atividades de arrecadação e fiscalização.

PARTE I - CAPÍTULO III - ESTADO AUTORITÁRIO, REFORMAS...

Combinada com a retomada do crescimento econômico no final da década de 1960, a nova estrutura tributária que emergiu da reforma de 1965/66, juntamente com as mudanças administrativas e operacionais introduzidas no fisco federal, propiciaram um significativo aumento da carga tributária, ampliando a capacidade de financiamento não inflacionário do governo: de um nível médio de 16,5% do PIB no biênio 1963/64, saltou para 25-26% no final da década, mantendo-se neste patamar durante toda a década seguinte. Como resultado principalmente da reforma do Imposto de Renda e do aumento dos níveis de renda *per capita* da população, a tributação direta evoluiu a uma velocidade maior do que a tributação indireta, aumentando sua participação na composição da carga tributária, mas sem que se explorasse todo o potencial da arrecadação daquele imposto, impedindo-se que o sistema se transformasse em um instrumento mais efetivo de justiça fiscal. Tal fato devia-se à lógica que orientou a reforma de 1965/66, em que, à função tributação, foi atribuído o papel de impulsionar o processo de crescimento, o qual aparecia como uma das principais prioridades entre os objetivos contidos na Doutrina de Segurança Nacional do regime militar.

Com essa perspectiva, o sistema foi profundamente remodelado para tal finalidade. As mudanças nele introduzidas para o aumento da carga tributária vieram acompanhadas de medidas para torná-lo consistente com os propósitos do crescimento – o Imposto de Exportação foi transferido para o governo federal e transformado em instrumento de política do comércio exterior, assim como o IOF, transformado em instrumento de política monetária, perdendo ambos a finalidade arrecadatória –, e, mais importante, uma profusão de incentivos fiscais surgiu do ventre do sistema para estimular setores que se consideravam prioritários para esse objetivo, caso dos setores financeiro, exportador, dos investimentos, assim como para garantir a ampliação da demanda por bens duráveis pelas camadas de renda média e alta da sociedade, visando reanimar a atividade industrial, então com elevados níveis de capacidade ociosa resultantes da crise da primeira metade dos anos sessenta.

Como consequência, ergueu-se um verdadeiro "paraíso fiscal" para o capital, em geral, e para as camadas de média e alta renda nesse período, drenando consideráveis fatias de recursos da sociedade como um todo para garantir sua sustentação e transformando o sistema tributário num instrumento de agravamento das desigualdades sociais, na medida em que seu ônus foi primordialmente lançado sobre os ombros mais fracos. Segundo Varsano[49] "ao privilegiar o estímulo ao crescimento acelerado e à acumulação privada – e [favorecer], portanto, os detentores de riqueza – a reforma praticamente desprezou o objetivo da equidade".

Tal sangria de recursos não poderia ser suportada pelo Estado sem este incorrer em fortes desequilíbrios, apesar da expressiva expansão da carga tributária. Por isso, já nos primeiros anos após a entrada em vigor do novo sistema, várias mudanças começaram a ser nele introduzidas, com o objetivo de ampliar a fatia de receitas do "bolo tributário" para o governo federal: em 1968, o Ato Complementar n. 40 reduziu o Fundo de Participação dos Estados (FPE) e Municípios (FPM) de 20% para 12%, restringindo a 5% os recursos destinados tanto para o FPE como para o FPM e destinando 2% para um Fundo Especial, o que enfraqueceria a potência desse instrumento na atenuação dos desequilíbrios da federação; em 1967, seria ampliada a participação da União na arrecadação do Imposto sobre Combustíveis e Lubrificantes de 40% para 60%, e reduzida a dos estados e municípios de 60% para 40% (32% para os estados e 8% para os municípios); a partir da reforma de 1965/66 e, poucos anos depois, em 1968/69, estados e municípios seriam compulsoriamente envolvidos na política de incentivo às exportações, ao ser-lhes imposto o ônus da perda de receita do ICM decorrente da concessão da isenção e do crédito-prêmio desse imposto para os produtos manufaturados.

Apesar dessas investidas nas finanças dos governos subnacionais, enfraquecendo ainda mais a equação da distribuição dos recursos contemplada nas Constituições de 1967 e 1969, outorgadas pelo regime militar, a crise fiscal tornou-se inevitável, apenas obliterada pelo arranjo institucional e financeiro da emissão da dívida pública, que permitia ao Banco Central (Bacen) bancar os desequilíbrios fora do Orçamento Geral

---

[49] VARSANO, Ricardo. *A evolução do sistema tributário brasileiro ao longo do século:* anotações e reflexões para futuras reformas. Brasília: IPEA, 1996, p. 9. (Texto para Discussão n. 405).

da União (OGU), causados pelas verdadeiras doações de recursos feitas para o capital e as camadas de média e alta renda.[50] Em meados da década de 1970, um renitente processo inflacionário em ascensão confirmaria que o padrão de financiamento do Estado estruturado na década anterior havia se esgotado e que novas reformas teriam de ser realizadas, especialmente no sistema tributário, para recompor sua capacidade financeira. Como essas reformas implicariam lançar o ônus da tributação sobre suas principais bases de sustentação, as propostas que começaram a surgir a partir dessa época não encontraram campo fértil para prosperar, a não ser as que se referiam a mudanças pontuais com objetivos meramente arrecadatórios.

3. A crise e o ocaso do paraíso fiscal

A desaceleração do crescimento econômico ocorrida na segunda metade da década de 1970, muito como resultado desse quadro de acentuados desequilíbrios fiscais e financeiros do Estado que alimentou o processo inflacionário, viu-se agravada, em primeiro lugar, com o "2º choque do petróleo" e a explosão dos juros norte-americanos, em 1979-1980, e, em seguida, com a eclosão da crise da dívida externa como consequência da decretação da moratória mexicana em 1980. Como resultado, não só a economia mundial mergulharia numa recessão mais profunda, que se manteria até meados daquela década, como os fluxos de empréstimos internacionais seriam abruptamente interrompidos, especialmente para os países que se encontravam fortemente endividados em moeda estrangeira, como era o caso do Brasil. Como o Estado brasileiro, incapaz de realizar novas reformas em seu quadro instrumental e de financiamento, vinha conseguindo cobrir seus desequilíbrios recorrendo aos empréstimos externos, a exaustão dessa fonte desnudou a crítica situação em que o País se encontrava e obrigou o governo a adotar políticas de ajustamento recessivo da economia. Assim, depois da malsucedida experiência heterodoxa de crescimento em 1980, comandada pelo então Ministro

---

[50] Uma análise detalhada desse arranjo e de suas consequências para a crise fiscal dos anos de 1980 encontra-se em OLIVEIRA, Fabrício Augusto. *Autoritarismo e crise fiscal no Brasil:* 1964-1984. São Paulo: Hucitec, 1995.

da Fazenda, Delfim Netto, o País também se renderia, em 1981 e 1982, de forma voluntária, e, a partir de 1983, monitorado pelas cláusulas do acordo assinado com o FMI nesse ano, à implementação de uma política recessiva, da qual só começará a sair em 1985.

A recessão, combinada com o tipo de ajustamento realizado na economia, que foi redirecionada para o exterior, visando obter saldos elevados na balança comercial e reduzir a dependência do País dos recursos externos, geraria efeitos deletérios para a arrecadação tributária e modificaria substancialmente sua composição: como se constata na Tabela I.7, depois de a carga tributária ter se mantido em torno de 25% durante toda a década de 1970, ingressou numa trajetória de declínio na década seguinte, reduzindo para 23,3% em 1988 devido ao estreitamento da base tributária provocada pela perda de dinamismo da atividade produtiva e pelo aumento da participação das exportações na geração do produto, visto que isentas da tributação; apesar do aumento da participação do Imposto de Renda em sua estrutura, resultante do início da desmontagem do "paraíso fiscal" que teve início no final da década de 1970 e da elevação de suas alíquotas, visando aumentar a arrecadação diante da crise fiscal do Estado, ainda assim sua contribuição na geração da carga tributária não passou de 20%, o que, somado à irrisória participação dos impostos sobre o patrimônio (cerca de 1%), continuou mantendo o sistema como antípoda da justiça fiscal.

Tabela I.7
Carga tributária e participação do Imposto de Renda em sua estrutura

Períodos (média)	Carga tributária	Participação do IR na Carga Tributária (%)
1966-1970	23,99	8,3
1971-1975	25,31	10,8
1976-1980	25,10	14,7
1981-1985	25,25	16,6
1986	26,50	18,9
1987	24,25	17,8
1988	23,36	20,0

Fontes primárias: para a carga tributária, IBGE. *Estatísticas do século XX*. Rio de Janeiro: IBGE, 2006; para o Imposto de Renda 1966-1980, LONGO, Carlos Alberto. *Em defesa de um imposto de renda abrangente*. São Paulo: FIPE/Livraria Pioneira Editora, 1984.; e VARSANO, Ricardo et al. *Uma análise da carga tributária do Brasil*. Brasília: IPEA, 1998. Elaborado pelo autor.

A crise fiscal associada à crise econômica minou as últimas bases de sustentação política do Estado autoritário, à medida que seu enfrentamento exigiu a adoção de medidas que contrariavam seus interesses: sem contar com condições políticas para realizar reformas de profundidade e reestruturar o mecanismo de financiamento interno, a política econômica começou a desmontar as estruturas de incentivos fiscais que sustentaram a expansão econômica da década de 1970 e a elevar expressivamente os impostos internos. Não somente as alíquotas em geral dos impostos foram aumentadas como foram criadas novas contribuições tributárias, como em 1982, caso do Fundo de Investimento Social (Finsocial), atual Contribuição para o Financiamento da Seguridade Social – (Cofins). Além disso, diante da aceleração inflacionária, também a política salarial foi modificada, incluindo, entre os segmentos que foram por ela prejudicados, a classe média, que havia sido altamente beneficiada com a política anterior e que constituía uma de suas principais bases de sustentação.

À perda de apoio da classe média, somou-se o descontentamento do empresariado com a situação e os rumos da economia, bem como o fortalecimento da oposição política no Congresso, com a vitória que essa alcançou nas eleições de 1982, dando início à aprovação de projetos de mudanças no quadro fiscal que contrariavam os interesses do Executivo, já que retiravam recursos do Poder Central em prol dos estados e municípios e das políticas sociais: da promulgação da Emenda Constitucional n. 23, de 01 de dezembro de 1983 (Emenda Passos Porto), que drenou expressivos recursos do governo federal para os estados e municípios, avançou-se, no mesmo dia, na aprovação da Emenda n. 24 (Emenda João Calmon), que garantiu a destinação obrigatória de 13% das receitas do orçamento federal para a área da educação e de 25% para as dos estados e municípios. Com as suas finanças altamente debilitadas e com a política econômica dando absoluta prioridade à contenção do *déficit* público para refrear o ascendente processo inflacionário, tais iniciativas não apenas representaram um golpe nos objetivos do Executivo federal como prenunciaram que o Estado autoritário estava com os dias contados.[51]

As pressões feitas pelos governos subnacionais, que se intensificaram na década de 1980, visando recuperar pelo menos parte da autonomia financeira que lhes havia sido retirada pelo poder autoritário desde o golpe de 1964, tiveram início ainda em meados dos anos de 1970, no início do processo de abertura política comandado pelo Governo Geisel, quando conseguiram aprovar, por meio da Emenda Constitucional n. 5, de 28 de junho de 1975, a ampliação gradual do Fundo de Participação dos Estados e Municípios (FPEM), cujo percentual, em 1979, retornaria ao nível de 20% contemplado na Constituição de 1967, com a pequena diferença de que 2% seriam destinados para o Fundo Especial, 9% para os Estados, Distrito Federal e Territórios, e 9% para os Municípios. Nova vitória, nessa frente, seria colhida a partir de 1978, quando a União assumiria o ônus financeiro representado pelo crédito-prêmio concedido às exportações de manufaturados, até então parcialmente (50%) a cargo dos estados e, indiretamente dos municípios, já que estes participavam com 20% no produto deste imposto[52]. E novamente em 1979, com a

---

[51] OLIVEIRA, Fabrício Augusto. *Autoritarismo e crise fiscal no Brasil*: 1964-1984. São Paulo: Hucitec, 1995.

[52] Decreto-lei n. 1.586, de 06 de dezembro de 1977.

abolição das vinculações dos recursos previstas na legislação do FPEM, à exceção da obrigatoriedade de aplicação de 20% dos fundos de participação dos municípios em programas de ensino, a qual deveria ser extinta numa fase posterior.[53] As novas conquistas obtidas na década de 1980, com a aprovação das Emendas Passos Porto e João Calmon, repontavam, assim, como desdobramentos desse movimento, mas confirmavam, pela sua dimensão e importância, que o poder autoritário passava a ter crescentemente questionadas suas bases, inclusive por esses importantes segmentos do poder público.

Mas foi o movimento da sociedade civil, reivindicando a realização por eleições diretas para Presidente da República iniciado no ano de 1983, seguido da rejeição da Emenda Dante de Oliveira, em abril de 1984, que propunha restabelecê-las, que, dando novo impulso à união das forças de oposição, terminaria decretando o fim do regime militar. Atraindo vários membros do partido do próprio governo para essa proposta, a união dessas forças conduziu à formação da Aliança Democrática, a qual, seguindo as regras estabelecidas pelo próprio regime, lançou um candidato alternativo, civil e de oposição ao mesmo, para concorrer no Colégio Eleitoral – uma instância criada pelo governo militar para eleger de forma indireta os governantes do País – com o candidato oficial.

Contrariando a vontade expressa dos militares, o Colégio Eleitoral terminou indicando o candidato de oposição, Tancredo Neves, para ocupar a presidência, com o compromisso de promover a transição política e convocar o Congresso Nacional para elaborar uma nova Constituição para o País. Fechavam-se, ali, as portas do Estado autoritário e abria-se novamente a cortina para a restauração da democracia e do Estado de direito. Esse processo ganharia impulso com a convocação do Congresso constituinte em fevereiro de 1987 para elaborar a nova Carta Magna e foi concluído com a promulgação da Constituição Federal, em 5 de outubro de 1988, que estabeleceu uma nova ordem econômica, social, política e jurídica para a nação. Entre as várias mudanças realizadas, destacou-se a reforma do sistema tributário nacional, visando readequá-lo à nova realidade.

---

[53] Decreto 83.556, de 07 de junho de 1979.

Capítulo IV

REDEMOCRATIZAÇÃO, REFORMAS, ESTABILIZAÇÃO E O NOVO PAPEL DA POLÍTICA FISCAL E TRIBUTÁRIA: 1988-2014

1. Constituição de 1988: descentralização das receitas, ampliação dos direitos sociais e o ajuste fiscal: 1988-1994

Em reação ao espírito centralizador e autoritário que predominou durante o regime militar, a reforma tributária de 1988 foi presidida pela lógica da descentralização, transformada, na década de 1980, em sinônimo de democracia, ao mesmo tempo que, para dar respostas às demandas reprimidas da sociedade por políticas sociais, os constituintes ampliaram, no capítulo relativo à ordem social, as responsabilidades do Estado nesse campo com a introdução do conceito de Seguridade Social e com a montagem de uma estrutura exclusiva de financiamento dessas políticas regida por regras distintas das estabelecidas para os impostos tradicionais. Essa equação enfrentaria, contudo, dificuldades para se sustentar em um ambiente de fortes restrições orçamentárias, de crise econômica e de aceleração inflacionária, e também por não ter havido preocupação de nela combinar, adequadamente, as fontes de financiamento com as novas atribuições do Estado, especialmente no que concerne às do Poder Central.[54]

No Quadro I.5 encontra-se retratada a nova estrutura tributária que brotou da Constituição de 1988, bem como a distribuição de seus campos de competência e de recursos entre os distintos níveis de governo.

Uma análise perfunctória dessa nova estrutura revela que se modificou, consideravelmente, a estrutura da distribuição de competências e de receitas entre os entes da federação, beneficiando estados e municípios em detrimento da União, bem de acordo com o objetivo de injetar novas forças no processo de descentralização.

De fato, a União perderia os impostos únicos (incidentes sobre a energia elétrica, os combustíveis e os minerais) e os especiais (transportes rodoviários e serviços de comunicação), que seriam integrados ao novo imposto estadual – o Imposto sobre Circulação de Mercadorias e Serviços (ICMS) – e veria ampliada, consideravelmente, a fatia do produto da arrecadação do Imposto de Renda e do IPI transferida para os estados e municípios (de 33% para 47% no caso do IR e de 33% para 57% no do IPI). Em contrapartida, ganharia apenas o Imposto sobre Grandes Fortunas, que nunca foi regulamentado, e o Imposto sobre a Propriedade Territorial Rural (ITR), de inexpressiva arrecadação, que ainda deveria partilhar com os municípios.

---

[54] O que se segue nessa seção apoia-se no trabalho de OLIVEIRA, Fabrício Augusto. *Crise, reforma e desordem do sistema tributário nacional*. Campinas: Editora da Unicamp, 1995.

Quadro I.5
Constituição de 1988: distribuição de competências e partilha de receitas

Competência	Partilha/distribuição		
	União	Estados	Municípios
União			
Importação	100,0	-	-
Exportação	100,0	-	-
Renda (IR)	53,0	21,5 (FPE) 3,0 (FC)	22,5 (FPM)
IPI	43,0	21,5 (FPE) 3,0 (FC) 7,5 (F. Ex.)	22,5 (FPM) 2,5 (F.Ex.)
Operações financeiras (IOF)	100,0	-	-
Territorial rural (ITR)	50,0	-	50,0
Grandes Fortunas (IGF)	100,0	-	-
Estados			
ICMS	-	75,0	25,0
Causa mortis e doação (ITCD)	-	100,0	-
Veículos automotores (IPVA)	-	50,0	50,0
Municípios			
Predial e territorial urbano (IPTU)	-	-	100,0
Transmissão *inter-vivos*	-	-	100,0
Vendas a varejo combustíveis (IVVC)	-	-	100,0
Serviços de qualquer natureza (ISS)	-	-	100,0

Fonte: Tácito, Caio. *Constituições brasileiras: 1988*. 5. Ed. Brasília: Senado Federal: Ministério da Ciência e Tecnologia, Centro de Estudos Estratégicos, 2005).

Os estados foram beneficiados, por sua vez, com a expressiva ampliação da base de incidência do novo ICMS, à qual se integraram os impostos únicos e especiais, e com a criação do Imposto sobre Herança e Doações, além do aumento expressivo do FPE, dos recursos para os Fundos Constitucionais do NO-NE-CO e da criação do Fundo de Compensação das Exportações de Manufaturados, que drenaria 10% da receita do IPI. A maior autonomia que lhes foi concedida para o estabelecimento das alíquotas do ICMS, observadas as limitações previstas em lei, confirmaria a ampliação de capacidade de autofinanciamento de suas políticas.

Do mesmo modo que os estados, os municípios foram beneficiados com a reforma: além dos ganhos obtidos com o aumento das transferências para o FPM e do Fundo de Compensação das Exportações de Manufaturados, viram também ampliados os impostos que poderiam cobrar. De um lado, conseguiram aprovar o Imposto de Venda a Varejo de Combustíveis (IVVC), que seria cobrado até 1993, quando a Emenda Constitucional de Revisão n. 3 (EC 03/93) determinou sua extinção. De outro, viram transferido dos estados para sua esfera de competência o Imposto sobre a Transmissão de Bens Imóveis *inter-vivos*.

Os reflexos dessas mudanças na repartição do "bolo tributário" entre os entes federativos podem ser confirmados nos primeiros anos de sua implementação, quando seus efeitos ainda estavam em curso e o governo federal começava a ensaiar alguns passos para recuperar parte das perdas em que incorrera: a participação da receita tributária disponível da União nesse "bolo" caiu de 60,1% em 1988 para 54,3% em 1991, enquanto a dos estados aumentou de 26,6% para 29,8% e a dos municípios, de 13,3% para 15,9% no mesmo período. A partir desse último ano, em virtude da crise econômica que derrubou os impostos indiretos e da estratégia adotada pela União de priorizar a cobrança das receitas de contribuições sociais em detrimento dos impostos tradicionais, os estados viram recuar sua participação relativa nessa distribuição, enquanto a da União voltou a aumentar: em 1993, a participação da União aumentara para 57,8%, a dos estados retornara para o nível pré-Constituição, com 26,4%, e a dos municípios avançara um pouco mais, atingindo 15,8%.

A necessidade e a possibilidade de a União reverter as perdas relativas de receitas que lhe foram impostas pela Constituição de 1988 deviam-se, no primeiro caso, ao fato de os constituintes não terem se preocupado em aprovar um projeto de redistribuição dos encargos para os estados e municípios; e, no segundo, pelo arranjo estruturado na

Constituição no campo do financiamento do Estado, que deu origem a dois sistemas de impostos funcionando com regras distintas.

Tendo aprovado o projeto de descentralização das receitas e substituído o sistema de proteção social vigente até 1988 – marcado, do ponto de vista de seu alcance e cobertura, pelo caráter excludente dos programas –, por outro mais amplo, de caráter universal, incluindo o conceito de Seguridade Social no texto constitucional, que incorporou esses compromissos, os constituintes se satisfizeram em transferir para regulamentação por Lei Complementar (art. 23, § único) os mecanismos de cooperação entre as três esferas de governo, a fim de garantir a oferta de políticas públicas, o que acabou não acontecendo. Com o vazio que permaneceu nessa matéria, nem estados, nem municípios se sentiram legalmente obrigados a reservar parcela de suas receitas orçamentárias para essa finalidade, obrigando a União a buscar recursos complementares para atender as novas determinações constitucionais no tocante à oferta de políticas públicas.

A possibilidade de levar à frente essa estratégia deveu-se à ampliação e diversificação que se promoveu, no capítulo da ordem social, das bases de financiamento da Seguridade, a elas incorporando a cobrança de contribuições sobre o lucro e o faturamento das empresas, de acordo com o art. 195 da Constituição, que poderiam ser instituídas e cobradas exclusivamente pela União para cobrir as necessidades financeiras dessas políticas (art. 149). Fora do alcance dos princípios da anualidade e da não cumulatividade, estabelecidos para os impostos no capítulo do sistema tributário, e também da exigência de destinação de 20% de seu produto para os governos subnacionais, no caso de sua instituição, as contribuições sociais se tornaram, para o governo federal, o instrumento preferencial de ajuste de suas contas e da garantia de obtenção de recursos adicionais para atender as novas responsabilidades atribuídas ao Estado.

Por isso, os ajustes tributários realizados no País após a Constituição de 1988 até o lançamento do Plano Real, em 1994, estarão menos voltados para corrigir as imperfeições do sistema legado pelas mudanças introduzidas com sua reforma do que para o objetivo de fortalecer financeiramente a União. Como se constata pelo exame do Quadro I.6, as principais mudanças na área tributária até 1993 priorizaram ou a criação de novas contribuições sociais – caso da Contribuição Social sobre o Lucro Líquido (CSLL) em 1989 – ou o aumento de suas alíquotas e bases de incidência – Cofins e PIS, em 1990, no ajuste fiscal realizado pelo Governo Collor – ou ainda a elevação de impostos não compartilhados com estados e municípios, como no caso do IOF incidente sobre a riqueza financeira.

Era evidente que o governo federal poderia ter seguido outro caminho para reverter as perdas de recursos provocada pelo arranjo da Constituição de 1988, aumentando a cobrança, por exemplo, do imposto de renda das pessoas físicas e jurídicas. Contraditoriamente, no entanto, terão início, nesse período, durante a gestão de Maílson da Nóbrega como ministro da Fazenda, a partir do final de 1987, mudanças no imposto de renda das pessoas físicas, mudanças que começarão a enfraquecê-lo como fonte de arrecadação do governo e como instrumento de redução das desigualdades de renda no País.

Na primeira reforma realizada nesse imposto, após a adoção do sistema de bases correntes no Plano Cruzado em 1986, com a saída do então ministro da Fazenda, Luís Carlos Bresser Pereira, as faixas do imposto foram reduzidas de 11 para 9 e a alíquota-teto para 45% para vigorarem em 1988. Na segunda, pela Lei 7.713, de 22 de dezembro de 1988, as faixas seriam reduzidas para três, com três alíquotas de 0% (isenção), 10% e 25%, sob a justificativa de "ser necessário acompanhar as tendências mundiais em termos de reforma tributária".[55]

Ou seja, enquanto a nova Constituição outorgada ao País manifestava, pelo menos em termos de princípios, preocupação com a redução das desigualdades de renda, para o que o aumento da tributação direta na estrutura tributária desempenharia papel essencial, na prática o

---

[55] Entre 1962 e 1964, anos do Governo João Goulart, a alíquota-teto do IRPF era de 65% e, até o final da década de 1980, situou-se, com algumas oscilações, em torno de 50%. Com a primeira reforma do Governo Sarney, em 1987, foi reduzida para 45% e, em 1988, para 25%.

governo tratava de adotar medidas para sua redução e, mais grave, abrindo mão de receitas vitais para enfrentar o desafio do desequilíbrio fiscal em que o Estado brasileiro se encontrava, em nome de uma suposta "harmonização tributária" com o restante do mundo, o que não correspondia à realidade verificada nos países desenvolvidos.

Quadro I.6
Principais medidas tributárias e fiscais adotadas no período de 1989-1993

Ano	Medida	Objetivo
1988	Criação da Contribuição Social sobre o Lucro Líquido (CSLL), com alíquota de 8% para as empresas em geral e de 12% para o setor financeiro, a última para vigorar em 1989. Redução da alíquota-teto do imposto de renda das pessoas físicas para 25%, das faixas de renda de 9 para 3, com três alíquotas de 0% (isenção), 10% e 25%,	Fortalecer o mecanismo de financiamento da Seguridade Social. Harmonizar a cobrança do imposto de renda das pessoas físicas com as tendências internacionais
1990	Aumento da alíquota do FINSOCIAL (atual COFINS) de 0,6% para 2%; ampliação do campo de incidência do PIS; instituição da alíquota de 8% do IOF cobrado sobre a riqueza financeira.	Ajuste fiscal do Plano Collor I.
1993	Torna exclusiva da Previdência Social a arrecadação do INSS incidente sobre a folha de salários, reduzindo os recursos das demais áreas da Seguridade.	Garantir recursos para o pagamento dos benefícios da previdência.

Fonte: elaborado pelo autor.

De qualquer maneira, inaugurou-se com as opções feitas à essa época um padrão de ajuste fiscal que, favorável para o governo federal em termos de arrecadação e mantido nos períodos que se seguiriam a 1994, revelar-se-ia altamente prejudicial para a questão da equidade, da competitividade da economia brasileira, enfim, para o crescimento econômico e para a própria federação, ao anular os ganhos, notadamente dos estados, ganhos obtidos com a Constituição de 1988, e colocar, em risco, o atendimento, por esses governos, das demandas da população por serviços públicos essenciais.

Se durante o regime militar a função tributação foi colocada a serviço do processo de acumulação em detrimento de seu papel como instrumento de justiça fiscal, e, na Constituição de 1988, essa ênfase foi deslocada para aprofundar o processo de descentralização e fortalecer a federação, a crise econômica que marcou o período, associada à crise fiscal e à ameaça permanente de deflagração de um processo hiperinflacionário, bem como à necessidade do governo federal de encontrar soluções para o financiamento das políticas sociais estabelecidas na Carta de 1988, transformou o sistema tributário em um mero instrumento de ajuste fiscal: de seu ventre, deveriam vir os recursos indispensáveis para o financiamento do governo, mesmo que, para isso, fosse necessário torná-lo, como de fato aconteceu, um instrumento antinômico do crescimento econômico, da equidade e da federação.

Priorizando, portanto, a cobrança de contribuições sociais para garantir a geração de receitas adicionais, de mais elevada elasticidade e produtividade, e pelo fato destas não serem compartilhadas com estados e municípios, o sistema deu respostas expressivamente positivas para a arrecadação: apesar da crise econômica que marcou a economia do período – 1990 e 1994 –, enquanto o PIB registrou um crescimento médio anual de apenas 1,3% e a economia defrontou-se com a ameaça permanente de hiperinflação, a carga tributária atingiu, em média, algo em torno de 27%, devido aos ajustes realizados para sustentar os Planos Collor I e II.

Favorável para a arrecadação, essa nova estrutura tributária, que passou a ser invadida pelas receitas das contribuições sociais, tornou-se letal para a competitividade da economia e para a questão da equidade, na medida em que, dada sua sistemática de incidência cumulativa, aumenta o "custo-Brasil" e derrama maiores efeitos, em termos de seu ônus, para as camadas mais pobres da população. Não sem razão, poucos anos depois de promulgada a Constituição de 1988, uma orquestração crescente por parte de empresários, políticos e amplos segmentos da sociedade ganhou as páginas da imprensa e de diversos fóruns de debates, reivindicando a realização de uma nova reforma, visando pôr cobro à anarquia tributária que se instalou no País. Na revisão constitucional prevista para ser realizada em 1993, de acordo com o art. 3º do Ato das Disposições Constitucionais Transitórias (ADCT), da Constituição, encontrava-se depositada essa esperança. Mas o lançamento do Plano Real, em 1994, com o objetivo de afastar de vez o fantasma da hiperinflação no País barraria essa possibilidade, e, mantido o mesmo padrão de ajuste fiscal do período anterior para sua sustentação, o sistema continuaria em trajetória de degeneração.

Tabela I. 8
Alguns indicadores econômicos: 1988-1994[56]

Ano	Crescimento real do PIB	Carga tributária (% PIB)	Resultado primário (% do PIB)*	Dívida líquida (% PIB)
1988	-0,1	22,4	-0,91	47,0
1989	3,2	24,1	1,03	40,2
1990	-4,4	29,6	-4,69	41,0
1991	1,0	24,4	-2,71	38,1
1992	-0,5	25,0	-1,58	37,1
1993	4,7	25,3	-2,18	32,6
1994	5,3	27,9	-5,64	30,0

Fontes: Para o PIB, IBGE. *Estatísticas do século XX*. Rio de Janeiro: IBGE, 2006; para a carga tributária 1988-1994: IPEA – Ipeadata. Dados macroeconômicos e regionais. Disponível em <https://www.ipeadata.gov.br>: Acesso em: 17 ago. 2011; para o *superávit* primário e relação dívida/PIB: IPEA – Ipeadata. Disponível em <https://www.ipeadata.gov.br>: Acesso em: 24 nov. 2015.

(*) *Déficit* (+) e *Superávit* (-).

---

[56] As periódicas revisões que passaram a ser feitas pelo IBGE para o PIB a partir da década de 2000, recalculando-o para séries anteriores, e para as variáveis a ele relacionadas podem destoar de alguns dados apresentados. As diferenças não são, no entanto, significativas.

2. Plano Real, desequilíbrios fiscais e aumento das distorções do sistema tributário: 1994-1998

Em 1994, com o País novamente caminhando em direção ao processo de hiperinflação, o governo Itamar Franco, que sucedera a Collor de Mello após a sua renúncia em dezembro de 1992, lançou mais um programa de estabilização, o Plano Real, para reverter o caos econômico e social que se anunciava. Diferentemente dos planos anteriores – Cruzado, Bresser, Verão, Collor, entre outros –, o Plano Real, com uma engenharia mais sofisticada, acertou o alvo da inflação, conseguindo domá-la e assegurar a estabilidade monetária, mas apresentou problemas em sua arquitetura que manteria o País divorciado do crescimento econômico por um longo período, especialmente devido à fragilidade externa que se agravou com a sua implementação e ao nó fiscal com que enredou o Estado brasileiro.

Tendo realizado um correto diagnóstico sobre a necessidade de fortalecer a âncora fiscal para garantir o êxito do programa de estabilização, os responsáveis pela sua elaboração tiveram de abrir mão das reformas do Estado que poderiam gerar ganhos importantes para esse objetivo. Essas reformas, previstas para 1993, foram adiadas consensualmente para o ano seguinte e, depois, para 1995, quando um novo presidente assumiria o comando do País. Na ausência delas, fizeram a opção pela realização de um "ajuste fiscal provisório" para garantir seu lançamento até que o cenário fosse favorável para a construção de seus fundamentos fiscais.

Apoiado na mesma estrutura, o ajuste seguiu o *script* do que foi realizado entre 1989-1993, como se pode constatar no Quadro I.7: criação de um novo imposto de incidência cumulativa, o Imposto Provisório sobre Movimentação Financeira (IPMF), para ser cobrado até 31 de dezembro de 1994, aumentando a participação dos tributos dessa natureza na carga tributária nesse ano; aumento das alíquotas do Imposto de Renda da Pessoa Física (IRPF) de 10% para 15% e de 25% para 26,6%, e a criação de uma alíquota adicional de 35%, o que vigoraria nos exercícios de 1994/95; e, peça fundamental desse ajuste, a criação de um instrumento de desvinculação de receitas da União: o Fundo

Social de Emergência (FSE), depois rebatizado de Fundo de Estabilização Fiscal (FEF), e, a partir de 2000, de Desvinculação das Receitas da União (DRU), que permitiria, à União, apartar 20% da receita de impostos e contribuições de sua competência para atender suas necessidades de recursos antes de realizar as transferências previstas para seus beneficiários – estados, municípios e políticas sociais.

Com o ajuste realizado e com a economia crescendo a uma taxa mais expressiva de 5,3% em 1994, a carga tributária deu um salto de 25,3% em 1993 para 27,9% em 1994, beneficiando todas as esferas de governo e propiciando, ao setor público como um todo, gerar um expressivo *superávit* primário de 5,6% do PIB. O que pode ter passado a impressão de que, devido ao sucesso obtido pelo Plano no combate à inflação e aos resultados colhidos no *front* fiscal, as reformas do Estado se tornaram dispensáveis. A euforia que se instalou no País diante dessa situação pode ter obliterado, assim, a armadilha contida na arquitetura do Plano e que transformaria a economia brasileira numa economia de endividamento, aumentando tanto sua fragilidade externa como fiscal.[57]

---

[57] OLIVEIRA, Fabrício Augusto; NAKATANI, Paulo. "The Real Plan: price stability with indebtness". *International Journal of Political Economy*, New York, vol. 30, n. 4, 2003, pp. 13-31.

Quadro I.7
Algumas medidas adotadas e aprovadas na área fiscal entre 1994-1998

Ano	Medida	Objetivo
1994	Criação do IPMF. Aumento das alíquotas do IRPF de 10% para 15% e de 25% para 26,6% e criação de uma alíquota adicional de 35%. Criação do Fundo Social de Emergência (FSE).	Ajuste fiscal provisório
1995	Reforma do Imposto de Renda das pessoas Jurídicas (IRPJ) pela Lei 9.249, de 26/09/1995, com redução da alíquota do imposto de renda sobre os lucros das empresas de 25% para 15%, criação da figura dos Juros sobre Capital Próprio (JCP) e isenção do imposto de renda dos lucros e dividendos recebidos pelas pessoas físicas.	Modernização da cobrança do imposto de renda, seguindo a tendência internacional de reduzir a taxação sobre o capital e as camadas mais ricas da população.
1996	Criação da Contribuição Provisória sobre Movimentação Financeira (CPMF). Prorrogação do FSE, rebatizado FEF. Ressarcimento do PIS e COFINS aos exportadores e aprovação da Lei Kandir (EC 87/96).	Aumento de receitas para a saúde; reforço do ajuste fiscal; aumento de competitividade externa.
1997	Aumento da alíquota do IOF de 6% para 15% nas operações de crédito. Edição do pacote fiscal contendo 51 medidas para aumentar a arrecadação e reduzir gastos. Aumento das alíquotas do IRPF, do IR sobre aplicações, do Imposto de Importação, do IPI sobre automóveis e do IOF sobre operações de câmbio. Prorrogação do FEF e da CPMF.	Reforço do ajuste e aumento da arrecadação.
1998	Aprovação das reformas administrativa e previdenciária.	Modernização e ajuste fiscal.

Fonte: Elaborado pelo autor.

PARTE I - CAPÍTULO IV - REDEMOCRATIZAÇÃO, REFORMAS...

Provavelmente, foi no clima de otimismo com o sucesso alcançado pelo Plano Real no combate à inflação e em relação às contas públicas no seu primeiro ano, que o então secretário da Receita Federal, Everardo Maciel, antecipou e encaminhou para votação no Congresso Nacional sua proposta de reforma do imposto de renda das pessoas jurídicas (IRPJ), que terminou sendo aprovada na forma da Lei 9.249, de 26 de setembro de 1995, convencido de estar fazendo uma verdadeira "revolução tributária" e de estar dando uma lição ao mundo capitalista sobre essa questão.

Seguindo os mesmos passos antes dados por Maílson da Nóbrega, em 1988, que aliviou a cobrança do imposto de renda das pessoas físicas, a reforma de Everardo representou, na verdade, a renúncia do governo em contar com maiores recursos da tributação direta, ao mesmo tempo que reforçava o compromisso com a maior ênfase dada à cobrança de impostos para o financiamento do Estado dos fatores de "menor mobilidade espacial", ou seja, das classes sociais que teriam menor resistência às imposições tributárias, numa estrutura contaminada por impostos cumulativos, em nome do "princípio da competitividade", o qual, supostamente, estaria orientando as reformas tributárias no restante do mundo.

Pela reforma do IRPJ aprovada, a alíquota do imposto sobre o lucro tributável das empresas foi reduzida de 25% para 15% (alíquota incidente sobre o lucro real apurado até R$ 180 mil), o mesmo acontecendo com as alíquotas adicionais desse imposto, de 12% cobrado sobre a parcela do lucro situado na faixa de variação de R$ 180 mil a R$ 780 mil e de 18% para a parcela acima de R$ 780 mil, que foram reduzidas para 10% sobre a parcela do lucro real, presumido ou arbitrado, que excedesse a R$ 240 mil. Tal mudança implicou a diminuição da carga tributária sobre os lucros das empresas: numa única penada, de 43% (25% + 18% na lei anterior para os maiores lucros) para 25% (15% + 10% na Lei 9.249/95), isentando-se também do IR as remessas de lucros e dividendos feitas para o exterior.

Não satisfeita com isso, a Lei Everardo Maciel brindou as empresas com a possibilidade de deduzirem, como despesa financeira para o cálculo do lucro tributável pelo IRPJ e pela CSLL, a distribuição de lucros por elas feita para seus acionistas na forma de Juros sobre o Capital Próprio (JCP), os quais seriam taxados exclusivamente na fonte à alíquota de 15%. E, para não deixar dúvidas sobre sua preferência em favorecer os setores mais ricos da sociedade, a lei isentou do IR os lucros por elas distribuídos, na forma de dividendos, aos seus acionistas residentes no País ou no exterior, convencido de estar realizando uma "verdadeira reforma tributária" no Brasil e antecipando o ajustamento de sua estrutura às tendências internacionais.[58]

Na verdade, o capital produtivo nem precisaria contar com tanta generosidade, pois já criara, no bojo do processo de globalização, especialmente no caso das empresas multinacionais, no que foram seguidas por diversas empresas nacionais com o mesmo objetivo, meios para exportar suas bases tributáveis para outros países onde se paga pouco ou se é isento do pagamento de impostos, os chamados "paraísos fiscais". Mecanismos como "preços de transferência" e outros similares tornados possíveis no mundo globalizado, no qual o capital não precisa se fixar num território para extrair lucros, podendo materializá-los nesses paraísos por meio de artifícios legais, tornaram-se canais de erosão das bases tributárias desses impostos, reduzindo sua contribuição relativa na geração da carga tributária, o que a Lei 9.249/95 apenas aprofundou.

Longe de contribuir para um ajuste estrutural das contas públicas, uma precondição para o sucesso do Plano Real, a Lei Everardo Maciel revelou um Estado prisioneiro do pensamento neoliberal, para quem tanto o capital como as camadas mais ricas da sociedade devem ser poupadas do pagamento de impostos pela importância que têm para a poupança, o investimento e o crescimento, uma crença que caiu por terra há mais de cem anos com os trabalhos de Wicksell[59] e Schumpeter[60] e,

---

[58] Uma análise mais completa das mudanças no imposto de renda contempladas na Lei 9.249/96 se encontra em: HICKMAN, Clair Maria; SALVADOR, Evilásio da Silva. *10 anos de derrama: a distribuição da carga tributária no Brasil*. Brasília: Sindicato Nacional dos Auditores-Fiscais da Receita Federal, 2006, pp. 57-69.

[59] WICKSELL, Knut. *Interest and prices*. Nova York: Augustus M. Kelley, [1898] 1965; WICKSELL, K. *Lições de Economia Política*. São Paulo: Nova Cultural, [1911] 1986.

[60] SCHUMPETER, Joseph Alois. *Teoria do desenvolvimento econômico*. São Paulo: Abril Cultural, [1911], 1982. (Os Economistas).

posteriormente, de forma mais definitiva, com o de Keynes[61]. Foi suficiente, no entanto, para enfraquecer a arrecadação dos impostos diretos e tornar o sistema tributário brasileiro ainda mais regressivo em relação à distribuição de seu ônus entre os membros da sociedade.

Sem poder contar com um ajuste fiscal estrutural, o Plano Real apoiou-se nos seguintes pilares: na administração do câmbio, que constituiria sua principal âncora; na manutenção de elevadas taxas de juros para manter sob controle a demanda interna e garantir o fluxo de capitais externos para o País; e na rápida abertura comercial, com o objetivo de colher ganhos no processo de combate à inflação e aumentar o grau de exposição das empresas brasileiras à concorrência internacional, estimulando o aumento de sua produtividade.[62]

Trata-se de uma combinação explosiva para o endividamento externo e interno que só poderia ser mantida por um período restrito: combinada com a abertura comercial, a acentuada apreciação que conheceria o câmbio, pôs em curso um processo de progressiva deterioração das contas externas e de geração de elevados *déficit*s nas balanças comercial e de conta-corrente, aumentando a vulnerabilidade externa da economia; mantidas em níveis pornográficos, as taxas de juros se encarregariam de impulsionar o crescimento da dívida pública interna, com o aumento de seus encargos, enfraquecendo a capacidade do Estado de honrar seus compromissos aos olhos dos investidores. Somado a isso, a euforia despertada pelo sucesso do Plano no seu início parece ter conduzido a uma despreocupação geral com a questão fiscal, com os gastos passando a correr "soltos" nos vários níveis de governo. Depois do otimismo que marcou o primeiro ano de vida do Plano, o ano de 1995 revelaria todo o potencial de desequilíbrios provocados por sua arquitetura.

Depois de ter gerado *superávits* na balança comercial superiores a US$ 10 bilhões até 1994, o País amargou um *déficit* de US$ 3,5 bilhões

---

[61] KEYNES, John Maynard. *A Teoria geral do emprego, do juro e da moeda*. São Paulo: Editora Cultural Abril, [1936], 1983.
[62] REZENDE, Fernando, OLIVEIRA, Fabrício A.; ARAÚJO, Érika. *O dilema fiscal: remendar ou reformar?* Rio de Janeiro: Editora da FGV, 2007.

já em 1995, o qual se ampliaria nos anos seguintes, atingindo US$ 6,6 bilhões em 1998. Da mesma forma, de um relativo equilíbrio na balança de transações correntes em 1993, ingressou-se numa rota de elevados e crescentes *déficits*, que saltaram de US$ 1,8 bilhão em 1994 para US$ 18,4 bilhões em 1995, US$ 23,5 bilhões no ano seguinte, US$ 30,5 bilhões em 1997 e US$ 33,4 bilhões em 1998. No campo fiscal, o *superávit* primário praticamente desapareceu em 1995 e se transformou em pequenos *déficits* nos anos seguintes, garantindo a geração de *déficits* nominais elevados e uma trajetória de rápida expansão da relação dívida/PIB, que saltou de 30% em 1994 para 38,9% em 1998, apesar de beneficiada por um câmbio sobrevalorizado. Nessas condições, tornou-se inevitável o efeito-contágio das crises externas e a economia viu-se sacudida por sucessivos terremotos econômicos que se abateram em diversos países e regiões – México, Leste Asiático, Rússia –, que haviam adotado o receituário neoliberal de políticas de ajustamento econômico.

Se havia a perspectiva de realização de uma reforma tributária para corrigir as mazelas do sistema e recuperá-lo enquanto instrumento efetivo de política econômica voltada para a promoção do desenvolvimento e para a redução das desigualdades, ela se desfez diante dessa realidade. Tendo encaminhado uma proposta para apreciação do Congresso, em agosto de 1995, na forma da Proposta de Emenda à Constituição (PEC) n. 175, o próprio Executivo tornou-se seu principal opositor, barrando o avanço do projeto substitutivo do deputado Mussa Demes, sob a alegação de que incorreria em elevadas perdas de receitas, em um contexto em que a questão fiscal se tornara vital para reduzir sua vulnerabilidade. Com o êxito obtido, por meio de vários expedientes, em sua postergação – o projeto Mussa Demes só seria votado e aprovado na Comissão de Reforma Tributária em 1999, mas ali permaneceria "adormecido" – procurou-se, em todos os anos que se seguem até 1998, apenas manejar o sistema com o mero objetivo de aumento das receitas, aumentando o seu grau de degenerescência, já que perpetuando a natureza do ajuste inaugurado no período pós-Constituição de 1988.

De fato, como mostra o Quadro I.7, após o "ajuste provisório" realizado para viabilizar o lançamento do Plano Real, as mudanças in-

PARTE I - CAPÍTULO IV - REDEMOCRATIZAÇÃO, REFORMAS...

troduzidas no sistema restringiram-se a objetivos arrecadatórios, visando aumentar a carga tributária e reduzir os desequilíbrios fiscais: reforma do Imposto de Renda da Pessoa Jurídica (IRPJ), em 1995; criação da Contribuição Provisória sobre Movimentação Financeira (CPMF), em 1996; aumento de alíquotas do IRPF, do Imposto de Importação, do IOF e do IPI, em várias oportunidades; e a prorrogação do FSE, rebatizado Fundo de Estabilização Fiscal (FEF), em 1996 e 1997; todas essas figuraram entre as várias medidas adotadas para esse objetivo.

Sem reformas em sua estrutura, o sistema conseguiu, mesmo com a desaceleração do crescimento econômico, ocorrida a partir de 1996, manter a carga tributária em patamar elevado, devido a essas medidas. Mas, invadido por impostos de má qualidade e por aumentos desordenados das alíquotas dos existentes, viu ampliadas suas distorções e reforçados seus papéis anticrescimento e antiequidade. Contudo, apesar da contribuição por ele dada para manter o nível de arrecadação, isso não foi suficiente para reverter o quadro dos fortes desequilíbrios das contas externas e fiscais, magnificados pela estrutura do Plano Real, e impedir que o País caminhasse para uma situação de insolvência. Em 1998, depois da decretação da moratória russa, seria a vez de o Brasil tornar-se a "bola da vez" dos especuladores globais e os "pés de barro" do Plano Real, em sua primeira fase, ruírem ante suas investidas. Falido, o País teve de render-se aos braços do FMI, descortinando uma nova realidade para a política fiscal que reforçaria o papel do sistema tributário como mero produtor de *superávits* fiscais primários.

Tabela I.8
Alguns indicadores econômicos: 1988-1994

Ano	Crescimento real do PIB	Carga tributária (% PIB)	Resultado primário (% do PIB)	Dívida líquida (% PIB)
1994	5,33	27,9	-5,64	30,0
1995	4,42	28,4	-0,26	28,0
1996	2,15	28,6	0,10	30,7
1997	3,38	28,6	0,96	31,8
1998	0,04	29,3	-0,02	38,9

Fontes: Para o PIB, IBGE. *Estatísticas do século XX*. Rio de Janeiro: IBGE, 2006; para a carga tributária, o superávit primário e a relação dívida/PIB: IPEA – Ipeadata. *Dados macroeconômicos e regionais*. Disponível em https://www.ipeadata.gov.br. Acesso em: 17 ago. 2011 e em 24 nov. 2015.

(★) *Déficit* (+) e *Superávit* (-).

3. A reorientação do Plano Real: um novo papel para a política fiscal e tributária: 1999-2010

Em 1998, para escapar de uma situação de insolvência e obter um empréstimo de US$ 41,5 bilhões, organizado e supervisionado pelo FMI, o Brasil assinou um acordo com essa instituição para o período 1999/2001 e nele se comprometeu a alterar os pilares que sustentaram o programa de estabilização no período anterior. Originalmente, o principal compromisso assumido restringia-se a garantir a geração de elevados *superávits* primários do setor público consolidado – Governo Central, Estados, Municípios e Empresas Estatais – de 2,6% do PIB em 1999, 2,8% em 2000 e 3% em 2001, visando estancar ou mesmo reverter a trajetória da relação dívida/PIB e reconquistar a confiança dos agentes econômicos na capacidade do Estado de honrar sua dívida. Só posteriormente, os outros pilares do novo modelo foram entrando em cena para completar sua estrutura: em janeiro, após um ensaio malsucedido de desvalorização insuficiente do câmbio, o mercado decretou o fim da política de sua administração, via sistema de bandas, e impôs aos mentores da política econômica a adoção do câmbio flutuante; com a extinção da âncora cambial, caminhou-se, nos meses seguintes, na construção de seu substituto, processo que foi concluído em junho de 1999 com a formalização do regime de metas inflacionárias. Completaram-se, com isso, os pilares do novo modelo de estabilização, que vigora até os dias atuais.[63]

A exigência feita pelo FMI ao País de maior austeridade da política fiscal apenas traduzia as novas ordens emanadas do pensamento econômico dominante de que esta teria centralidade em qualquer programa de estabilização, já que seu desempenho afeta as expectativas dos agentes econômicos sobre o comportamento futuro das principais variáveis econômicas: nessa perspectiva teórica, desequilíbrios fiscais continuados alimentam a expansão da dívida e sinalizam que os impostos deverão aumentar no futuro, assim como as taxas de juros, despertando reações preventivas dos agentes econômicos para se protegerem deste quadro, o que leva a aumentos de preços, inflação e instabilidade. Finanças equilibradas e nível de endividamento confiável para os investidores seriam as condições requeridas, nessa visão, para preservar a estabilidade econômica. Esse deveria ser, portanto, o papel precípuo da política fiscal, libertando-a de compromissos redistributivos e de impulsos desenvolvimentistas predominantes durante o período em que foram vitoriosas as ideias keynesianas, as quais passaram a ser consideradas nocivas para a própria estabilização.[64]

Para atender a esse novo compromisso, o governo federal, com um orçamento bastante engessado, buscou, de um lado, o caminho mais fácil de aumento das receitas, e, de outro, criar mecanismos de controle das finanças dos governos subnacionais, mesmo porque, de acordo com o diagnóstico realizado, estes apareciam como os principais responsáveis

---

[63] Uma análise mais aprofunda e completa desse processo encontra-se em OLIVEIRA, Fabrício Augusto. *Política econômica, estagnação e crise mundial: Brasil, 1980-2010.* Rio de Janeiro: Azougue Editorial, 2012.

[64] Um exame detalhado dos principais pilares desse paradigma teórico encontra-se em OLIVEIRA, Fabrício Augusto. *Economia e política das finanças públicas no Brasil: um guia de leitura.* São Paulo: Editora Hucitec, 2009.

pela geração de *déficits* fiscais. No primeiro caso, sem modificação da estrutura tributária, continuou percorrendo o mesmo trajeto anterior de criação e aumento das alíquotas das contribuições e de impostos tradicionais, além de se insistir na prorrogação, em várias oportunidades, de instrumentos de ajuste fiscal que, na sua criação, se previam temporários, casos da CPMF e da desvinculação das receitas da União (FSE, FEF e, a partir de 2000, DRU); no segundo caso, à montagem da institucionalidade que teve início em meados da década de 1990 com o objetivo do governo federal de exercer um controle hierárquico sobre as finanças dos governos subnacionais – Lei Camata I e II, Programa Estrutural de Ajuste Fiscal dos Estados e Municípios e Contratos de Renegociação da Dívida com a União –, somou-se, em 2000, a Lei de Responsabilidade Fiscal (LRF), a qual, tendo a necessidade de sua aprovação sendo incluída no acordo com o FMI, representaria um marco institucional de disciplinamento das finanças públicas e de compromissos com uma gestão fiscal responsável.

A Tabela I.9 mostra os resultados obtidos com a estratégia adotada, a qual, com poucas diferenças, seria mantida em toda a primeira década dos anos 2000. Mesmo com o comportamento não muito favorável do PIB, a carga tributária continuou aumentando, mesmo que ligeiramente a cada ano e mantendo-se em oscilação entre 32-34% do PIB, enquanto os *superávits* primários foram crescentes no tempo. Apenas em 2009, devido à crise mundial e à implementação de uma política anticíclica para combater seus efeitos, com a renúncia de impostos (desonerações) e ampliação dos gastos governamentais, essa trajetória observada para os *superávits* primários foi interrompida, tendo sido retomada, contudo, já a partir do ano seguinte. Apesar disso, a relação dívida/PIB não parou de crescer por alguns anos e só conheceu uma inflexão a partir de 2004, quando o melhor desempenho do PIB, a valorização do câmbio e a manutenção de elevados *superávits* primários contribuíram para sua redução. Em 2009, no entanto, também devido aos efeitos já mencionados da crise, essa relação cresceu 4,5 pontos percentuais do PIB, saltando de 38,9% para 43,4%, devido à queda das receitas e à redução do *superávit* primário, situação que também voltaria a ser revertida a partir de 2010, quando a economia registrou um crescimento de 7,6% no ano, melhorando as condições fiscais do setor público.

PARTE I - CAPÍTULO IV - REDEMOCRATIZAÇÃO, REFORMAS...

O preço pago pelo País pela concordância com o reducionismo da política fiscal e tributária à preservação da riqueza financeira – ou de "sustentabilidade da dívida" na linguagem do pensamento oficial – e de geração de elevados e crescentes *superávits* primários não tem sido pequeno: de um lado, o Estado praticamente abdicou da responsabilidade de realizar investimentos públicos, especialmente em infraestrutura econômica, ampliando os gargalos da economia brasileira e aumentando o "custo-Brasil", o que só foi atenuado com a flexibilização da política fiscal realizada pelo Governo Lula em seu segundo mandato (2007-2010), o lançamento do Programa de Aceleração do Crescimento (PAC) e do Programa de Desenvolvimento Produtivo (PDP), cujos projetos, no entanto, corriam o risco de ser comprometidos pela crise que se instalou na economia mundial em 2008.

Tabela I.9
Alguns indicadores econômicos: 1999-2010

Ano	Crescimento real do PIB (%)	Carga tributária (% do PIB)	*Superávit* primário (% do PIB)★	Dívida Líquida (% do PIB)
1999	0,3	31,0	-3,23	44,5
2000	4,3	30,4	-3,47	45,5
2001	1,3	31,9	-3,38	52,0
2002	2,7	32,0	-3,21	60,4
2003	1,1	31,3	-3,34	54,8
2004	5,7	32,4	-3,81	50,6
2005	3,2	33,6	-3,93	48,4
2006	4,0	33,3	-3,24	47,3
2007	6,1	33,7	-3,37	45,5
2008	5,2	33,6	-3,54	38,9
2009	-0,2	35,4	-2,05	43,4
2010	7,5	32,5	-2,78	40,2

Fontes: Para o PIB, IBGE, *Sistema de Contas Nacionais*. Disponível em: https//www.ibge.gov.br/home/estatística; para a carga tributária em 1999-2001, *superávit* primário e relação dívida/PIB: IPEA – Ipeadata. *Dados macroeconômicos e regionais*. Disponível em <https://**www**.ipeadata.gov.br>. Acesso em: 17 ago. 2011; para a carga tributária 2002-2010, AFONSO, José Roberto. *Por um novo sistema tributário*. Brasília: Comissão Especial, Câmara dos Deputados, 10 set. 2015.
(★) *Déficit* (+); *Superávit* (-).

Da mesma forma, políticas sociais não protegidas por alguma norma legal/constitucional passaram a ser prejudicadas com cortes/contingenciamentos de recursos no orçamento sempre que comprometida a meta fixada para o *superávit* primário; além disso, a combinação das peças nucleares do modelo – geração de *superávits* primários, câmbio flutuante e regime de metas inflacionárias – não somente retiraria a autonomia da política econômica para promover políticas proativas para o desenvolvimento, mas também atuaria como uma verdadeira trava para o crescimento, a não ser em conjunturas excepcionalmente favoráveis da economia mundial, como ocorreu entre 2003-2008.

Tanto isso é verdade que, apesar do crescimento mais robusto registrado para a economia brasileira em 2003-2008, ainda assim ele ficou distante do alcançado por outros países emergentes, como a China e Índia, para ficar com os exemplos mais notáveis, os quais, sem essas travas, aproveitaram melhor a conjuntura internacional favorável. Mas foram os prejuízos causados para o sistema tributário por essa estratégia e pelo próprio sistema para a economia que merecem ser ressaltados para os propósitos deste trabalho, já que, transformado em instrumento anticrescimento e contrário aos objetivos da justiça fiscal, o sistema tributário continuou carente de reformas que não encontraram campo fértil para prosperar.

Priorizado enquanto instrumento preferencial do ajuste fiscal, o sistema continuou sendo explorado para gerar os recursos necessários para sustentar as metas fiscais estabelecidas, cerceando as propostas surgidas para a correção de seus problemas e aumentando o seu grau de desagregação. Nessas condições, a elevação da carga tributária, mesmo com a conjuntura econômica adversa, tornou-se prejudicial para o crescimento econômico, dado o aumento do "custo-Brasil" e o estreitamento do mercado interno. O mesmo ocorre com a sua composição, em que predominam as contribuições sociais e econômicas contrárias à competitividade externa da economia e ao princípio da equidade, em virtude de sua incidência indireta e cumulativa. Sem essas distorções, certamente o crescimento alcançado nesse segundo mandato do Governo Lula (2007-2010) teria sido mais vigoroso.

PARTE I - CAPÍTULO IV - REDEMOCRATIZAÇÃO, REFORMAS...

Como se pode confirmar pelo exame do Quadro I.8, desde que esse padrão de ajuste foi adotado na década de 1990, apenas em raras oportunidades o sistema foi alvo de mudanças que contribuíssem para reduzir suas distorções ou manejado como instrumento de política econômica para apoiar o setor produtivo: em 2002 e 2004, por força do acordo com o FMI, aprovou-se a extinção parcial da cumulatividade do PIS e da Cofins, mitigando os efeitos deletérios provocados por essas contribuições sobre o setor produtivo; a partir de 2004, pequenas iniciativas para desonerar as exportações e os investimentos passaram a ser adotadas, com o objetivo de compensar o setor privado de consecutivos aumentos da carga tributária para assegurar o ajuste, bem como se isentaram da CPMF as aplicações na conta-investimento criada naquele ano; e em 2008/2009, as alíquotas do IR, do IPI para alguns setores da economia e do IOF foram reduzidas para atenuar os efeitos da crise que se instalou, em meados de 2008, na economia mundial.

Uma das mudanças mais relevantes ocorrida nesse período e que contribuiria para atenuar a má qualidade da tributação no País foi a extinção da cobrança da CPMF a partir de 2008, um tributo que, pelas suas características, é altamente nocivo para a questão da competitividade, da neutralidade e da equidade social. Sua extinção ocorreu, no entanto, não por obra do Poder Executivo, mas do Senado Federal, que rejeitou, no dia 13 de dezembro de 2007, a proposta de sua prorrogação até 2011, determinando sua extinção a partir de 1º de janeiro de 2008.

Quadro I.8
Algumas medidas adotadas na área fiscal e tributária no período 1999/2009

Ano	Medida
1999	Aumento da alíquota da COFINS de 2% para 3% e mudança na base de cálculo, substituindo o faturamento pela receita bruta. Extensão da cobrança da COFINS às instituições financeiras. Prorrogação da CPMF e elevação de sua alíquota para 0,38%. Elevação da alíquota da CSLL para empresas não financeiras de 8% para 12% até 31/01/2000.
2000	Criação da Desvinculação da Receita da União (DRU), em substituição ao FEF, para vigorar entre 2000 e 2003 (Emenda Constitucional n. 27, de 21/03/2000). Aprovação da Lei de Responsabilidade Fiscal (LRF).
2001	Criação da CIDE-combustíveis.
2002	Extinção parcial da cumulatividade do PIS. Prorrogação da CPMF até 31/12/2004.
2003	Aprovação das reformas tributária e previdenciária. Prorrogação da CPMF e DRU até 2007. Aumento da alíquota da CSLL das empresas optantes pelo regime de lucro presumido de 12% para 32%.
2004	Extinção parcial da cumulatividade da COFINS. Medidas destinadas à desoneração dos investimentos e ao estímulo à poupança de longo prazo. Modificação, a partir de 2005, das alíquotas do IR incidentes sobre o rendimento das aplicações financeiras, visando incentivar a poupança de longo prazo. Regulamentação das Parcerias Público-Privadas (PPP). Edição da MP 232 (chamada MP do mal) para compensar perdas de receitas esperadas com a correção da tabela do IRPF.
2005	Edição da MP 252 (chamada MP do bem), que promoveu várias alterações no sistema tributário.
2006	Criação do Refis II.
2007	Lançamento do PAC. Início da flexibilização da política fiscal. Rejeição pelo Senado de prorrogação da CPMF até 2011

PARTE I - CAPÍTULO IV - REDEMOCRATIZAÇÃO, REFORMAS...

2008	Extinção da CPMF Cobrança de 1,5% do IOF cobrado sobre os ganhos do capital estrangeiro em aplicações de renda fixa. Isenção das operações de câmbio dos exportadores de IOF sobre elas incidentes. Modificação, com redução do imposto, das alíquotas do IRPF, com o objetivo de fortalecer a demanda interna e mitigar os efeitos da crise mundial; Redução do IPI sobre carros novos e do IOF nas operações de crédito das pessoas físicas para atenuar a crise mundial.
2009	Prorrogação da redução do IPI sobre carros novos, redução da COFINS sobre motos e redução do IPI para os setores de material de construção e eletrodomésticos como armas anticrise.

Fonte: Elaborado pelo autor.

Necessitando contar com 49 votos no Senado para sua prorrogação, a qual deveria ser confirmada em votação de dois turnos, a proposta obteve apenas 45 votos a favor e 34 contra naquele dia, apesar de todos os esforços realizados pelo Executivo, que chegou, inclusive, a oferecer mudanças no projeto original para garantir sua aprovação, como as que diziam respeito, por exemplo, à diminuição de sua alíquota para 0,25%, à redução do prazo de vigência para 2010 e à destinação exclusiva de sua arrecadação para a área da saúde, já que, de seu produto, 26% estavam sendo destinados para a previdência social e 21% para o programa de erradicação da pobreza. O Senado terminou, contudo, para sua sensaboria, rejeitando todas as ofertas que foram feitas para essa finalidade e, com isso, sua vigência extinguiu-se em 31 de dezembro de 2007, retirando do governo recursos orçamentários estimados, à época, em cerca de R$ 50 bilhões, que foram compensados pelo maior crescimento econômico e por mudanças tributárias e fiscais voltadas para sustentar a arrecadação (aumento da alíquota da CSLL e do IOF) e garantir o atingimento das metas fiscais estabelecidas pelo compromisso assumido pelo governo com as políticas de austeridade.

De qualquer maneira, não se pode desconsiderar que, durante o Governo Lula, apesar das resistências do Executivo à perda de receitas, duas propostas de reforma do sistema tributário foram encaminhadas ao Congresso para apreciação, embora ambas, por suas limitadas características e ambições, tenham fracassado na tentativa de melhorar sua qualidade: a primeira, aprovada no final de 2003 (EC 42/03), orientada predominantemente pelo ajuste fiscal e sem se dispor a enfrentar as delicadas questões de revisão do modelo federativo e da redistribuição do ônus tributário, terminou reduzida à prorrogação da CPMF e da DRU e, para ganhar o apoio dos estados à sua aprovação, à destinação de 25% da arrecadação da CIDE-combustíveis para os governos subnacionais (percentual aumentado para 29% a partir de maio de 2004); a segunda, de fevereiro de 2008 (PEC 233/08), apesar de mais consistente e completa do que os objetivos que guiaram a de 2003, na medida em que incluiu sugestões para a extinção dos impostos e contribuições cumulativos, medidas de desoneração da produção e dos investimentos e algumas iniciativas para pôr cobro à guerra fiscal entre os estados e para simplificar o sistema, teve adiado o seu encaminhamento, depois de aprovado seu substitutivo no final do ano, para o plenário do Congresso pela Comissão de Reforma Tributária pelas discordâncias e polêmicas que permaneceram em várias questões, especialmente no tocante às regras federativas. Se havia a possibilidade e expectativa de que se poderia avançar em sua apreciação em 2009, a crise econômica mundial de 2008 e a proximidade do final de mandato do Governo Lula se encarregaram de desfazê-las, com esse projeto tendo o mesmo destino dos anteriores: o adormecimento nas gavetas do Congresso.

A verdade é que não se poderia esperar mais do Governo Lula nessa questão. Desde o início, fez a opção por uma política de conciliação com as classes dominantes, provavelmente pensando em levar à frente, desde que as condições o permitissem, o projeto de crescimento com inclusão social, mas sem contrariar aquele apoio. Durante o primeiro mandato, seguiu obedientemente as regras da ortodoxia e, tal como prometeu na Carta ao Povo Brasileiro, respeitou as regras dos contratos, adotou o receituário do tripé macroeconômico herdado do Governo Fernando Henrique Cardoso, manteve-se fiel à política de austeridade fiscal, com a geração de elevados *superávits* fiscais para manter em níveis confiáveis a relação dívida/PIB, inclusive em plena crise do *subprime* dos Estados Unidos de 2007/2009, e, por tudo isso, foi saudado até mesmo como paladino na defesa das leis do mercado por seus representantes. Um pacto do tipo *Frankenstein*, vindo de quem se

PARTE I - CAPÍTULO IV - REDEMOCRATIZAÇÃO, REFORMAS...

colocava como representante e salvação da população pobre, mas, de qualquer forma, um pacto.

Tirante o programa "Bolsa Família", substituto do programa "Fome Zero" e que passou a conhecer, desde o início de seu governo, um crescimento formidável em termos de beneficiários, até mesmo porque não comprometia fatia expressiva do orçamento, outras iniciativas mais importantes do governo voltadas para reduzir as desigualdades só se tornariam mais pronunciadas a partir de seu segundo mandato, quando, tendo se convencido de que já fizera o "ajuste fiscal" tal como demandado pelo mercado e contando com um Estado fortalecido pela expansão da economia e o aumento da arrecadação, encontrava-se em melhores condições para lançar um olhar mais atento para as camadas menos favorecidas da população. Entre as iniciativas que passaram a ser tomadas nessa direção, a partir daí, não se incluía, no entanto, a reforma tributária, na medida em que uma mudança mais radical de sua estrutura exigiria, de um lado, contrariar os setores dominantes, aumentando a taxação sobre o lucro, as altas rendas e o patrimônio, de forma a colocar esse instrumento também a serviço da política de redistribuição de renda, o que representaria um rompimento do pacto estabelecido, e, de outro, enfrentar o vespeiro do conflito distributivo na federação. Por isso, o sistema terminou tendo sua essência mantida praticamente intacta durante o seu governo.

Como consequência, descartada a realização dessa reforma considerada essencial para remover os obstáculos para o crescimento econômico e para o reencontro do País com a justiça social, o sistema tributário brasileiro chegou, assim, ao final do Governo Lula, repleto de mazelas. Estas, por sua vez, se ampliaram no tempo, desde que o sistema passou a ser utilizado como instrumento de ajuste fiscal e como produtor de crescentes *superávits* primários para manter em níveis confiáveis para os investidores a relação dívida/PIB.

Aproveitando a facilidade do crescimento propiciada pelo *boom* da economia internacional, que cresceu à taxa média anual de 5% entre 2003-2008, e também pelo excepcional desempenho econômico da China, que expandiu à taxa média de 10% no período e derramou efeitos benéficos sobre as economias emergentes, principalmente as produtoras de *commodities*, o fato é que o governo despreocupou-se com a realização de reformas estruturais da economia, entre as quais a do sistema tributário, provavelmente por acreditar que esse quadro se eternizaria.

Com o Estado fortalecido fiscal e financeiramente, devido ao aumento dos impostos impulsionados pelo crescimento econômico, pôde implementar políticas redistributivas, de inclusão social, especialmente com a ampliação dos programas de transferências diretas de renda, sem comprometer a geração de *superávits* primários pelo menos até 2008 e, entre 2009-2010, adotar uma política anticíclica para defender a economia dos efeitos da crise do crédito *subprime* que, iniciada nos Estados Unidos, se alastrou para o restante do mundo, provocando uma onda recessiva.

Mesmo sendo bem sucedido com essa política, que permitiu ao País voltar a crescer 7,5% em 2010, depois de amargar uma contração de 0,2% do PIB em 2009, o fato é que a questão da reforma tributária continuava como um desafio a ser enfrentado para ajudar a abrir e alargar os horizontes para um crescimento econômico mais consistente, inclusive com o objetivo de dar maior sustentabilidade às políticas de redistribuição de renda. Isso porque, pretendendo deixar imune de seu ônus as camadas de mais alta renda, de acordo com uma clara política de conciliação de classes, essas políticas redistributivas, tendo seus custos bancados pelo Estado e alimentados pelos ganhos resultantes do crescimento econômico, encontrariam, inevitavelmente, limites com o seu enfraquecimento, como se confirmaria posteriormente. Não foi isso, no entanto, que ocorreu com a entrada em cena de um novo governo que, seguindo os mesmos passos dos anteriores em matéria tributária, não somente ignorou a importância da reforma do sistema para esse objetivo como, ao contrário, contribuiu para aumentar ainda mais as suas distorções.

4. A reforma da gestão tributária: avançando nos caminhos da eficiência e da transparência

Se em relação à estrutura de impostos, o período pós-Constituição de 1988 mostrou-se desfavorável para sua qualidade, devido

PARTE I - CAPÍTULO IV - REDEMOCRATIZAÇÃO, REFORMAS...

principalmente aos compromissos assumidos com o ajuste fiscal num contexto de ausência de iniciativas para a realização de reformas mais abrangentes para conciliar os vários interesses que seriam por elas afetados, no campo da administração tributária o avanço foi significativo, tornando o Estado brasileiro, em todos os níveis de governo, capacitado a cobrar, com maior eficiência e transparência, os impostos dos contribuintes. Uma verdadeira "revolução" na máquina da arrecadação e da fiscalização ocorreria nesse período impulsionada pelo avanço do processo de informatização e pela absorção, pelo fisco brasileiro, das novas tecnologias de informação, modernizando – e muito! – suas estruturas, em termos de controles, procedimentos, instituição de canais e de comunicação com os contribuintes.

No plano federal, após a unificação do fisco – ainda que parcial –, ocorrida com a criação da Secretaria da Receita Federal (SRF) em 1968, quando foram extintos os antigos departamentos da Direção-Geral da Fazenda Nacional, integrados então a uma estrutura sistêmica que se reproduziu em todos os órgãos descentralizados, continuou-se avançando, nas décadas seguintes, no aprofundamento desse processo: sucessivas mudanças nos planos de carreira dos técnicos da SRF – em 1970, 1975 e 1985 – foram reduzindo as diferenças das categorias – em termos de funções e remuneração –, até culminar com a edição da Lei 10.593, de 06 de dezembro de 2002, que a reestruturou e organizou a Carreira Auditoria-Fiscal da Previdência Social e a Carreira Auditoria-Fiscal do Trabalho. Nessa reestruturação, a Carreira da Auditoria da Receita Federal passou a contar com dois quadros, o de Auditor-Fiscal da Receita Federal – antes Auditor-Fiscal do Tesouro Nacional – e o de Técnico da Receita Federal – antes Técnico do Tesouro Nacional –, passando-se a exigir, de ambos, curso superior ou equivalente, o que antes só existia com o primeiro.

Ao avanço na unificação da carreira e na exigência de melhor qualificação dos técnicos, somou-se também a ampliação de seu quantitativo: de acordo com o estudo da FGV/Sindireceita,[65] entre 1995 e

---

[65] A NOVA administração federal: um estudo técnico sobre o fisco unificado. Rio de Janeiro: FGV, SINDIRECEITA, 2005, pp. 80-82.

2005 registrou-se um crescimento de 33,3% dos Auditores-Fiscais e de 38% dos Técnicos da Receita Federal. A conclusão a que chega o estudo da FGV/Sindireceita⁶⁶ confirma essas mudanças, ao destacar que o papel importante alcançado pela Secretaria da Receita Federal no setor público brasileiro se devia também "[...] à alta qualificação técnica dos integrantes de seu quadro de pessoal próprio".

O maior avanço no processo de unificação do fisco federal, que poderia se traduzir em redução de custos administrativos tanto para o fisco como para o contribuinte – a unificação e compartilhamento dos cadastros dos contribuintes – e, em síntese, em mais eficiência na administração dos tributos, veio na forma da criação do que passou a ser chamado de Super-Receita, em 2007, quando a Lei n. 11.457, de 16 de março, aprovou a fusão da Secretaria da Receita Federal e da Secretaria da Receita Previdenciária, sob a nova denominação de Secretaria da Receita Federal Brasileira (SRFB). Era esse o passo que faltava para, conforme o estudo da FGV e Sindireceita,⁶⁷ "complementar a modernização da administração tributária brasileira". Completou-se, com isso, o processo, iniciado no final da década de 1960, de unificação dos serviços de controles aduaneiros e dos tributos internos.

Enquanto avançava na modernização de sua estrutura administrativa e de seu quadro de pessoal, a Secretaria da Receita Federal aprimorava também, favorecida pela evolução dos sistemas de comunicação e informatização, seus procedimentos de cobrança de tributos, de relacionamento com o contribuinte e de controle das obrigações fiscais: em 1968, deu início, com a criação do Serpro, ao processamento eletrônico das declarações do Imposto de Renda das Pessoas Físicas (IRPF); no ano seguinte (1969), à restituição do IRPF também por meio eletrônico; em 1975, instituiu a declaração simplificada do IRPF, facilitando a vida do contribuinte; em 1988, substituiu o sistema de base anual do IRPF pelo sistema de bases correntes, protegendo a arrecadação e o

---

[66] A NOVA administração federal: um estudo técnico sobre o fisco unificado. Rio de Janeiro: FGV, SINDIRECEITA, 2005, p. 83.

[67] A NOVA administração federal: um estudo técnico sobre o fisco unificado. Rio de Janeiro: FGV, SINDIRECEITA, 2005, p. 84.

contribuinte, que tinha direito à restituição, do processo inflacionário; em 1991, instituiu a declaração de ajuste anual por meio magnético; e, em 1997, a entrega da declaração do IRPF pela internet.[68]

Entre as razões apontadas pelo estudo da FGV/Sindireceita[69] para considerar a Secretaria da Receita Federal "um dos órgãos mais bem estruturados e dotados de recursos" do setor público brasileiro, encontra-se também

> [...] a disponibilização da internet para o pagamento de impostos e para a apresentação de todos os tipos de declarações obrigatórias por parte dos contribuintes, não só pessoas físicas como jurídicas. O mesmo meio tecnológico pode ser utilizado por contribuintes para vários tipos de consulta e, inclusive, para obtenção de certidão negativa quanto à sua situação fiscal.

Se, no plano federal, o fisco conseguiu moldar suas estruturas para desempenhar com maior eficiência a sua função na cobrança de tributos, estabelecendo, ao mesmo tempo, melhor relacionamento com o contribuinte, sua modernização no âmbito dos governos subnacionais – estados e municípios – foi também notável. Especialmente a partir de meados da década de 1990, uma estrutura acanhada, limitada e de poucos recursos para a tarefa de administração e fiscalização tributária, passou a ser substituída por um sistema eficiente de cobrança de impostos, de controle das operações e prestações realizadas pelos contribuintes, de intercâmbio de informações e de cooperação entre os diversos fiscos para o melhor desempenho de suas tarefas.

O ponto de partida dessas transformações do fisco dos governos estaduais foi dado pela criação, em 1996/97, do Programa Nacional de Apoio à Modernização Fiscal dos Estados e do Distrito Federal (PNAFE),

---

[68] Informações extraídas da página da Secretaria da Receita Federal, na seção "Memória da Receita Federal". Disponível em: www.receita.fazenda.gov. Acesso em: 20 out. 2009.

[69] A NOVA administração federal: um estudo técnico sobre o fisco unificado. Rio de Janeiro: FGV, SINDIRECEITA, 2005, p. 82.

financiado pelo Banco Interamericano de Desenvolvimento (BID), com recursos originalmente orçados em US$ 500 milhões, no âmbito do Programa de Reforma do Aparelho do Estado e de Ajuste Fiscal exigido pela implementação do Plano Real em 1994. Sinteticamente, seu objetivo foi o de melhorar a eficiência administrativa, a racionalização e a transparência na gestão dos recursos públicos estaduais.[70]

Tendo contado com a adesão das vinte e sete administrações estaduais do País, o PNAFE, apoiado em objetivos como os de cooperação mútua entre os entes federados, coordenação de suas atividades e estreitamento do relacionamento entre as instituições relacionadas à área fiscal – Procuradorias Fiscais, Tribunais de Contas, Secretaria de Governos e Ministério Público –, contemplou, ao longo dos dez anos de sua implantação, a execução de práticas vitais para melhorar a eficiência dessas administrações. Entre essas práticas, devem ser destacadas: a formação de grupos temáticos, a quem caberia aprofundar a análise e discussão de aspectos importantes para as administrações fiscais, como os de comércio eletrônico, auditoria computadorizada, contencioso fiscal e cadastro único do contribuinte; a criação do fórum das Unidades de Coordenação Central para debater temas de monitoramento do programa e identificar oportunidades de cooperação entre os participantes; o intercâmbio de experiências nacionais e internacionais na área fiscal, coordenadas pela Unidade Central do Programa (UCP); o compartilhamento de soluções técnicas e a disseminação de boas práticas fiscais, no âmbito do CST – Compartilhamento de Soluções Técnicas – e do GDFAZ – Grupo de Desenvolvimento do Servidor Fazendário; a implantação de sistemas integrados de gestão fiscal e de intercâmbio de informações, entre os quais o Sistema Integrado de Administração Financeira (Siafi) e o Sistema Integrado de Informações sobre Operações Interestaduais com Mercadorias e Serviços (Sintegra); e a implantação

---

[70] Para um maior detalhamento desse programa e de seus objetivos, conferir o trabalho de CARTAXO, Maria de Fátima Pessoa de Mello. *O papel do BID na modernização da gestão pública brasileira: uma análise do Programa Nacional de Apoio à Modernização Fiscal dos Estados e do Distrito Federal.* In: IX Congreso Internacional del Clad sobre la Reforma del Estado y de la Administración Pública. Madri, 2 – 5 nov. 2004.

de Serviços ao Contribuinte e Programas de Atenção ao Cidadão, como os de quiosques eletrônicos, autoatendimento pela internet, postos fiscais eletrônicos, entre outros.[71]

Visto em perspectiva, o PNAFE representou a porta de entrada e abriu uma grande avenida para a modernização do fisco estadual: estabeleceu mecanismos de cooperação e de compartilhamento de informações fiscais entre os estados participantes do programa e destes com o governo federal; padronizou e integrou o sistema de informações, via Siafi, reunindo-os em um sistema maior, o Sistema Integrado de Administração Financeira para Estados e Municípios (Siafem); e, por meio do Sintegra, conectou as vinte e sete unidades da federação em uma rede que disponibiliza as informações relativas às operações interestaduais, propiciando a consulta pública aos cadastros estaduais do ICMS. Além disso, foi também no seu âmbito que se criou, em 1999, o Programa Nacional de Educação Fiscal (PNEF), um importante instrumento voltado para o objetivo de reforçar os mecanismos da transparência e do controle social, da ética e da cidadania fiscal e do fortalecimento da relação Estado-cidadão.

O sucesso e os resultados alcançados pelo PNAFE levaram à criação, em 2003, de outro programa também voltado para a modernização das estruturas administrativas e de planejamento dos Estados, o Programa Nacional de Melhoria da Gestão Pública nos Estados (PNAGE). Financiado também pelo BID, com recursos estimados em US$ 155 milhões na primeira fase, o PNAGE começou a receber as primeiras adesões em 2006, via assinatura de contratos, prevendo-se que daria novo impulso ao processo de modernização e de aumento da eficiência dos fiscos estaduais.

No fisco municipal, instância em que as limitações de recursos – humanos, financeiros, materiais – sempre foram maiores, o avanço da

---

[71] CARTAXO, Maria de Fátima Pessoa de Mello. O papel do BID na modernização da gestão pública brasileira: uma análise do Programa Nacional de Apoio à Modernização Fiscal dos Estados e do Distrito Federal. *In:* IX Congreso Internacional del Clad sobre la Reforma del Estado y de la Administración Pública. Madri, 2 – 5 nov. 2004.

modernização do fisco foi significativo. Como aponta Afonso,[72] "as prefeituras foram as primeiras a recorrer ao código de barras para receber e controlar o IPTU ainda no final dos anos de 1980". Mas foi a criação do Programa Nacional de Apoio à Modernização dos Municípios, o PNAFM, em 2001, também financiado pelo BID, com recursos previstos em US$ 300 milhões, que daria maior impulso e velocidade a esse processo.

O objetivo do PNAFM, um programa similar ao PNAFE, é o de modernizar a gestão municipal, inclusive com a aplicação da informática, para garantir maior transparência e aumentar a eficiência da máquina administrativa e fiscal dos municípios. A divulgação periódica do orçamento e dos atos da gestão pública municipal e a criação de mecanismos para assegurar a participação no planejamento e definição do orçamento constam como requisito do programa para os objetivos de transparência e democratização das decisões sobre as prioridades públicas, tidos como pedras angulares do aumento da eficiência na arrecadação e economicidade no gasto público.

A informatização do fisco municipal, que caminhou paralelo à implantação do PNAFM em algumas administrações, contribuiu para dar origem a sistemas reunindo um conjunto variado de informações sobre os contribuintes dos impostos municipais – Imposto sobre a Propriedade Territorial Urbana (IPTU) e Imposto sobre Serviços (ISS) –, continuamente alimentados e atualizados, substituindo o trabalho manual (e limitado) do fiscal nessa atividade, com a geração de relatórios gerenciais, que passaram a ser utilizados para planejar e programar, com maior eficiência, a ação fiscal. No caso específico do ISS, com o novo sistema, caminhou-se, em muitas administrações, para tornar obrigatória a transmissão pelo contribuinte desse imposto, por meio eletrônico, incluindo os da administração pública, da declaração de todos os serviços prestados, tomados ou vinculados, seja o imposto ou não devido no município, para o setor responsável por sua administração. O fluxo cruzado de informações transmitido pelo prestador e pelo tomador do serviço relativo ao valor das operações, ao imposto a recolher e ao imposto retido, passou a fornecer,

---

[72] AFONSO, José Roberto. Reforma da administração tributária versus reforma tributária. *PNAFE É realidade*. Brasília: Ministério da Fazenda, 2006, pp. 95-96.

assim, os dados necessários às administrações, que adotaram o sistema para viabilizar o monitoramento, controle e definição da ação fiscal, com redução de custos para sua obtenção e aumento da eficiência da arrecadação.[73]

O avanço na modernização das estruturas administrativas e de gestão fiscal dos diversos níveis de governo foi reforçado com programas similares destinados também à modernização de instituições e agentes relacionados com o fisco, também financiados pelo BID, casos do Programa de Modernização do Controle Externo do Tribunal de Contas da União (TCU) e do Controle Externos dos Estados e Municípios (Promoex).

A revolução na modernização das estruturas do fisco deveria ser concluída com mais dois instrumentos que se encontravam a caminho: o Cadastro Sincronizado e a Nota Fiscal Eletrônica (NF-e). Trata-se, no primeiro caso, de um sistema nacional que conta com a participação da Receita Federal, Juntas Comerciais, Estados, Distrito Federal e Municípios, e que, junto com a NF-e, visa à construção integrada dos cadastros dos diversos fiscos. Já a NF-e é um documento digital garantido pela assinatura digital – assinatura emitida pelos contribuintes e autorizada pela Secretaria da Fazenda –, que seria transmitido para a Receita Federal, Secretarias da Fazenda do destino da mercadoria e do embarque, no caso de exportação para o estrangeiro, e, quando couber, à Superintendência da Zona Franca de Manaus (Suframa), permitindo o controle em tempo real das operações e prestações envolvendo o ICMS. Com esses novos instrumentos, esperava-se estreitar consideravelmente os caminhos da sonegação e ampliar-se, expressivamente, a eficiência da administração fiscal.

5. O governo de Dilma Rousseff: nau sem rumo e o avanço do caos tributário: 2011-2014

5.1 Introdução

Com a eleição de Dilma Rousseff para ocupar a Presidência da República no período 2011-2014, abriu-se uma nova oportunidade para

---

[73] OLIVEIRA, Fabrício Augusto; LIMA, Lycia. *O Imposto sobre Serviços de Qualquer Natureza no município de Belo Horizonte:* desempenho e perspectivas. Belo Horizonte: Prefeitura Municipal de Belo Horizonte, 2005.

se dar início à realização de reformas estruturais necessárias para o País, incluindo a da reforma tributária, de forma a remover não poucos obstáculos que impediam – e impedem – a economia brasileira de ingressar numa trajetória de crescimento mais sustentado. Afinal, em início de mandato, geralmente os governantes desfrutam de prestígio e popularidade que lhes facilitam realizar mudanças que consideram vitais para viabilizar seus projetos e programas de governo. Não foi, no entanto, o que ocorreu.

A verdade é que a política econômica implementada durante o primeiro mandato de seu governo não diferiu, em substância, da política de seu antecessor, Luiz Inácio Lula da Silva (2003-2010). Apenas o contexto econômico – internacional e nacional – foi diferente, e Dilma não contou com a mesma estrela de Lula, que lhe permitiu colher, à época, bons frutos em um quadro de grande prosperidade mundial, e foi obrigada a buscar outros caminhos para sustentar o crescimento econômico, caminhos que não deram certo.

Por isso, se, com sua eleição, abriu-se nova oportunidade para o Brasil avançar na solução de seus problemas, essa se perdeu porque, a rigor, Dilma fez a opção desde o início, seguindo os mesmos passos de Lula, de não romper os compromissos com as regras estabelecidas pelo capital e a riqueza financeira e de se sujeitar a respeitar o modelo de estabilização fundado no tripé macroeconômico *câmbio flutuante/metas inflacionárias/geração de superávits primários*, visando conquistar seu aval e confiança. Assim, ao respeitar as regras desse modelo, renunciaria, na prática, à criação de melhores condições para um crescimento mais robusto e sustentado, com a realização de reformas estruturais, incluindo a da tributação. Explica-se a razão.

O modelo ortodoxo do tripé macroeconômico retira da política econômica a autonomia para promover políticas proativas de desenvolvimento, por meio do manejo dos instrumentos do câmbio, da política fiscal e monetária. Isso porque considera que suas atenções devem estar dirigidas primordialmente para garantir o atingimento das metas de inflação, do *superávit* primário estabelecido para o objetivo maior de dar sustentabilidade à trajetória da dívida pública, assegurando o pagamento

PARTE I - CAPÍTULO IV - REDEMOCRATIZAÇÃO, REFORMAS...

de seus encargos, enquanto o equilíbrio do mercado de câmbio deve ser alcançado pela interação entre as forças da oferta e da demanda por divisas estrangeiras. Isso, de acordo com o novo consenso macroeconômico, é vital para manter firmes os fundamentos da estabilidade macroeconômica.

Não se trata, propriamente, de um modelo de desenvolvimento como seus defensores sugerem. Trata-se, isso sim, de um modelo que tem por objetivo proteger a riqueza financeira, evitar que a mesma seja dilapidada pela ação corrosiva do Estado com suas ações intervencionistas no campo econômico e social, geradoras de *déficit*, e garantir que ela tenha assegurado, no orçamento público, recursos para o pagamento de sua remuneração, além de defendê-la, também, do processo inflacionário. Somente quando assegurada essa estabilidade é que os agentes econômicos, porque racionais, se sentirão confiantes para voltar a investir, libertando, assim, o sol do crescimento.

Isso significa que o modelo restringe as decisões de investimentos, inclusive as do setor produtivo, a um mundo em que os preços são estáveis, o Estado paga religiosamente sua dívida e o capital pode transitar livremente entre os países sem restrições em busca de maior rentabilidade. Desconsidera, assim, a existência de outros determinantes que o capital produtivo leva em conta para arriscar-se no mundo dos negócios, caso dos fatores locacionais que contemplam mercados, infraestrutura, mão de obra qualificada, estruturas de tributação etc., os quais afetam seus custos de produção e seu poder de competitividade, e, sobretudo, o estado de confiança do empresariado na política econômica e no futuro da economia.

Nesse caso, se o país se defronta com alguns problemas mencionados, os limites do crescimento econômico logo tendem a aparecer com as fricções que surgem nas variáveis centrais do modelo do tripé macroeconômico, em termos de inflação, *déficits* externos, desequilíbrios fiscais etc., tendo-se de abortá-lo para não descumprir suas regras. Somente na hipótese de realização de reformas estruturais, esses limites do crescimento econômico podem ser ampliados, mas, mesmo assim, correndo-se o risco de sofrer o veto do capital a qualquer momento, caso o último veja seu edifício ameaçado de desmoronamento.

Assim, como a riqueza financeira é preservada nesse modelo, o pacto selado entre o capital e o Estado impede, também, que este lance, ainda que parcialmente, o ônus de seu financiamento sobre os seus detentores e as rendas mais elevadas, limitando consideravelmente suas ações para corrigir problemas estruturais da economia. Torna-se ele dependente, dessa maneira, de um crescimento contínuo no tempo para garantir que, com o aumento da arrecadação possa dispor de melhores condições para comandar ações transformadoras, quer no campo econômico, quer no social, sem colocar em risco os alicerces do modelo. Quando isso ocorre, os vetos do capital tornam-se inevitáveis e inadiáveis os ajustes de conteúdo recessivo, exigidos para que seja mantido esse esponsal, por mais promíscuo que seja.

Ao se submeter às regras desse modelo e renunciar à realização de reformas estruturais, incluindo a tributária – tal como fizeram seus antecessores, Fernando Henrique Cardoso e Lula –, as quais poderiam ampliar os horizontes do crescimento econômico, a presidente Dilma tornou-se também dele prisioneira e, ao tentar, em sua caminhada, avançar o sinal vermelho, minando seus alicerces sem conseguir colocar nada em seu lugar, terminou tendo de render-se novamente em 2015, desde o início do segundo mandato, à ortodoxia e começar a fazer os ajustes recessivos por ela requeridos.

Nessa condição, não estranha, portanto, que já no seu discurso de posse, em janeiro de 2011, sem contar com um projeto consistente de desenvolvimento e, por essa razão, menos ainda com um projeto de reforma do sistema de impostos, já anunciasse, de maneira vaga, que a prioridade de seu governo nesse campo seria o de "simplificar, racionalizar e modernizar o sistema, de forma a ajustá-lo para amparar o crescimento econômico e, em especial, os investimentos e a produção de bens de consumo popular". E, três meses depois, em março, de que iria "fatiar" a reforma para viabilizar as mudanças que desejava realizar, mas continuando sem estabelecer claramente os rumos que se pretendia trilhar para justificá--las, a não ser a do repetido mantra de que se iria perseguir o crescimento e dar continuidade às políticas redistributivas de seu antecessor.

Das poucas pistas que foram dadas sobre o que se pretendia fazer em termos tributários, ficou claro que o sistema seria utilizado principalmente

PARTE I - CAPÍTULO IV - REDEMOCRATIZAÇÃO, REFORMAS...

como instrumento voltado para recuperar a competitividade da produção nacional, prejudicada em relação à do produto importado por causa da excessiva valorização do Real. Isso seria feito, primordialmente, por meio da desoneração da folha de salários para alguns setores da atividade econômica, visando compensá-los da defasagem cambial existente, e com a redução da carga tributária incidente sobre alguns produtos, além de se avançar no projeto de unificação do ICMS, com o objetivo de simplificar o sistema e coibir as guerras fiscais entre os estados.

Há de se reconhecer ser muito pouco o tratamento dado a uma questão tão vital por um governo em início de mandato e, manifestamente, de esquerda, para fortalecer as bases de financiamento do Estado e permitir o reencontro do País com o crescimento sustentado, com a equidade e o fortalecimento da federação. Assim, despida desses compromissos, aquele terminou sendo, de fato, o caminho percorrido, não se tendo logrado sucesso em nenhum de seus objetivos. Já o sistema tributário, porque manejado de forma desordenada e caótica para viabilizá-los, veria aumentar o seu grau de degenerescência nessa aventura, bem como ampliadas suas já não poucas distorções. É o que se discute em seguida.

5.2 A política econômica e a desordem tributária

A política econômica do governo Dilma teve três fases distintas. A primeira, que cobre todo o primeiro semestre de 2011, caracterizou-se por um viés excessivamente contracionista, com o objetivo de refrear as tensões acumuladas nas principais variáveis da economia como resultado do forte e atípico crescimento de 2010. Implementada em um novo período em que a economia internacional reingressava numa trajetória de dificuldades, devido à crise da dívida soberana europeia, o tranco pró-cíclico dado à atividade produtiva produziria uma desaceleração além do esperado, levando o governo, em meados do ano, a rever sua estratégia, até então sintonizada com as regras do modelo ortodoxo, e deslocar sua atenção – e instrumentos de política econômica – para recuperar o crescimento econômico.

A segunda fase começaria em meados de 2011 e demarcaria o início do afrouxamento, ainda tímido e nunca explicitado, dos laços que prendiam a política econômica ao capital. Em busca do crescimento econômico, tornado prioridade, contemplado no programa denominado *Plano Brasil Maior*, seus principais instrumentos – fiscal, monetário e cambial – seriam ajustados e redirecionados para tal objetivo, passando-se a conviver com o risco de ter de manter ainda em pé, no limite permitido, as bases do tripé macroeconômico.

Com essa reorientação da política econômica, a taxa de juros Selic foi rapidamente reduzida de 12,5%, em agosto de 2011, para 7,25%, em outubro de 2012; o crédito ao consumo e ao investimento foi derramado em grande quantidade, geralmente com taxas subsidiadas tanto para os empréstimos consignados como para a aquisição da casa própria e também para o Programa de Sustentação do Investimento (PSI); a política cambial, por sua vez, voltou-se para barrar a entrada de capitais externos na economia, visando reverter a excessiva valorização do Real. Nesse novo arranjo, à política fiscal e, em especial, à tributária, seria atribuído um papel-chave para viabilizar o objetivo do crescimento, do aumento da competitividade da produção nacional e da expansão do consumo e do investimento, o que aumentaria o grau de desagregação do sistema de impostos no País.

Uma desordenada redução da carga tributária de alguns setores da atividade econômica e de produtos, sem introduzir mudanças no sistema para compensar a perda de recursos do Estado que resultaria dessa medida, marcaria o período que se inicia em 2011 e se prolonga até 2014 e que mais o prejudicaria, com o aumento de suas distorções, do que o tornaria capaz de injetar forças para o crescimento. Entre as principais mudanças nele introduzidas, cabe destacar as principais.

O Imposto sobre Operações Financeiras (IOF) passou, ora a ter suas alíquotas aumentadas, como ocorreu no primeiro semestre de 2011, para desestimular o consumo e inibir a entrada de capitais externos, visando deter a valorização do Real, ora reduzidas, especialmente em relação às operações de crédito, como se verificaria com a nova estratégia desenhada a partir de agosto para estimular o consumo e o investimento.

PARTE I - CAPÍTULO IV - REDEMOCRATIZAÇÃO, REFORMAS...

O mesmo ocorreria, posteriormente, com as operações de câmbio, cujas alíquotas voltariam a ser reduzidas, ou mesmo zeradas, para atrair o capital externo, à medida que o seu fluxo encolhia, diante do aumento das incertezas e turbulências da economia internacional, desvalorizando mais do que se pretendia a moeda nacional.

O Imposto sobre Produtos Industrializados (IPI) viu-se transformado em uma das principais alavancas do crescimento, com a redução ou zeramento de suas alíquotas, para sustentar o consumo e a produção de bens e serviços produzidos por setores considerados relevantes para a atividade econômica, o emprego e a renda, como os de automóveis, produtos da linha branca, materiais de construção, entre outros. Benefício que deveria ser temporário, foi sendo postergado periodicamente até o final de 2014, causando perdas consideráveis para os cofres públicos, à medida que a economia dava sinais de que não reagia aos estímulos concedidos e que a recessão poderia se precipitar com a sua retirada.

O PIS e a COFINS tiveram, por sua vez, a devolução de seus créditos presumidos regularizados para o setor manufatureiro nas exportações, no âmbito do Regime Especial de Reintegração dos Valores para as Empresas Exportadoras (Reintegra), e reduzido o prazo para sua devolução – de doze meses para apropriação imediata – no caso de sua incidência sobre os bens de capital. Para ajudar no combate à inflação, foram também zeradas suas alíquotas para alguns produtos, como os da cesta básica e do trigo e outras massas.

Outras medidas ainda se somariam a essas, como foi o caso do reajuste, em 50%, do valor da receita bruta anual das micro e pequenas empresas para efeito de enquadramento no regime tributário do *Simples Nacional* e do aumento, de R$ 36 para R$ 50 mil, do valor da receita bruta para enquadramento do trabalhador informal como microempreendedor individual, abrindo mais um canal para a perda de receita tributária.

Mas foi a desoneração da folha de salários do pagamento do INSS e sua substituição por um novo tributo, a Contribuição Previdenciária sobre a Receita Bruta (CPRB), cobrado sobre o faturamento bruto das empresas beneficiadas com essa mudança, que provocaria as maiores distorções no sistema. Pensada inicialmente no *Plano Brasil Maior* para ser estendida a alguns poucos setores – calçados, confecções, móveis e softwares –, prejudicados com a valorização do câmbio, a desoneração, mesmo sem ter sido feita uma avaliação de seus resultados, em termos de custos-benefícios, terminou sendo estendida para muitos outros, incluindo até mesmo o comércio varejista, que não se defrontavam com esse problema, totalizando, em abril de 2013, um total de 56 setores beneficiados.

Para o governo, que passou a enxergá-la como a medida mais criativa para se retornar aos caminhos do crescimento e mesmo a considerá-la como uma verdadeira "reforma tributária", a desoneração ficaria para sempre, tanto que se tornou permanente no final de 2014, pela Lei 13.043, de 13 de novembro. Para as suas finanças, para as da Previdência Social e também para o próprio sistema tributário, não passava de mais um elemento que contribuiria para ampliar suas distorções.

Ao substituir a alíquota da contribuição patronal de 20% cobrada pelo INSS por alíquotas de 1% ou 2%, de acordo com o setor, incidentes sobre o faturamento bruto, as receitas da Previdência Social seriam inevitavelmente reduzidas. Para compensá-las, o Tesouro se comprometia a transferir para o órgão as perdas em que este incorreria, significando que, se isso de fato ocorresse, parte dos recursos reservados para a geração do *superávit* primário seria comprometida. Por outro lado, a cobrança do novo tributo, a CPRB, sobre o faturamento bruto das empresas indicava que aumentaria o grau de cumulatividade da estrutura tributária, com este atuando para reduzir a competitividade do produto nacional, uma vez que deixariam de existir as condições necessárias para a sua compensação.

O trabalho elaborado por Salvador,[74] a partir de dados da Receita Federal do Brasil, sobre as perdas expressivas de receitas com as renúncias,

---

[74] SALVADOR, Evilásio. "As consequências das renúncias tributárias no financiamento da Seguridade Social no Brasil". *Revista de Política Social e Desenvolvimento (Caminhos para o Desenvolvimento.* São Paulo: Plataforma de Política Social, n. 19, ano 3, maio de 2015.

desonerações e subsídios concedidos às empresas para os objetivos da política econômica, fornece uma ideia mais precisa do que esses representaram, no período, para viabilizar a "nova" estratégia de crescimento. Como se constata na Tabela I.10, entre 2010 e 2014, registrou-se um aumento de 1,2% do PIB desses gastos tributários (de 3,6% para 4,76% do PIB), os quais representaram 5,5% da arrecadação total do governo federal. Uma perda apreciável que terminou impactando negativamente sua condição fiscal e abrindo novo flanco de tensão e de conflitos com os defensores do tripé macroeconômico.

Tabela I.10
A evolução dos gastos tributários (renúncias, desonerações e subsídios) do Governo Federal:
2010-2014

Ano	Gastos tributários (em R$ bilhões)	% do PIB	% da arrecadação
2010	184,5	3,60	17,52
2011	196,0	3,68	16,24
2012	215,0	4,12	18,30
2013	243,9	4,51	19,84
2014	263,1	4,76	23,06

Fonte: SALVADOR, Evilásio. As consequências das renúncias tributárias no financiamento da Seguridade Social no Brasil. *Revista de Política Social e Desenvolvimento (Caminhos para o Desenvolvimento)*. São Paulo: Plataforma de Política Social, n. 19, ano 3, maio de 2015, p.15.

A essa estratégia de crescimento, os formuladores da política econômica designaram pomposamente como sendo o de uma "Nova Matriz Econômica (NME)", a qual se assentaria em algumas vigas-mestres: taxa reduzida de juros, câmbio competitivo, consolidação fiscal, abrindo espaços, no orçamento, para a desoneração de impostos da produção, juntamente com medidas de estímulos ao investimento e ao consumo, associadas ao aumento do crédito para empresas e famílias, aos programas sociais de transferências diretas de renda, e à melhoria da distribuição de renda.

Complementava essa Matriz, a proposta de correção dos gargalos estruturais da economia existentes na infraestrutura, na logística e nos custos das empresas, que se pretendia enfrentar com uma programada redução do preço da energia e com a realização de novas rodadas de concessões, que seriam brevemente anunciadas, para aeroportos, portos, rodovias e ferrovias. Com ela, acreditava-se que o sol do crescimento novamente se abriria radiante para o Brasil e que este mudaria para outro patamar de desenvolvimento, diferentemente do que vinha acontecendo na Europa, mergulhada na recessão devido à implementação de políticas de austeridade.

Ao contrário do que se acreditava, não apenas deixou de se colher os frutos esperados com a Nova Matriz, como a manutenção de suas vigas por tempo prolongado terminaria minando suas bases e contaminando todo o edifício do modelo do tripé macroeconômico. Antes que isso ocorresse, no entanto, o governo ainda encaminharia para o Congresso Nacional uma proposta de reforma do ICMS no final de 2012, considerando que, com ela, completaria as mudanças tributárias necessárias para a "nova" estratégia e para a remoção de alguns problemas do sistema de impostos no País.

5.3 A proposta de reforma do ICMS em 2012: uma andorinha perdida num oceano de problemas

Assim como o governo Lula, a presidente Dilma Rousseff, avessa às reformas mais estruturais da economia, levou exatamente dois anos depois de ter sido eleita, para encaminhar, ao Congresso Nacional, uma proposta de mudanças na estrutura tributária. A proposta, no entanto, longe de guardar qualquer semelhança com o que se poderia considerar uma verdadeira reforma, foi reduzida a um aspecto particular de um imposto dessa estrutura, o ICMS, relativo à sua incidência nas operações realizadas entre os estados brasileiros. Não se tratava, assim, propriamente de uma reforma do sistema, mas de um mero ajuste, um remendo, com o objetivo principal de nele fechar algumas brechas para coibir, em longo prazo, as guerras fiscais travadas entre os governos subnacionais para atrair investimentos, motivo de acirramento de conflitos federativos e causa de prejuízos para a arrecadação.

A Medida Provisória (MP) que tratou dessa matéria foi promulgada no dia 27 de dezembro de 2012 e recebeu o número 599/12. Seu objetivo foi o de dar início à redução das alíquotas interestaduais do ICMS em 2014, deslocando gradualmente sua tributação do princípio da origem para o do destino, de modo que, em 2025, estivessem uniformizadas em 4% em todo o País. Dadas as desigualdades inter-regionais existentes no Brasil, de acordo com essa proposta, a velocidade com que essa alíquota seria atingida diferia para cada região.

No caso das vendas realizadas pelas regiões do Sul e do Sudeste para as do Norte, Nordeste, Centro-Oeste e também para o estado do Espírito Santo, taxadas com uma alíquota de 7%, esta seria reduzida em um ponto percentual anualmente a partir de 2014, concluindo-se o processo em 1º de janeiro de 2017. Já em relação às operações oriundas do Norte, Nordeste e Centro-Oeste para o Sul e o Sudeste, o prazo para a conclusão do ajuste seria bem mais dilatado: entre 2014 e 2018, a alíquota de 12% conheceria uma redução anual de um ponto percentual, significando que chegaria, no último ano, a 7%, a qual seria mantida até 2022. Só a partir de 2023 voltaria a cair novamente um ponto percentual ao ano, equiparando-se às do Sul e do Sudeste, de 4%, apenas a partir de 01 de janeiro de 2025.

Para se entender melhor essa diferença de ajustamento previsto na proposta, em função de os estados pertencerem a uma ou outra região, não se pode esquecer que as discrepantes bases produtivas e tributárias do País distribuem desigualmente as receitas do ICMS nas operações interestaduais, favorecendo os estados mais desenvolvidos – tidos como estados produtores – *vis-à-vis* os menos desenvolvidos – considerados como predominantemente consumidores de produtos.

Como os estados do Sul e do Sudeste, por serem mais desenvolvidos, destacam-se mais como estados produtores e exportadores líquidos de produtos, a lógica por trás da proposta é a de que se encontram em melhores condições de realizar um ajuste mais rápido dessas alíquotas, podendo suportar maiores perdas de receitas, o que não ocorreria com os demais, pelo fato de se tratarem de estados com menor nível de desenvolvimento, cujas receitas poderiam ser mais pesadamente afetadas, caso o processo fosse concluído ao mesmo tempo.[75] Por isso, o tempo de transição seria maior para os últimos, com o objetivo de dar-lhes maior fôlego para se ajustarem a essa nova realidade.

Para compensar a perda de recursos que os estados teriam com essa mudança nas alíquotas interestaduais, a Medida Provisória contemplava a criação de um Fundo de Compensação, por um período de vinte anos – até 2033, portanto –, com recursos equivalentes a até R$ 8 bilhões ao ano, a serem distribuídos proporcionalmente às perdas constatadas pelos órgãos responsáveis pelo acompanhamento e fiscalização da implementação do projeto. Da quota que cada um teria direito a receber, autorizava-se o desconto de dívidas que os estados tinham com a União.

Além disso, com o objetivo de criar melhores condições para o desenvolvimento das regiões mais carentes, reduzindo as desigualdades inter-regionais de renda, o projeto contemplaria também a constituição de um Fundo de Desenvolvimento Regional (FDR), cujos recursos, na forma de empréstimos subsidiados, deveriam priorizar os estados com renda *per capita* inferior à média nacional. Projetados em R$ 222 bilhões, entre 2014 e 2033, os recursos do fundo deveriam vir prioritariamente das instituições oficiais de crédito e, sem contar com um desenho claro da estratégia de desenvolvimento, este aparecia, na realidade, mais como um instrumento de cooptação dos estados menos desenvolvidos para a aprovação da proposta desse aspecto particular do ICMS do que propriamente como um instrumento efetivo de desenvolvimento dessas regiões.

O mesmo se poderia dizer em relação à outra fonte contemplada na Medida Provisória, que se sobrepunha ao FDR, relativa ao financiamento de programas dos governos estaduais, visando incentivar os investimentos com potencial efeito multiplicador para a região e a atividade econômica local. Previam-se, nesse caso, dotações de recursos orçamentários que somariam R$ 74 bilhões, também até 2033, com

---

[75] Excluía-se dessa redução tanto as operações oriundas da Zona Franca de Manaus como as de gás natural, que continuariam tributadas à alíquota de 12%.

PARTE I - CAPÍTULO IV - REDEMOCRATIZAÇÃO, REFORMAS...

liberações anuais de R$ 4 bilhões, a partir de 2017, abrindo, assim, uma fonte de investimento importante para os estados e também para o fortalecimento das bases federativas.

Mesmo com esse escopo bastante limitado, a proposta de reforma do governo não conseguiu prosperar e, em pouco tempo, foi se juntar a outras que se encontravam adormecidas nos arquivos do Congresso Nacional, perdendo-se mais uma oportunidade para, pelo menos, mitigar algumas das distorções do sistema tributário. A falta de entendimento e de consenso entre o governo federal e os representantes dos estados e municípios em torno das mudanças introduzidas pelo relator da Medida Provisória, senador Walter Pinheiro (PT-BA), determinou também seu abandono.

Nas mãos do relator, a Medida Provisória, depois de aprovado seu substitutivo, em maio de 2013, pela Comissão Mista que tratou da matéria, durou pouco, perdendo eficácia no dia 04 de junho, com a reforma sendo descartada, inclusive, pelo próprio governo federal que a patrocinara.

A verdade é que, diante das mudanças introduzidas ao longo do processo de sua negociação em relação ao projeto original, o descontentamento dos agentes com ela afetados pelas mudanças foi aumentando à medida que não se obtinha respostas nem certezas sobre algumas questões-chave. Às dúvidas sobre a convalidação dos incentivos e benefícios fiscais já concedidos, convalidação que era parte integrante da proposta, somavam-se, de um lado, mudanças que desagradavam o governo federal, como as referentes à exclusão dos setores do comércio e dos serviços da unificação gradual das alíquotas, conseguida pelas regiões Norte, Nordeste, Centro-Oeste e estado do Espírito Santo; de outro, exigências de constitucionalização do Fundo de Compensação e mesmo de ampliação de recursos do orçamento para o FDR. Entre os estados, além do temor da perda do único instrumento de qual dispõem para a promoção do desenvolvimento em suas regiões, a situação privilegiada da Zona Franca de Manaus, com a manutenção da alíquota de 12%, aumentava a vantagem do Estado do Amazonas em relação aos demais, tendo sido infrutíferas as negociações realizadas com o objetivo de reduzi-la para 9% ou 10%.

Pode ser que esses conflitos terminassem sendo equacionados. Em algum momento, chegou-se a acreditar estar-se próximo de um acordo histórico nessa questão, mas o fato é que o governo federal, com suas finanças debilitadas, em virtude da política anticíclica à qual se lançara arrojadamente desde 2011 para sustentar o crescimento econômico, começou a ter dúvidas sobre a sua capacidade de responder pelos custos do Fundo de Compensação e, mais ainda, pelo ônus que representaria a aprovação do projeto de renegociação da dívida dos estados e municípios, que corria junto com a reforma do ICMS. Temendo um rebaixamento da nota de crédito do Brasil pelas agências de *rating,* o que poderia resultar de sua já precária situação fiscal, o governo federal terminou optando, assim, por retirar do Congresso, em maio, o projeto que mudava o indexador e diminuía os juros da dívida desses governos com a União, sepultando qualquer esperança de que a reforma do ICMS pudesse prosseguir. Com a perda da eficácia da Medida Provisória 599, em 04 de junho 2013, mesmo essa pequena mudança que poderia ter sido realizada no sistema deixaria de existir, não mais sendo nem mesmo ensaiada, durante o governo Dilma, qualquer outra iniciativa nesse campo para corrigir ou pelo menos reduzir suas distorções.

De elementos novos introduzidos na estrutura tributária, apenas dois: o aumento de um ponto percentual no Fundo de Participação dos Municípios (FPM), que passou de 23,5% para 24,5% no final de 2014, depois de ter sido elevado também em um ponto percentual em 2007, ainda no Governo Lula; e as alterações realizadas na distribuição dos *royalties* do petróleo entre os entes federativos, concluídas em 2013, encerrando um período de acirrados conflitos federativos em torno dessa questão. Por afetarem mais as relações intergovenamentais, a discussão sobre a trajetória dessas mudanças é realizada, com maiores detalhes, na segunda parte desse trabalho.

5.4 O fracasso da Nova Matriz Econômica: rumo à recessão e ao mergulho na geração de *déficits* primários

Em 2013, apesar do otimismo que o governo ainda mantinha com a Nova Matriz Econômica, a batalha do crescimento econômico estava praticamente perdida. Tendo logrado alcançar uma expansão do PIB no primeiro semestre do ano mais positivo, como resultado das medidas expansionistas adotadas, no segundo semestre, a estagnação apresentou seu cartão de visita, com o crescimento sendo reduzido a 0,1%, levando a taxa anual a atingir 2,7%, de acordo com a revisão feita das contas nacionais pelo IBGE em 2015.

A verdade é que, nem os investimentos deram as respostas esperadas pela política econômica, num ambiente em que permaneciam sem solução os gargalos estruturais da economia, nem a economia mundial dava sinais de superação de suas dificuldades, ante a recuperação oscilante da economia dos Estados Unidos, a prostração da Zona do Euro, acompanhada dos riscos de uma deflação, e a desaceleração que avançava mais rapidamente na China.

Nesse quadro, a batalha pelo crescimento, no Brasil, reduziu-se praticamente à manutenção do consumo das famílias em níveis mais elevados, mas sua sustentação já vinha provocando várias rachaduras nos pilares do tripé macroeconômico, em termos de inflação, *déficit* externo, desequilíbrios fiscais. Diante de uma capacidade de oferta estagnada tornava-se evidente que se caminhava também para o seu esgotamento como motor do crescimento, com o surgimento de problemas também graves, dado o crescente nível de inadimplência das famílias.

Diante dessas tensões e, dada a necessidade de corrigi-las ou ao menos atenuá-las, é que se pode demarcar a terceira fase da política econômica, a partir de abril de 2013, quando as vigas da Nova Matriz começaram a ser demolidas. A retomada da política de elevação das taxas de juros, combinada com a adoção de medidas para reverter a desvalorização cambial, diante das maiores pressões inflacionárias, inaugurou essa nova fase. Em agosto, ainda se tentaria, tardiamente, lançar mão de um último recurso para estimular o investimento, com o governo anunciando o Plano Nacional de Logística, em meio aos escombros da estratégia desenhada em 2011. Mas, diante do desânimo empresarial com o futuro da economia e em virtude da apresentação de um desastrado marco regulatório para as concessões que seriam feitas para diversos setores da infraestrutura econômica, este recurso não seria bem sucedido.

O fato é que, da estratégia de crescimento desenhada em 2011, praticamente restava, em 2013, o consumo das famílias como uma de suas vigas, embora em trajetória declinante e com seus efeitos vazando para o exterior devido à estagnação da oferta e à alteração dos preços relativos em favor dos importados, dada a apreciação do Real. Ainda assim, a política econômica, como um náufrago à deriva, ainda tentará desesperadamente agarrar-se a ele, visando sustentar um nível mínimo de crescimento e manter um elevado nível de emprego, mesmo que precário, até o final de 2014, quando seriam realizadas novas eleições presidenciais no Brasil. Para isso, não pouparia recursos fiscais, mantendo uma política expansionista, juntamente com a oferta de crédito, o que conduziria o Estado para uma situação de descarrilamento fiscal, ameaçando de desmoronamento as peças nucleares do tripé macroeconômico.

Mesmo Dilma Rousseff tendo conseguido vencer as eleições em 2014, com sua reeleição para exercer um segundo mandato, a situação da economia apresentava-se crítica no final do ano: o PIB ficara praticamente estagnado, com um crescimento de 0,1%; a inflação, contida artificialmente com o congelamento dos preços de energia e combustíveis e, mesmo que ajudada pela apreciação do câmbio, aproximara-se do teto da meta de 6,5%, atingindo 6,41%; o *déficit* em transações correntes saltara para 3,6% do PIB; pela primeira vez, desde 1997, o setor público consolidado registrara um *déficit* primário de 0,63% do PIB e, com isso, um *déficit* nominal de 6,7%, com a dívida bruta do governo geral (DBGG) atingindo 59% do PIB. Não se podia ver aí um cenário palatável para o pensamento econômico conservador.

O enfrentamento dessas questões colocou dilema de escolhas para a presidente reeleita. A primeira, se coerente com as promessas que fizera durante a campanha eleitoral, seria a de optar por apresentar um modelo de desenvolvimento, divorciando-se das regras do tripé macroeconômico e libertando-se de suas limitações para realizar

PARTE I - CAPÍTULO IV - REDEMOCRATIZAÇÃO, REFORMAS...

as reformas estruturais necessárias para o reencontro da economia com o crescimento. Alternativamente, para evitar a oposição férrea do capital ao projeto, manter esses compromissos, mas introduzir mudanças relevantes nas bases do modelo do tripé, flexibilizando variáveis como *superávit* primário, inflação, controles de capitais, visando abrir espaços para a realização de reformas estruturais, como a tributária, importantes para fortalecer as finanças estatais, o que exigiria envolver o capital financeiro e as camadas mais ricas da sociedade em seu financiamento. Ou subordinar-se, novamente, às exigências do capital, garantindo, com a continuidade e aprofundamento da recessão já em curso, a realização de um ajuste cíclico que derrubasse o emprego e os salários e um ajuste fiscal que permitisse à riqueza financeira reocupar seu espaço no orçamento.

Sem contar com a benção do capital para a primeira opção, que fizera parte de suas promessas de campanha, e sem a legitimidade política necessária para comandar ações transformadoras, que teriam sido mais possíveis em seu primeiro mandato, mas que não ocorreram, a última alternativa terminou sendo a escolhida. Com isso, o sol do crescimento viu-se encoberto por densas nuvens para os anos seguintes, nos quais se exigiria, principalmente das classes menos favorecidas da sociedade, que os ganhos por elas obtidos em termos de melhoria das condições de vida fossem devolvidos, com juros e correção monetária, para o capital.

Do ponto de vista do sistema tributário, este até se revelou capaz de manter relativamente estável a carga tributária, como se mostra na Tabela I.11, de acordo com os novos dados das contas nacionais divulgados pelo IBGE, apesar da desaceleração econômica e das renúncias e desonerações fiscais. O maior desequilíbrio das contas fiscais deveu-se, assim, mais à política expansionista de gastos deslanchada pelo governo para viabilizar a infrutífera estratégia de crescimento apoiado no consumo do que propriamente do enfraquecimento das receitas, pelo menos até 2014. Suas mazelas, no entanto, continuavam incólumes e até mesmo ampliadas com a equivocada estratégia desenhada pela política econômica nesse período.

Ao fazer a opção por reatar o casamento com a ortodoxia, o governo fecharia também as portas para a realização de uma reforma mais abrangente e profunda do sistema, uma vez que, em seu modelo, constitui pecado capital lançar o ônus da tributação sobre o capital e as camadas mais ricas da sociedade. Assim, depois de 26 anos da promulgação da Constituição de 1988, quando foi realizada a última grande reforma da tributação, o sistema continuava à espera de um governante capaz de enfrentar essa questão e de sintonizá-lo novamente com os objetivos do crescimento, da equidade e com o fortalecimento das bases da federação. Tal como estava não passava de um monstrengo que chegava mesmo a ser, na feliz comparação feita pelo *Financial Times*, até mesmo cômico.

Tabela I.11
Brasil: Alguns indicadores econômicos: 2010-2014

Ano	PIB	Carga tributária (% PIB)	Resultado primário (% do PIB)*	Resultado nominal (% do PIB)	Dívida líquida do setor público (% do PIB)
2010	7,5	32,5	-2,8	2,5	38,0
2011	3,9	33,4	-3,1	2,6	34,5
2012	1,8	33,2	-2,4	2,5	32,9
2013	2,7	33,7	-1,9	3,3	31,5
2014	0,1	32,4	0,6	6,7	34,1

Fontes: Para o PIB, IBGE, *Sistema de contas nacionais*. Disponível em: <https://www.ibge.gov.br/home/estatística>; para o resultado primário, nominal e dívida líquida: IPEA – Ipeadata. Disponível em: <https://www.ipeadata.gov.br>. Acesso em: 17 ago. 2011 e em 24 nov. 2015; para a carga tributária: AFONSO, José Roberto. *Por um novo sistema tributário*. Brasília: Comissão Especial, Câmara dos Deputados, 10 set. 2015.
(*) *Déficit* (+) e *Superávit* (-).

6. Considerações finais

A análise desenvolvida nessa primeira parte mostrou que, após um longo período desde a Constituição de 1891, em que funcionou apenas como um instrumento de arrecadação, o sistema tributário conheceu uma grande reforma, em 1965/1966, com objetivos modernizadores, comandada pelo regime militar que se instalou no poder em 1964.

Nessa trajetória, foi longo o percurso por ele feito até que as bases da produção estivessem constituídas e criadas as condições para que a tributação pudesse ter todo o seu potencial explorado tanto em relação à tributação direta quanto em relação à indireta. Diversos pactos políticos estabelecidos nesse período inibiram também a realização de reformas mais abrangentes de sua estrutura, restringindo o sistema tributário ao exercício de sua função de arrecadação, mesmo quando essas condições já se apresentavam mais favoráveis para tal finalidade. A reforma de 1965/66 reponta, assim, nesse contexto, como a mais abrangente: as mudanças mais profundas por ela introduzidas possibilitaram alargar suas funções e resgatá-lo como um instrumento efetivo de política econômica do Estado para viabilizar seus objetivos econômicos e sociais.

De fato, foi com essa reforma, a de maior profundidade já realizada no Brasil, que se buscou sintonizar o sistema tributário, à luz das ideias keynesianas e cepalinas então dominantes, às necessidades de recursos do Estado, transformando-o em um efetivo instrumento de política econômica e colocando-o a serviço do processo de acumulação. Para isso, no entanto, sacrificou-o enquanto instrumento de justiça fiscal, adequando-o ao modelo econômico concentracionista e excludente implantado à época pelo regime militar. A utilização exacerbada desse instrumento para essa finalidade terminou conduzindo, contudo, o Estado a uma grave crise fiscal no fim da década de 1970, crise que, inclusive, enfraqueceu as bases do poder autoritário e contribuiu para sua derrocada na década de 1980.

Deixou-se evidente também de que se procurou, com a Constituição de 1988, resgatar tanto o Estado como a política fiscal e tributária, agentes e instrumentos de promoção do desenvolvimento econômico e social. Esses objetivos foram eclipsados, pouco tempo depois, diante das dificuldades financeiras enfrentadas pelo governo federal e da necessidade, especialmente a partir da implementação do Plano Real em 1994, defendida pelo novo paradigma teórico, de cunho liberal e que se tornou dominante no período, de confinar o papel do Estado – e da política fiscal e tributária – à sustentação do processo de estabilização e da riqueza financeira, o que exigiria a realização de ajustes fiscais confiáveis e o comprometimento com a produção de *superávit* primários crescentes para reverter a trajetória da relação dívida/PIB. Com isso, ao passar a ser manejado como um mero instrumento de ajuste fiscal pelo governo federal, o sistema de impostos foi sendo progressivamente desfigurado e conhecendo um grande retrocesso do ponto de vista técnico e da modernidade da tributação, transformando-se em um instrumento contrário ao crescimento econômico, à equidade da tributação e também à federação.

Em direção contrária, favorecido pela revolução ocorrida nos sistemas de comunicação e informatização, o fisco brasileiro conheceu, em todos os níveis de governo, profundas reformas modernizadoras, capacitando-se a cobrar, com maior eficiência, os tributos no Brasil. Além da unificação do fisco, em 2008, com a união da Receita Federal e do INSS em uma única estrutura que passou a ser denominada Super-Receita, esse processo foi completado também com uma expressiva modernização dos fiscos estaduais e municipais, bem como com as instituições envolvidas nas questões fiscais, como os tribunais de conta e os ministérios públicos.

Destarte, se a máquina arrecadadora foi em direção à modernização em todos os níveis de governo e à capacitação para desempenhar, com maior eficiência, sua função de cobrar impostos, o sistema de impostos caminhou, após 1988, na contramão da modernização de sua estrutura, condicionado pelo papel conferido à política fiscal de garantir o equilíbrio das contas públicas e a sustentabilidade da dívida. Nenhum governo do período democrático, seja de direita, esquerda ou centro, ousou enfrentar o desafio de promover mudanças substantivas nesse sistema, seja porque estas poderiam acarretar perdas de receitas tributárias, comprometendo os compromissos financeiros assumidos pelo Estado de garantir o pagamento dos juros da dívida para seus credores, seja pelo temor de enfrentar resistências políticas das classes dominantes a essas mudanças, ou mesmo pelas dificuldades de equacionar adequadamente a distribuição de recursos entre os entes da federação brasileira. Com isso, o sistema foi mantido, até os dias atuais, com todas as suas imperfeições, carente de reformas que o resgatem como importante instrumento de política econômica e social do Estado e o sintonizem novamente com os princípios que devem cimentar suas estruturas, como os da equidade, do equilíbrio macroeconômico e federativo.

Na atualidade, a reforma do sistema tributário permanece paralisada à espera de um consenso das forças, setores e segmentos da sociedade que serão afetados com suas mudanças. Seu resgate como um instrumento de política econômica e social exige, contudo, para que possa voltar a cumprir essas funções, uma "limpeza" de suas estruturas e uma reestruturação de seus impostos, à luz dos objetivos de torná-lo menos complexo, extinguir os tributos de incidência cumulativa, redefinir as bases do modelo federativo e melhorar a distribuição da carga tributária entre os membros da sociedade.

Isso só poderá ser alcançado com uma abordagem mais abrangente para essa questão, diferentemente das iniciativas que têm sido adotadas, contempladas nas propostas apresentadas e que, de maneira geral, se preocupam apenas em promover mudanças pontuais no sistema, pelas razões apontadas. É crescente o consenso, no entanto, de que, embora mudanças pontuais possam dar alguma resposta para objetivos específicos por elas perseguidos, seus resultados têm sido ainda mais prejudiciais para o sistema como um todo, aumentando o seu grau de degeneração.

Não há, de fato, como discordar, como defende Rezende[76] em vários trabalhos, da proposição de que só uma reforma mais abrangente, conciliadora dos diversos interesses dos agentes envolvidos em sua realização – ao contrário das propostas que têm sido apresentadas pelo governo, excessivamente focadas na meta do ajuste fiscal e/ou voltadas para o enfrentamento de problemas conjunturais –, poderá abrir caminhos para uma efetiva modernização da estrutura tributária e para transformá-la em instrumento eficaz capaz de propiciar, ao Estado, a capacidade necessária

---

[76] REZENDE, Fernando. *A reforma tributária e a federação*. Rio de janeiro: Editora da FGV, 2007; REZENDE, Fernando. *Reforma fiscal e equidade social*. Rio de janeiro: Editora da FGV, 2012.

de promover políticas mais favoráveis para a sociedade, sem se ter necessariamente, para isso, de descuidar dos compromissos assumidos com a política de austeridade fiscal. Pela importância que adquire essa reforma para destravar os caminhos do crescimento, procura-se apresentar e discutir, na terceira parte deste livro, propostas para a modernização do sistema.

Referências bibliográficas

ABREU, Marcelo Paiva. "Crise, crescimento e modernização autoritária: 1930-1945". In: _____ (org.). *A ordem do progresso*: cem anos de política econômica republicana – *1889-1989*. Rio de Janeiro: Campus, 1997.

AFONSO, José Roberto. *Por um novo sistema tributário*. Brasília: Comissão Especial, Câmara dos Deputados, 10 set. 2015.

_____."Reforma da administração tributária versus reforma tributária". *PNAFE É realidade*. Brasília: Ministério da Fazenda, 2006, pp. 95-96.

A nova administração federal: um estudo técnico sobre o fisco unificado. Rio de Janeiro: FGV, SINDIRECEITA, 2005.

AMED, Fernando J.; NEGREIROS, Plínio José Labriola de Campos. *História dos tributos no Brasil*. São Paulo: Edições SINAFRESP, 2000.

ARRETCHE, Marta. "Quem taxa e quem gasta: a barganha federativa na federação brasileira". *Revista de Sociologia e Política*. Curitiba, n. 24, 2005, pp. 69-85.

BALEEIRO, Aliomar. "O Direito Financeiro na Constituição de 1967". *In: Constituições brasileiras:* 1967. Brasília: Senado Federal e Ministério da Ciência e Tecnologia, Centro de Estudos Estratégicos, 2001.

_____. *Constituições brasileiras: 1891*. Brasília: Senado Federal e Ministério da Ciências e Tecnologia, Centro de Estudos Estratégicos, 2001.

BALEEIRO, Aliomar; SOBRINHO, Barbosa Lima. *Constituições brasileiras: 1946*. Brasília: Senado Federal e Ministério da Ciência e Tecnologia, Centro de Estudos Estratégicos, 2001.

BENEVIDES, Maria Victória. *O governo Kubitschek:* desenvolvimento econômico e estabilidade política – 1956-1961. Rio de Janeiro: Paz e Terra, 1976.

CARDOSO Jr., José Celso; BERCOVICI, Gilberto (orgs.). *República, democracia e desenvolvimento:* contribuições ao Estado brasileiro contemporânea, vol. 10. Brasília: IPEA, 2013.

CARTAXO, Maria de Fátima Pessoa de Mello. *O papel do BID na modernização da gestão pública brasileira:* uma análise do Programa Nacional de Apoio à Modernização Fiscal dos Estados e do Distrito Federal. *In:* IX Congreso Internacional del Clad sobre la Reforma del Estado y de la Administración Pública. Madri, 2 – 5 nov. 2004.

CASTRO, Jorge Abrahão; SANTOS, Claudio Hamilton Matos; RIBEIRO, José Aparecido Carlos (orgs.). *Tributação e equidade no Brasil*: um registro da reflexão do IPEA no biênio 2008-2009. Brasília: IPEA, 2010.

COMISSÃO DE REFORMA TRIBUTÁRIA/Ministério da Fazenda. *A evolução do imposto de renda no Brasil.* Rio de Janeiro: FGV, 1966.

COSTA, Alcides Jorge. *História do Direito Tributário.* Disponível em: www.buscalegis.ufsc.br/revistas/index.../20285. Acesso em: 24 jul. 2009

_____. "História da tributação no Brasil". *In:* FERRAZ, Roberto (coord.). *Princípios e limites da tributação.* São Paulo: Quartier Latin, 2005.

COSTA PORTO, Walter. *Constituições Brasileiras: 1937.* Brasília: Ministério da Ciência e Tecnologia, Centro de Estudos Estratégicos, 2001.

DIREÇÃO-GERAL DA FAZENDA NACIONAL/Ministério da Fazenda. Assessoria de Estudos, Programação e Avaliação. *78 anos de Receita Federal: 1890-1967.* Rio de Janeiro: DGNF/MF, 1968. *In:* OLIVEIRA Fabrício Augusto. *A reforma tributária de 1966 e a acumulação de capital no Brasil.* 2ª ed. Belo Horizonte: Oficina de Livros, 1991.

FERRAZ, Roberto (coord.). *Princípios e limites da tributação,* vol. 1. São Paulo: Quartier Latin, 2005.

FRANCISCO NETO, João. *Sistema tributário nacional na atualidade e a evolução histórica dos tributos.* São Paulo: Impactus, 2008.

FRITSCH, Winston. "Apogeu e crise na Primeira República: 1900-1930".

In: ABREU, Marcelo de Paiva (org.). *A ordem do progresso:* cem anos de política econômica republicana – 1889-1989. Rio de Janeiro: Campus, 1997.

FURTADO, Celso. *Formação econômica do Brasil.* 13ª ed. São Paulo: Companhia Editora Nacional, 1971.

GOLDSMITH, Raymond W. *Brasil 1850-1984:* desenvolvimento financeiro sob um século de inflação. São Paulo: Harper e Row do Brasil, 1986.

HICKMAN, Clair Maria; SALVADOR, Evilásio da Silva. *10 anos de derrama: a distribuição da carga tributária no Brasil.* Brasília: Sindicato Nacional dos Auditores-Fiscais da Receita Federal, 2006.

HINRICH, Harley. *Teoria geral da mudança tributária durante o desenvolvimento econômico.* Rio de Janeiro: Ministério da Fazenda/Secretaria da Receita Federal, 1972.

IBGE. *Estatísticas do século XX.* Rio de Janeiro: IBGE, 2006.

IBGE. Sistema de contas nacionais. Disponível em: https://www.ibge.gov.br/home/estatística.

INSTITUTO DE PESQUISA ECONÔMICA APLICADA (IPEA) – Ipeadata. *Dados macroeconômicos e regionais.* Disponível em: https//www.ipeadata.gov.br.

NSTITUTO DE PESQUISA ECONÔMICA APLICADA (IPEA). *Estado, instituições e democracia:* República, vol. 3. Brasília: IPEA, 2010. (Série Eixos Estratégicos do Desenvolvimento Brasileiro, Livro 9).

KEYNES, John Maynard. *A Teoria geral do emprego, do juro e da moeda.* São Paulo: Editora Cultural Abril, [1936] 1983.

LESSA, Carlos. *Quinze anos de política econômica.* São Paulo: Brasiliense, 1981.

LONGO, Carlos Alberto. *Em defesa de um imposto de renda abrangente.* São Paulo: FIPE/Livraria Pioneira Editora, 1984.

LOPREATO, Francisco L. Cazeiro. *O colapso das finanças estaduais e a crise da federação.* São Paulo: Editora UNESP, IE/UNICAMP, 2002.

MELLO, João Manuel Cardoso de. *O capitalismo tardio:* contribuição à revisão crítica da formação e do desenvolvimento da economia brasileira, 10ª ed. Campinas, SP: UNICAMP, IE, 1998.

PARTE I - CAPÍTULO IV - REDEMOCRATIZAÇÃO, REFORMAS...

OLIVEIRA, Fabrício Augusto. *Política econômica, estagnação e crise mundial: Brasil, 1980-2010*. Rio de Janeiro: Azougue Editorial, 2012.

_____. *Economia e política das finanças públicas no Brasil*: um guia de leitura. São Paulo: Editora Hucitec, 2009.

_____. *Teorias da federação e do federalismo fiscal*: o caso do Brasil. Belo Horizonte: Escola de Governo/Fundação João Pinheiro, 2007.

_____. A lógica das reformas do sistema tributário: 1966-2002. *In*: PINTO, Márcio Percival Alves; BIASOTO JR., Geraldo (orgs.). *Política fiscal e desenvolvimento no Brasil*. Campinas: Editora da Unicamp, 2006.

_____. *Crise, reforma e desordem do sistema tributário nacional*. Campinas: Editora da Unicamp, 1995.

_____. *Autoritarismo e crise fiscal no Brasil:* 1964-1984. São Paulo: Hucitec, 1995.

_____. *A reforma tributária de 1966 e a acumulação de capital no Brasil*. 2ª ed. Belo Horizonte: Oficina de Livros, 1991.

OLIVEIRA, Fabrício Augusto; LIMA, Lycia. *O Imposto sobre Serviços de Qualquer Natureza no município de Belo Horizonte*: desempenho e perspectivas. Belo Horizonte: Prefeitura Municipal de Belo Horizonte, 2005.

OLIVEIRA, Fabrício Augusto; NAKATANI, Paulo. "The Real Plan: price stability with indebtness". *International Journal of Political Economy*, New York, vol. 30, n. 4, 2003, pp. 13-31.

OLIVEIRA, Francisco. A crise da federação: da oligarquia à globalização. *In*: AFFONSO, R.B.A. & Silva, P.L.B. (orgs.). *A federação em perspectiva*. São Paulo: FUNDAP, 1995.

POLETTI, Ronaldo. *Constituições brasileiras: 1934*. Brasília: Senado Federal e Ministério da Ciência e Tecnologia, Centro de Estudos Estratégicos, 2001.

PRADO, Sergio Roberto Rios do. *Descentralização do aparelho de Estado e empresas estatais*: um estudo sobre o setor público descentralizado brasileiro, vol 2. 1985. Dissertação (Mestrado) – Universidade Estadual de Campinas, Instituto de Economia, Campinas, 1985.

REZENDE, Fernando. *Reforma fiscal e equidade social*. Rio de janeiro: Editora da FGV, 2012.

_____. *A reforma tributária e a federação*. Rio de janeiro: Editora da FGV, 2007.

REZENDE, Fernando, OLIVEIRA, Fabrício A.; ARAÚJO, Érika. *O dilema fiscal: remendar ou reformar?* Rio de Janeiro: Editora da FGV, 2007.

RIBEIRO DE MORAES, Bernardo. *Compêndio de Direito Tributário*. Rio de Janeiro: Forense, 2002

SALVADOR, Evilásio. "As consequências das renúncias tributárias no financiamento da Seguridade Social no Brasil". *Revista de Política Social e Desenvolvimento* (Caminhos para o Desenvolvimento). São Paulo: Plataforma de Política Social, n. 19, a. 3, maio de 2015.

SCHUMPETER, Joseph Alois. *Teoria do desenvolvimento econômico*. São Paulo: Abril Cultural, [1911] 1982.

TÁCITO, Caio. *Constituições brasileiras: 1988*. Brasília: Senado Federal: Ministério da Ciência e Tecnologia, Centro de Estudos Estratégicos, 2005.

VARSANO, Ricardo. *A evolução do sistema tributário brasileiro ao longo do século:* anotações e reflexões para futuras reformas. Brasília: IPEA, 1996.

VARSANO, Ricardo *et al*. *Uma análise da carga tributária do Brasil*. Brasília: IPEA, 1998.

WICKSELL, Knut. *Lições de Economia Política*. São Paulo: Nova Cultural, [1911] 1986.

_____. *Interest anda prices*. Nova York: Augustus M. Kelley, [1898] 1965.

PARTE II
TEORIAS DA FEDERAÇÃO E A EVOLUÇÃO DO FEDERALISMO FISCAL NO BRASIL (1889-2014)

1. Estado unitário e federalismo

Um país pode organizar politicamente o seu território sob a forma de um *Estado unitário*, em que as decisões de ordem político-econômica promanam de um poder centralizado, ou sob a forma de um *Estado federativo*, no qual as diferentes esferas da administração pública – federal, estadual, municipal, províncias etc. – são dotadas de certa autonomia e competência para legislar sobre assuntos de seu interesse. A opção por uma ou outra dessas formas de organização depende das condições específicas de cada país e não podem, por isso, ser consideradas como substituíveis entre si.

Países em que predominam condições homogêneas das regiões que o integram e também de sua população em diversas áreas e campos – étnico, religioso, cultural, econômico etc. – não se defrontam com a presença de forças centrífugas relevantes (descentralizantes) que coloquem em risco a unidade nacional/territorial, não existindo, nesse caso, a necessidade de mecanismos para acomodar tensões/conflitos, visando garantir a formação/organização do Estado nacional, podendo este se organizar, politicamente, de forma unitária, com centralização do poder. Em tais contextos não há lugar, pelas suas características, para um sistema federativo.

Contrariamente, em contextos marcados por pluralidades territoriais e diversidades de natureza econômica, étnico-linguística, religiosa etc., e nos quais são fortes as forças centrífugas (descentralizantes) que atuam para preservar autonomia e identidades regionais, o federalismo aparece como a melhor forma de organização para garantir, por meio da distribuição do poder político territorial, as condições necessárias para a construção da unidade e do Estado nacional. Nesse caso, é ele que representa a melhor resposta para acomodar as divergências existentes, garantir o equilíbrio entre as forças centrípetas (centralizantes) e centrífugas (descentralizantes) e assegurar a unidade nacional.

Como na fórmula consagrada por Montesquieu de dividir o poder do Estado entre o Executivo, o Legislativo e o Judiciário para preservar sua existência como instrumento de organização da sociedade, o federalismo contempla a divisão do poder territorial entre uma esfera central, que constitui o governo federal, e outra descentralizada, que abriga os governos ou estados-membros, para unir e assegurar a formação/organização do Estado nacional em países marcados por grandes heterogeneidades. Pode ser definido, assim, como uma forma de organização do Estado nacional caracterizada pela *dupla autonomia territorial do poder político*.

O fato do poder tanto político quanto econômico se encontrar centralizado no *Estado unitário* não faz deste um regime antidemocrático ou autoritário, assim como a sua descentralização nas federações não representa nenhuma garantia de democracia. Como bem anota Soares "o regime político nesses [...] estados pode ser democrático ou autoritário – ou totalitário, se considerarmos este uma terceira forma de regime político e não uma variação do autoritarismo".[77] Para essa autora, o que define "a condição democrática ou não de um Estado é a vigência ou não de soberania popular [entendida como a possibilidade e liberdade na escolha do governante, por meio de eleições livres]",[78] o que é muito distinto da distribuição territorial do poder político. Assim, tanto o Estado unitário quanto o federativo podem ter um ou outro regime político, não se podendo associá-los diretamente com democracia ou autoritarismo/totalitarismo.

---

[77] SOARES, M. M. *Teoria do sistema federal:* heterogeneidades territoriais, democracia e instituições políticas. 1997. Dissertação (Mestrado) – Departamento de Ciências Políticas da Universidade Federal de Minas Geras, Belo Horizonte, 1997, p. 38.

[78] SOARES, M. M. *Teoria do sistema federal:* heterogeneidades territoriais, democracia e instituições políticas. 1997. Dissertação (Mestrado) – Departamento de Ciências Políticas da Universidade Federal de Minas Geras, Belo Horizonte, 1997, p. 38.

Mas se essa associação não é possível, podendo a democracia e o autoritarismo vicejar tanto no Estado unitário como no federalismo, Soares[79] conclui que o último depende, para sustentar-se, do regime democrático, não existindo fora dele, a menos que se queira falar em *federalismos autoritários*, o que seria um contrassenso, pois representaria a negação de seus atributos e características. Isso se explica porque o federalismo é a expressão de um ***pacto*** que se estabelece entre forças e interesses divergentes, o qual só pode ser mantido e vigorar num regime democrático. Quando este pacto se desfaz e as forças que passam a deter o poder procuram impor sua vontade sobre as demais que dele participam, desfazem-se também as condições que o sustentam, desmontando suas bases. É o que se procura esclarecer em seguida.

2. Origem, essência e bases do federalismo

2.1 Origem e essência

Segundo Camargo[80] "a palavra *foedus*, que é a origem do termo 'federação' significa pacto, entendimento, negociação baseada na fidelidade e na confiança".

A origem da "federação" remonta à experiência da luta pela independência dos EUA, que uniu as treze colônias que integravam seu território contra a dominação inglesa. Embora cada uma dessas colônias fosse dotada de forte identidade territorial e tivessem desenvolvido e cultivado interesses e valores que não eram comuns entre elas, a luta contra o mesmo inimigo fez com que se unissem e se organizassem, formando uma Confederação em 1778. Todavia, considerada uma forma de organização política territorial, a Confederação, pela frouxidão dos laços que unem os interesses – às vezes, imediatistas e realizados entre seus membros através de pactos contratuais, como militares, por

---

[79] SOARES, M. M. *Teoria do sistema federal:* heterogeneidades territoriais, democracia e instituições políticas. 1997. Dissertação (Mestrado) – Departamento de Ciências Políticas da Universidade Federal de Minas Geras, Belo Horizonte, 1997, p. 39.

[80] CAMARGO, A. A Reforma-*Mater*: riscos (e os custos) do federalismo incompleto. *Parcerias Estratégicas*, Brasília, vol. 4, n. 6, mar. 1999, p. 82.

exemplo –, apresenta grande fragilidade: com as unidades (governos) que a compõem preservando sua soberania plena e os interesses comuns sendo pactuados apenas por meio de um contrato, a união entre elas é instável, podendo facilmente se desfazer.

Foi o que aconteceu no caso norte-americano quando o inimigo comum (a Inglaterra) foi vencido e a paz selada. Transformada cada colônia em República independente, a união anterior se desfez, colocando a necessidade de se encontrar uma nova forma de organização política territorial que, preservando a autonomia dos estados (Repúblicas independentes), as unissem em torno de um novo pacto indispensável para garantir a construção e consolidação de um *Estado nacional*. A formação da *federação*, em 1787, foi a resposta encontrada para essa questão, na medida em que, pela essência de sua arquitetura, conseguiria conciliar e acomodar os interesses divergentes e conflitantes de seus participantes em torno de um projeto comum, coletivo, nacional, que traria vantagens e benefícios para todos, nos campos da defesa, da economia, da representação internacional etc.

Não sem razão, um estudioso do assunto, Burgess,[81] fornece uma definição sobre a essência do federalismo da seguinte maneira:

> o gênio da federação está em sua infinita capacidade de acomodar e reconciliar a competição e, algumas vezes, o conflito em torno de diversidades que têm relevância política dentro do Estado. Tolerância, respeito, compromisso, barganha e reconhecimentos mútuos são palavras-chave e 'união' combinada com 'autonomia' é sua marca autêntica.

2.2 As bases do modelo de federalismo

A engenharia política que estabeleceu os contornos e a essência da federação partiu da seguinte questão: como preservar a autonomia e

---

[81] BURGESS, Michael. "Federalism and Federation: a reappraisal". *In:* BURGESS, M.; CAGNON, Alain-G (eds.). *Comparative Federalism and Federation:* competing traditions and future directions. Hertfordshire: Haverster Wheatsheaf, 1993 *apud* SOARES, M. M. *Teoria do sistema federal:* heterogeneidades territoriais, democracia e instituições políticas. 1997. Dissertação (Mestrado) – Departamento de Ciências Políticas da Universidade Federal de Minas Geras, Belo Horizonte, 1997, p. 13.

identidades das unidades/estados que integram o território e, ao mesmo tempo, uni-las para a construção de um *Estado nacional*?

Esse não foi um desafio pequeno, mas a existência de questões que ultrapassavam as fronteiras de cada unidade, exigindo soluções conjuntas, de âmbito, portanto, nacional – defesa e segurança do território, por exemplo, – que não seriam tratadas isoladamente por cada estado ou apenas em conjunto por meio de acordos frágeis, bem como a necessidade de estabelecimento de regras/normas gerais para as atividades mantidas entre as unidades, como as comerciais, por exemplo, forneceram a resposta para sua solução: *a divisão do poder político territorial entre duas esferas: uma central*, a quem caberia a responsabilidade para tratar, legislar e representar, com autonomia, os interesses comuns das unidades do território; e *uma descentralizada*, formada pelos estados-membros, com poderes e autonomia para governarem sobre o seu território e as mesmas pessoas. *Daí a característica do federalismo de dupla autonomia territorial do poder político.*

Para se manter, essa dualidade do poder político exigiu, portanto, que as unidades territoriais abrissem mão de parte de sua soberania para o tratamento de questões de interesse comum, de âmbito nacional, o que colocou a necessidade de criação de um fórum adequado para sua representação – e também de sua população – nessa esfera de poder. Este veio na forma do Congresso Nacional, funcionando com duas câmaras de representação: a dos Deputados, que representaria o povo, de acordo com critérios de proporcionalidade da população de cada estado/região (daí, o surgimento do princípio, bem ao gosto dos liberais, de conferir direitos "à cada nome, de um voto"); e a do Senado Federal, por meio do qual os estados/regiões teriam representados os seus interesses. Segundo Leme,[82]

> essa estrutura asseguraria tanto a representação política da população de toda a nação no Legislativo Federal, via circunscrição

---

[82] LEME, Heládio J. de Campos. *O Federalismo na Constituição de 1988:* representação política e distribuição de recursos tributários. Dissertação (Mestrado) – Instituto de Filosofia e Ciências Humanas da Unicamp, Campinas, 1992, p. 20.

estadual, como a participação igualitária das instâncias estaduais na discussão das decisões nacionais, via Câmara dos Deputados e Senado.

Para regular e dirimir os conflitos federativos, o modelo incorporou também a existência de uma Corte Suprema de Justiça, que seria responsável por garantir os ordenamentos jurídicos negociados e aprovados nesse fórum de representação e inscritos na Constituição Federal.

Ainda segundo Leme,[83] para o funcionamento desse modelo são necessárias, portanto, instituições fortes, como a do Legislativo, que é "(...) a pedra angular do sistema de representação e expressão das partes federadas", e a do Judiciário como "(...) poder garantidor da federação, ao qual cabe assegurar o equilíbrio entre as esferas, interpretando as normas constitucionais."

O modelo se completaria com a autonomia conferida às unidades territoriais, reproduzindo a estrutura de poder da esfera federal: liberdade para cada ente da federação constituir seus próprios governos, por meio de eleições livres; ter suas próprias constituições; organizar-se politicamente, por meio dos poderes Executivo, Legislativo e Judiciário; e dispor de poderes e competência (tributária e administrativa) para desempenhar suas responsabilidades, algo também importante para que as unidades não ficassem dependentes do Poder Central, nem a ele subjugadas.

Para Leme,[84] com esses elementos, o modelo, além de

> (...) delimitar claramente as funções do Executivo Federal, a serem desempenhadas por um presidente da República, cujo mecanismo

---

[83] LEME, Heládio J. de Campos. *O Federalismo na Constituição de 1988:* representação política e distribuição de recursos tributários. Dissertação (Mestrado) – Instituto de Filosofia e Ciências Humanas da Unicamp, Campinas, 1992, p. 22.

[84] LEME, Heládio J. de Campos. *O Federalismo na Constituição de 1988:* representação política e distribuição de recursos tributários. Dissertação (Mestrado) – Instituto de Filosofia e Ciências Humanas da Unicamp, Campinas, 1992, pp. 21-22.

PARTE II - TEORIAS DA FEDERAÇÃO E A EVOLUÇÃO...

> de escolha associa o povo e os estados, reproduzindo, sob outra forma, a conjugação ocorrida na composição do Legislativo (...), propicia um sistema de frenagem [ao seu excessivo poder] tanto no plano horizontal – ao fortalecer o princípio da independência entre Executivo, Legislativo e Judiciário – como no vertical, à medida que atribui aos estados membros da federação poderes que funcionam como contrapeso ao poder central, que constituem, em certo sentido, um antídoto ao autoritarismo.

Na sua concepção clássica, portanto, a forma federativa de organização do Estado é concebida, assim, como a reunião (união) de estados/regiões em um espaço nacional, articulados e com seus interesses soldados através de um "pacto" que tem, como avalista, uma instância superior – o Governo Central ou Federal –, mas com os entes/esferas que dele participam sendo dotados de autonomia nos campos constitucional, político, econômico, tributário etc.

Em outras palavras, a federação seria, assim, a expressão de um pacto político vertical estabelecido entre as unidades de governo que integram o espaço nacional, garantido por uma força soberana – o Governo Central –, mas preservando-se os distintos pactos horizontais estabelecidos em cada uma dessas unidades. Isso significa que as unidades federadas abririam mão de parte de sua soberania para a construção do equilíbrio necessário, embora conflitivo, para a consolidação da Nação, mas mantendo sua autonomia no tocante à definição de seu ordenamento constitucional, do exercício de seus poderes Executivo, Legislativo e Judiciário e também da competência residual, que lhes asseguraria, através da garantia de competências tributárias próprias, a autonomia financeira necessária para o cumprimento de suas funções e para o atendimento das demandas de sua comunidade.

É na *Constituição*, que também podemos denominar de "contrato federativo", que são explicitadas as regras que conformam o sistema federal em diversos campos, como os da organização dos poderes, do processo eleitoral, da representação política, das instituições federais, das relações intergovernamentais, da distribuição das competências administrativas e tributárias etc. É, assim, nessa instituição, que se materializam os acordos negociados e as regras estabelecidas, com clara definição e distribuição de poderes e responsabilidades entre os membros que compõem a federação, para garantir a construção de um Estado nacional e o equilíbrio federativo.

É por isso que, como expressão desse pacto, a federação necessita de um ambiente democrático para sustentar-se, com a garantia de que os acordos e contratos constitucionais federativos negociados e aprovados sejam respeitados e cumpridos. Caso rompidas as condições ou algumas das condições em que se sustenta, desfigura-se sua essência como forma de organização política territorial, dando origem a outros sistemas.

No caso de os estados-membros perderem, por exemplo, a autonomia política de eleger seus governantes e essa prerrogativa passar para as mãos do Poder Central, desmontam-se os mecanismos de *checks and balances* (pesos e contrapesos) essenciais para a democracia e a manutenção do modelo, instaurando-se um Estado unitário, no qual o poder é centralizado, mas, nesse caso, de cunho autoritário/totalitário. O mesmo ocorre se a autonomia tributária, administrativa, financeira das unidades territoriais se enfraquece, com estas passando a depender do Poder Central para atender suas necessidades de recursos a fim de desempenhar suas funções e responsabilidades. Subjugadas ao Poder Central, desfaz-se o equilíbrio essencial, embora conflitivo, que sustenta a federação, sendo esta substituída por um poder centralizado, na forma de um Estado unitário, mas de conteúdo autoritário.

São, assim, várias as dimensões – política, jurídica, econômica, fiscal – que dão conformação ao modelo federativo, sendo indispensáveis para o seu equilíbrio e para a preservação da independência – ainda que relativa – de seus entes.

Tratada nessa perspectiva no campo da ciência política, *a questão do federalismo conheceu considerável reducionismo quando foi incorporada, nas ciências econômicas, como tema relevante da economia do setor público, em geral, e das finanças públicas, em particular*. Abstraindo da complexidade de seus elementos constitutivos ou tomando-os como *dados*, os economistas que trataram – e tratam – teoricamente do tema costumam restringir seu

PARTE II - TEORIAS DA FEDERAÇÃO E A EVOLUÇÃO...

exame apenas ao campo fiscal, o ramo do federalismo que trata da distribuição de competências, de receitas e de encargos entre as esferas governamentais, visando determinar as estruturas capazes de garantir *maior eficiência* na alocação de recursos no âmbito do Estado, quando unidades distintas de governo se encontram encarregadas dessa tarefa.

Ao dar ênfase, como ocorre em outros campos da economia, *à questão da eficiência* no tratamento da questão, a teoria econômica dominante (hegemônica) estruturou, à luz desse critério, modelos de federalismo "ideais", desconectados de contextos históricos específicos. Esses modelos, construídos com base em verdadeiros axiomas da teoria econômica, deram lugar a uma visão limitada da problemática federativa, que passou a ter sua avaliação restrita à análise do *grau de centralização/ descentralização* das atividades públicas, obliterando a compreensão e o entendimento correto de sua complexidade, traduzida nas distintas dimensões que devem garantir sua viabilidade.

3. Tipos e evolução dos modelos de federalismo

Existem vários tipos de federação, o que significa ser difícil estabelecer uma tipologia sobre modelos de federalismo que consiga enquadrar todas as experiências existentes nesse campo. Cada realidade histórica conforma um tipo de federação, de acordo com suas condições econômicas, políticas, sociais, as quais se modificam no tempo, sendo comum encontrar definições que procuram traduzir as especificidades que os modelos assumem, como é o caso, por exemplo, das que se referem, no Brasil, à existência de um federalismo *"oligárquico"*, ou *"predatório"*, ou ainda *"colusivo"*, *"de coalizão"*, e assim por diante, cada uma procurando interpretar, mais fielmente, as características que os diferenciam dos modelos clássicos.[85]

---

[85] Para se ter uma ideia dessa diversidade, Gracia, apoiado em uma citação contida em um trabalho de Maurice Croisat, menciona que um estudo dedicado à investigação para identificar as diferenças desses conceitos, é ali apontado como tendo sido concluído com uma classificação e um dicionário de mais de duzentos e quarenta páginas, a partir de um levantamento feito sobre as terminologias desses conceitos utilizadas tanto em

Apesar dessa diversidade e multiplicidade de situações, modelos "ideais" de federalismo têm se alternado, no campo das finanças públicas, em cada etapa de desenvolvimento do capitalismo, ora com características centralizadoras, ora descentralizadoras, de acordo com a visão predominante sobre o papel do Estado na economia e do melhor arranjo das relações intergovernamentais capaz de garantir maior eficiência alocativa. Desses modelos brotam várias recomendações, no campo fiscal, sobre a estrutura desejável de distribuição de poderes e responsabilidades na federação, as quais, no entanto, nem sempre são observáveis ou se adequam a realidades concretas e complexas.

De acordo com Gracia, na literatura existente sobre o assunto, é possível encontrar os seguintes modelos de federalismo: *dual, cooperativo, competitivo e assimétrico*. Como veremos, esses modelos guardam relação ou resultam das condições existentes em cada etapa histórica de desenvolvimento do sistema capitalista e também da busca de soluções para ajustar e aprimorar o arranjo federativo diante de situações mais complexas em dadas realidades que adotaram este modelo de organização política de seu território. Aqui, abordam-se apenas os três primeiros.[86]

3.1 O federalismo dual

No seu desenvolvimento, o *federalismo dual*, que esteve em vigor nos EUA durante boa parte do século XIX e que alguns autores consideram

---

obras científicas como de divulgação geral. GRACIA, J. Cãrdenas. México a luz de los modelos federales. *Boletín Mexicano de Derecho Comparado*, México, Nueva Serie, año XXXVII, n. 110, mayo/ago. 2004, pp. 479-510.

[86] O modelo assimétrico indicado por Gracia retrata uma forma típica e específica de federalismo, que procura acomodar divergências acentuadas de regiões/unidades dentro de um mesmo território – inclusive com tendências separatistas –, outorgando-lhes condições – econômicas, jurídicas, linguísticas etc. – distintas das previstas para as demais unidades da federação, sendo o melhor exemplo, nesse caso, o da Espanha, com as regiões Basca e da Catalunha. Difere, dessa maneira, dos modelos clássicos de federalismo, em que vigem princípios de âmbito nacional, como os da igualdade, homogeneidade e uniformidade das unidades federadas. GRACIA, J. Cãrdenas. México a luz de los modelos federales. *Boletín Mexicano de Derecho Comparado*, México, Nueva Serie, año XXXVII, n. 110, mayo/ago. 2004, pp. 479-510.

PARTE II - TEORIAS DA FEDERAÇÃO E A EVOLUÇÃO...

como implícito na Constituição norte-americana de 1787, representa, como assinala Gracia, o primeiro modelo desse sistema, tendo se revelado, contudo, inadequado para dar conta da complexidade dos problemas envolvidos na federação.

Não se pode esquecer o fato de que, formulada no século XVIII, a doutrina federalista erigiu-se assentada sobre os pilares do pensamento liberal, para quem o mercado, pela sua eficiência, aparece como o organizador e regulador natural da ordem econômica, enquanto o Estado, por constituir-se em uma força externa a esse mundo, comandado por uma "mão invisível", deve desempenhar apenas as funções tidas como necessárias para assegurar/potencializar essa eficiência e diminuir eventuais fricções do sistema, delimitando-se, com isso, suas dimensões. Não foi, entretanto, essa *fraqueza* do Estado que determinou o insucesso do modelo, mas dentro dele, a *fraqueza do Poder Central*, determinada pela sua arquitetura.

O paradigma clássico do federalismo, que pressupunha uma estrutura "dual" de poder entre os estados e o Governo Federal, cabendo a este a principal função de costurar e soldar os múltiplos e variados interesses dos entes federados, contemplou, assim, na sua formulação original – e coerente com o ideário liberal – uma relação de forças entre esses dois polos capazes de assegurar a debilidade fiscal federal, garantindo, com isso, a materialização da ideia de um Estado com funções restritas, e favorecendo, ao mesmo tempo, o predomínio das instâncias estaduais. Não foi a equação "ideal" como a realidade revelaria.

No modelo, a debilidade do Poder Central devia-se ao fato de que a este foram atribuídas funções muito específicas e enumeradas na Constituição, limitando consideravelmente suas ações, mesmo quando necessárias para garantir o equilíbrio da federação. Em contrapartida, segundo Gracia,[87] os governos dos estados dispunham de autonomia para: (i) retirar-se da União Federal em caso de descumprimento das

---

[87] GRACIA, J. Cãrdenas. "México a luz de los modelos federales". *Boletín Mexicano de Derecho Comparado*, México, Nueva Serie, año XXXVII, n. 110, mayo/ago. 2004, p. 483.

regras estabelecidas na Constituição; (ii) declarar a nulidade das leis federais no caso de violação constitucional de competências; (iii) impedir as ações do Poder Central consideradas ilegais; (iv) opor-se às ações de centralização federal.

Na prática, portanto, as relações mantidas entre o Poder Central e os governos subnacionais teriam sido de permanente tensão com ausência de laços de colaboração/ cooperação, essenciais para a preservação da unidade federativa. Sem dispor de autonomia para adotar medidas e tomar decisões importantes para tal objetivo, o que somente seria possível com mudanças no contrato constitucional, a federação, nesse modelo, não contou com elementos e instrumentos indispensáveis para sua sustentação e fortalecimento.

Além disso, o modelo apoiava-se, implicitamente, na questionável hipótese de existir certa homogeneidade econômica entre as unidades subnacionais, de modo que não contemplava, em sua arquitetura, mecanismos que contribuíssem para reduzir disparidades, preservando, com isso, relações diferenciadas e desiguais de poder – e influência – de seus membros dentro da federação.

Nessas condições, as permanentes relações de tensão entre seus membros conduziram ao seu insucesso, tendo contribuído para essa constatação – e mudança do modelo – a Guerra da Secessão (1861-1865), a guerra civil norte-americana, e também o papel da Suprema Corte do país, que, ao dar interpretações constitucionais mais elásticas sobre os poderes e atribuições do governo central, como o da "supremacia nacional", por exemplo, começaram a modificar suas estruturas. A essas influências, somaram-se as transformações ocorridas no sistema capitalista, a partir do final do século XIX, desvelando uma nova realidade não contemplada no modelo e a necessidade de seu ajustamento para dar condições ao Estado – e ao Poder Central – de responder às novas responsabilidades e tarefas que passaram a ser-lhe atribuídas nesse novo contexto.

3.2 O federalismo cooperativo

No *modelo cooperativo*, a rivalidade entre as duas esferas de poder (central e descentralizada) é substituída pela *colaboração*, e o espírito de

PARTE II - TEORIAS DA FEDERAÇÃO E A EVOLUÇÃO...

solidariedade ganha força para atenuar/corrigir desigualdades interpessoais e inter-regionais de renda, de modo a garantir um melhor equilíbrio federativo. Instrumentos e mecanismos redistributivos tornam-se importantes para essa finalidade, enquanto o Poder Central, tido como mais capaz de exercer esse papel, assume posição proeminente na estrutura de distribuição do poder político territorial.

Na sua essência, o modelo procura unir as distintas esferas de governo (ao contrário do arranjo anterior) para promover o bem comum coletivo e manter coesa a federação, mitigando as desigualdades entre suas unidades. Além de suas competências exclusivas, deixa de haver uma nítida separação entre os diversos poderes – central, estadual, local – nas funções e responsabilidades na oferta de determinadas políticas públicas, de abrangência nacional e que interessam a toda a população. Essas funções e responsabilidades passam a ser compartilhadas, distribuindo-se o esforço e participação nos campos da regulação, financiamento e execução dessas políticas, de acordo com critérios que atendam aos objetivos de maior igualdade dentro da federação.

Alguns fatos e acontecimentos históricos se encontram na explicação do surgimento do modelo: (i) as transformações conhecidas pelo sistema capitalista a partir do final do século XIX, que começaram a modificar a visão teórica predominante sobre a relação Estado/economia; (ii) a crise dos anos 1930 (a Grande Depressão), acompanhada das formulações keynesianas sobre a importância do papel do Estado para reativar a economia e expandir o emprego; (iii) o avanço e consolidação do *welfare state* que resultou dessa situação e que se transformou num importante instrumento de solidariedade para garantir a sobrevivência do capitalismo; (iv) as duas grandes guerras mundiais, que deixaram clara a necessidade de um Poder Central mais fortalecido e organizado para lidar com maior eficiência e agilidade nessas situações; e (v) as evidências de desigualdades econômicas e tributárias entre as esferas subnacionais, que desvelaram a importância da implementação de políticas globais voltadas para a redução das disparidades existentes, com o objetivo de fortalecer as bases da federação.

A construção teórica ortodoxa que cimentou as bases desse modelo – e justificou a intervenção do Estado na economia como essencial para corrigir as *falhas do mercado e aumentar a eficiência do sistema* – procurou conciliar a visão keynesiana sobre o Estado, embora negando-a em alguns aspectos, com os fundamentos da escola neoclássica voltados para a busca da eficiência, dando origem à corrente que é conhecida na literatura econômica como *Síntese Neoclássica*.

Nessa construção teórica, conhecida como *welfare economics* (economia do bem-estar), sendo o Estado considerado necessário para complementar o sistema, corrigir disparidades/desigualdades e garantir a estabilidade econômica, a principal preocupação foi a de traçar o melhor desenho das estruturas que lhe dariam melhores condições para atuar com eficiência e, no caso de estruturas federativas (descentralizadas), identificar a melhor estrutura de distribuição de competências e de responsabilidades entre as distintas esferas governamentais, à luz dessa preocupação.

O *plano orçamentário ótimo* desenhado por Musgrave em 1959,[88] que classifica as funções do Estado em *alocativa, distributiva e estabilizadora,* teve por propósito, nessa perspectiva, definir as estruturas estatais e os níveis de governo que as desempenhariam *com maior eficiência* e, no caso de se tratarem de atividades compartilhadas, como deveriam se distribuir essas responsabilidades, à luz desse objetivo, ao mesmo tempo que estas determinariam o padrão de repartição das receitas tributárias, vinculando-as à natureza de suas atividades para garantir a eficiência.

O viés centralizador das atividades públicas que brotou dessa concepção, ao se atribuir ao Poder Central a principal responsabilidade pelas funções distributiva e estabilizadora, bem como a importância de seu papel, por meio de transferências compensatórias para compensar disparidades acentuadas de renda dentro da federação, colocaria em marcha acelerada seu crescimento *vis-à-vis* o das demais esferas, o que se aprofundaria com o avanço do *welfare state*, modificando a equação federativa.

Embora amparada no princípio da cooperação, a divisão clara de competências e funções entre os distintos níveis de governo, visando a

---

[88] MUSGRAVE, R. *Teoria das finanças públicas*. São Paulo: Atlas, 1973.

PARTE II - TEORIAS DA FEDERAÇÃO E A EVOLUÇÃO...

maximização do bem-estar social, com o modelo contemplando mecanismos redistributivos, as críticas à sua arquitetura (ainda sem ressonância importante nesse período) começavam a apontar sua principal debilidade para o objetivo da eficiência: a subjugação das esferas subnacionais ao Poder Central e a ausência de competição/concorrência entre elas na oferta de serviços públicos.

De qualquer forma, como resultado desse processo, assistiu-se, segundo Leme,[89] a uma progressiva concentração de poderes – e de recursos – "nas mãos do Estado Nacional e, dentro dele, do Poder Executivo, em detrimento dos demais poderes e instâncias subnacionais." A trajetória conhecida pelo federalismo nos EUA descrita por Musgrave & Musgrave[90] é ilustrativa dessas transformações.

A efêmera estrutura fiscal, que brotou da confederação original com o propósito de proteger as posições dos estados e a debilidade fiscal do Governo Federal, foi modificada, já em 1788, por medidas que buscaram fortalecer as finanças federais com a ampliação de seu campo de competência tributária, embora sem definir, de forma específica, a divisão de responsabilidades fiscais entre as esferas governamentais no tocante a dispêndios, limitações e divisão da tributação etc. O século XIX, aberto com o debate entre a "escola Jeffersoniana", defensora de funções mínimas para o Governo Federal, e a "escola federalista", que defendia o seu fortalecimento, encerrou-se com as receitas federais ampliadas e diversificadas em decorrência, principalmente, como é colocado pelos autores mencionados acima, das necessidades geradas pela expansão da economia para o Oeste e das consequências da Guerra Civil. Apesar desse crescimento, predominariam, até a década de 30 do século XX, as finanças municipais, com os dispêndios públicos totais, excluídas as transferências intergovernamentais, sendo distribuídos entre Governo Federal, com 36%, Governos Estaduais, com 11%, e municipais, com 52%.

---

[89] LEME, Heládio J. de Campos. *O Federalismo na Constituição de 1988:* representação política e distribuição de recursos tributários. Dissertação (Mestrado) – Instituto de Filosofia e Ciências Humanas da Unicamp, Campinas, 1992, p. 24.
[90] MUSGRAVE, R.; MUSGRAVE, P. B. *Finanças públicas*: teoria e prática. Rio de Janeiro: Ed. Campus; São Paulo: Edit. USP, 1980.

A Grande Depressão que se seguiu e colocou a necessidade de reforma do sistema capitalista, viabilizando o surgimento do Estado Providência, assim como as consequências provocadas pela Segunda Guerra Mundial em termos de gastos com a Defesa Nacional, acelerariam o processo, com o Governo Federal passando a responder, já em 1950, por 66,5% dos dispêndios públicos totais (excluídas as transferências) contra 17,8% dos estados e apenas 15,6% dos municípios. Tais percentuais praticamente se mantiveram nas décadas seguintes, registrando-se, em 1972, o nível de 60,9% para o Governo Federal, de 20,4% para os estaduais e de 18,6% para os municípios. Esse processo de centralização das receitas na órbita federal, desacompanhado de um movimento no mesmo sentido dos encargos, acarretou, em contrapartida, uma ampliação também crescente no tempo das transferências – subvenções – do Governo Federal para as esferas subnacionais. Assim, se em 1902, essas subvenções representavam 0,7% do total das receitas dos estados e municípios, em 1932, elas atingiram o percentual de 3,1%, aumentando para 8,8% em 1940, 12,6% em 1960 e 15,2% em 1973.[91]

Essa tendência de concentração de poderes – e receitas – na órbita federal levou vários autores a preverem, conforme aponta Lagemann, o fim do Estado federativo. Segundo o autor, apoiando-se nos trabalhos de Oates[92] e Kirsch,[93]

> (...) já em 1901, Bryce reconhecia no federalismo uma simples fase de transição para um Estado unitário. J. Popitz, por sua vez, apresentou, em 1927, sua "lei" sobre a dinâmica da estrutura federativa na ótica fiscal. Segundo ele, existe uma constante atração do orçamento central, que tende a crescer continuamente. Para Laski, o federalismo constituía, em 1939, uma forma superada de

---

[91] MUSGRAVE, R.; MUSGRAVE, P. B. *Finanças públicas*: teoria e prática. Rio de Janeiro: Ed. Campus; São Paulo: Edit. USP, 1980.

[92] OATES, W. E. "Fiscal decentralization and economic development". *National Tax Journal*, [s.l], vol. 46. n. 2, 1993, pp. 237-243.

[93] KIRSCH, G. "Föderalismus: Eine Weit Verbreitete Praxis". *In:* _____. (org.). *Föderalismus*. Stuttgart, New York: Gustav Fischer, 1977, pp. 1-14.

organização do Estado, uma forma de transição de um Estado limitado a soberanias locais para um Estado centralizado, mais amplo.[94]

Durante o longo período em que o Estado keynesiano e o *welfare state* tornaram-se dominantes, essa tendência foi sendo confirmada tanto nos países desenvolvidos como nos países em desenvolvimento, embora não faltassem críticas ao fato de os governos subnacionais estarem se transformando em meros apêndices do governo federal, enfraquecendo as relações federativas; à ineficiência que o modelo acarretava pela ausência de concorrência entre as esferas governamentais; e aos excessivos – e crescentes – gastos governamentais que resultavam em *déficits* públicos e endividamento.

Com a crise da teoria keynesiana e as críticas que se acentuaram sobre o *welfare state*, a partir dos anos de 1970, o modelo começou a sofrer fortes questionamentos e uma nova forma de federalismo, mais adequada ao novo papel recomendado para o Estado e comprometida com a *questão da eficiência*, entraria em cena. No novo modelo, com o qual se propõe corrigir os problemas do anterior, o movimento de descentralização ganhou força, como meio de aumentar a concorrência entre as esferas governamentais e, consequentemente, a eficiência do sistema, num contexto de redução do poder federal, de desregulamentação das atividades econômicas e de desmonte do *welfare state*.

3.3 O federalismo competitivo: *public choice* e neoliberalismo

O modelo do federalismo competitivo foi uma resposta ao modelo cooperativo, dominante no longo período que separa o mundo capitalista da Grande Depressão dos anos 1930 das crises que o marcaram a partir da década de 1970, crises acompanhadas da crítica ao pensamento econômico ortodoxo sobre o papel do Estado e dos problemas que sua atuação provocava para a economia e a sociedade.

---

[94] LAGEMANN, Eugênio. "O Federalismo fiscal brasileiro em questão". *In:* AFFONSO, R.B.A.; BARROS, P.L.B. (orgs). *A Federação em perspectiva*. São Paulo: Fundap, 1995, p. 328.

De acordo com Affonso,[95] alguns autores costumam identificar seu surgimento com as políticas do que foi chamado de *New Federalism* dos governos Richard Nixon (1969-1974) e de Ronald Reagan (1981-1989), nos EUA, ambas tendo como alvo a necessidade de atribuir maior responsabilidade aos governos estaduais na oferta de políticas públicas e, portanto, o fortalecimento do *processo de descentralização*, em oposição à forte centralização ocorrida no período anterior.

Tais críticas ao modelo vigente e a opção por políticas distintas teriam ocorrido num contexto em que, diante da crise econômica que se abateu sobre a economia dos EUA – e se propagou pelo mundo capitalista –, desvelando os problemas existentes nesse país, inclusive os elevados níveis de pobreza de sua população, aumentou-se a percepção das falhas das políticas públicas, da ineficiência do Estado – tal como estruturado, de forma centralizada – na correção dos problemas sociais e econômicos, bem como da necessidade de se encontrar alternativa, que apareceu na forma da *descentralização*, invertendo a equação das relações intergovernamentais, *para aumentar sua eficiência*.

Contudo, para Affonso,[96] a identificação da origem do *New Federalism* nos governos de Nixon e de Reagan deve ser relativizada: no primeiro, apenas se iniciava a crítica ao modelo centralizado, que trazia subjacente um elevado volume de transferências federais para os governos estaduais, com poucas condicionalidades, correspondendo a um período em que o pensamento liberal apenas começava a aflorar; o segundo foi marcado por propostas concretas para reduzir o papel do governo federal e aumentar as responsabilidades dos estados e, portanto, da *descentralização*, num momento de consolidação das políticas de cunho liberal.

---

[95] AFFONSO, Rui de Brito Alvares. *O federalismo e as teorias hegemônicas da economia do setor público na segunda metade do século XX*: um balanço crítico. Tese (Doutorado). Campinas: IE/Unicamp, 2003.

[96] AFFONSO, Rui de Brito Alvares. *O federalismo e as teorias hegemônicas da economia do setor público na segunda metade do século XX*: um balanço crítico. Tese (Doutorado). Campinas: IE/Unicamp, 2003.

PARTE II - TEORIAS DA FEDERAÇÃO E A EVOLUÇÃO...

De todo modo, ainda segundo Affonso,[97] tais movimentos das políticas públicas, no plano concreto, embora vislumbrassem a necessidade de separação entre as funções nacionais e estaduais, como caminho mais seguro para brecar o gigantismo – e suposta ineficiência do Poder Central –, ainda não incorporavam um elemento essencial do novo modelo: a *competição entre as distintas esferas de governo para garantir maior eficiência das políticas públicas*.

No plano teórico, os principais contornos e elementos do federalismo competitivo vão ser constituídos a partir da crítica feita pelo pensamento liberal (a escola *novo-clássica*) à ação inócua – e nefasta – da política fiscal para a economia, e, numa outra perspectiva, pela *public choice theory* às *falhas do Estado*, em oposição às *falhas do mercado*, situação em que se apoiou o paradigma teórico anterior para justificar a intervenção estatal e enfatizar a centralização de poderes – e de responsabis – na esfera central/federal.

Segundo Affonso,[98] para realizar a crítica à posição teórica hegemôda *welfare economics* sobre o papel atribuído ao Estado como agente ncial para corrigir as *falhas do mercado*, a *public choice* vai dar o passo que via sido ensaiado, sem muito sucesso, por outros economistas: supor que mesmas regras que orientam as decisões dos agentes privados (consumiores e empresas) *no mercado* equivalem às observadas pelos agentes públi:os (contribuintes/eleitores, políticos, burocratas), com todos procurando *maximizar utilidades* por consumo ou lucro, no primeiro caso, e por políticas, voto e poder, no segundo. Essa hipótese lhe permite considerar a *política como um sistema de troca* e, em decorrência, *o Estado operando como o mercado*, guiado por sinais (preferências) transmitidos por seus agentes.

Incorporado, nessa perspectiva, à teoria e operando com regras semelhantes às do mercado, o Estado perde a condição anterior de atuar

---

[97] AFFONSO, Rui de Brito Alvares. *O federalismo e as teorias hegemônicas da economia do setor público na segunda metade do século XX*: um balanço crítico. Tese (Doutorado). Campinas: IE/Unicamp, 2003.

[98] AFFONSO, Rui de Brito Alvares. *O federalismo e as teorias hegemônicas da economia do setor público na segunda metade do século XX*: um balanço crítico. Tese (Doutorado) Campinas: IE/Unicamp, 2003.

como agente complementar do sistema para suprir suas falhas, funcionando, portanto, como agente exógeno ao sistema para suplementá-lo. Suas ações, políticas e resultados alcançados tornam-se passíveis de serem comparados às do mercado, em termos de *eficiência*. Nesse aspecto, o Estado aparece como um *desastre* porque a política é falha: diferentemente do mercado econômico, no *"mercado"* do Estado atuam indivíduos (contribuintes/eleitores, políticos, burocratas), procurando cada um maximizar suas utilidades (políticas, votos, poder), mas independentemente de seus custos, *sem restrições orçamentárias*, fazendo com que o Estado falhe – e muito! – em termos de *eficiência*, tornando-se, ao contrário do que considerava o paradigma teórico anterior, fonte de ineficiência do sistema como um todo. Falta-lhe, para explicar esse comportamento, um elemento essencial presente no mercado: a *concorrência/competição*.

Ora, se o Estado *falha* isso significa que a "mão invisível", que torna o mercado econômico eficiente, opera no mercado político de forma perversa, como assinala Affonso, o que justificaria a proposta de Buchanan[99] de "limitar vigorosamente o número de atividades ainda submetidas ao seu controle".[100] De preferência, numa perspectiva mais radical, reduzi-las ao mínimo (daí, a expressão *Estado mínimo*), por meio de reformas desestatizantes com ingredientes conhecidos, como os de desmontagem do *welfare state*, abandono de políticas regionais, privatização de empresas públicas etc., contemplados no Consenso de Washington, de 1989, para garantir maior eficiência do sistema na alocação de recursos.

Formulada a partir dos anos 1950/60 e aprimorada nas décadas seguintes, essa teoria encontraria campo fértil para germinar num contexto de ascensão do pensamento neoliberal, diante da crise da teoria keynesiana e das dificuldades que enfrentou a economia norte-americana

---

[99] BUCHNAN, J.M. *Politics without romance: a sketch of positive public choice theory and its normative implications*. Vienna, Austria: HIS Journal 3, 1979: B1=11.

[100] AFFONSO, Rui de Brito Alvares. *O federalismo e as teorias hegemônicas da economia do setor público na segunda metade do século XX*: um balanço crítico. Tese (Doutorado) Campinas: IE/Unicamp, 2003, p. 70.

nesse período, marcado por crises, aumento do desemprego, da pobreza e pelo aprofundamento dos desequilíbrios dos orçamentos públicos. Nessas condições, as ideias anti-Estado ganharam força e conseguiram conquistar e cooptar o pensamento do cidadão comum sobre a ineficiência daquele e fazer avançar, no plano das políticas concretas, um conjunto de propostas destinadas à revisão e reorientação de seu papel.

Apoiada, portanto, na crença inabalável do poder supremo do mercado, em contraposição à ineficácia do Estado, as propostas de reforma que brotaram da teoria visaram reduzir ao mínimo (ou mesmo extinguir) o Leviatã da vida econômica e social, deixando livre o campo para o mercado operar com eficiência e equilíbrio. Aplicadas às relações intergovernamentais, as propostas de política que surgiram desse novo paradigma e vão constituir a essência do modelo de federalismo competitivo, representam, pelas razões apontadas, a antítese do modelo cooperativo, e têm claro o objetivo de controlar o governo, bem como os seus gastos, visando aumentar a sua eficiência, por meio da concorrência/competição entre as esferas governamentais, com as seguintes recomendações:

(i) o objetivo de controlar a expansão do Estado, que brota dos resultados alcançados pelo pensamento neoliberal, dados os prejuízos que sua ação acarreta para o sistema econômico em termos de eficiência, exige limitar sua ação, esvaziando as funções do Poder Central e fortalecendo a esfera descentralizada, para que esta, dotada de uma certa autonomia e atuando no meio de "interesses opostos e rivais", promova a competição dentro e entre os diferentes níveis de governo;

(ii) considerando que a centralização de poderes na órbita central tende a criar monopólios na oferta de políticas públicas e a moldar, pelo espírito predominante de cooperação e solidariedade, comportamentos prejudiciais para a eficiência (agentes com comportamento *free rider*, acomodação diante da garantia de recebimento de transferências de outras esferas governamentais, por exemplo), a *descentralização das políticas públicas* aparece como instrumento-chave para mudar essa situação e garantir que, por meio da competição/concorrência entre as esferas governamentais, maior eficiência seja alcançada;

(iii) por sua vez, a *descentralização*, acompanhada de diminuição das transferências compensatórias resultantes da própria diminuição do Poder Central, aciona forças da competição não somente entre as distintas esferas de governo como também entre os funcionários desses governos, cada qual procurando melhorar as condições de oferecer políticas públicas, em termos de qualidade e de custos, visando melhorar sua posição frente ao contribuinte/eleitor;

(iv) nessas condições, detendo conhecimento e informações sobre as diferenças existentes de custos, qualidade etc. das políticas ofertadas, o contribuinte eleitor aparece como árbitro que sanciona, por "livre escolha", a que lhe propicia melhores condições, rejeitando as demais.

(v) *descentralização e autonomia* das unidades subnacionais tornam-se, assim, no modelo competitivo, variáveis centrais para barrar a expansão do Estado e, ao mesmo tempo, para garantir a competição entre as esferas de governo capazes de garantir a eficiência do sistema.

Ao contrário, portanto, do federalismo cooperativo, no qual a busca do bem-estar coletivo apoia-se na interação – e colaboração – entre as distintas esferas de governo, o federalismo competitivo procura introduzir, nas palavras de Affonso[101] (2004), "soluções de mercado para questões do governo", tendo nas escolhas feitas pelo indivíduo/contribuinte, entre estruturas de governo alternativas, a que seja capaz de operar com maior nível de eficiência e, portanto, com menores custos e melhor qualidade.

Ao identificar o comportamento dos agentes do mercado com os do Estado e sua capacidade de discernir e reagir perante situações desfavoráveis, fazendo com que os problemas sejam corrigidos, o modelo se apoia em hipóteses polêmicas ou que apresentam dificuldades de serem confirmadas no mundo real. De um lado, as necessidades de os consumidores/contribuintes contarem com informações disponíveis

---

[101] AFFONSO, Rui de Brito Alvares. *O federalismo e as teorias hegemônicas da economia do setor público na segunda metade do século XX*: um balanço crítico. Tese (doutorado). Campinas: IE/Unicamp, 2003.

sobre os serviços fornecidos pelos governos da esfera descentralizada de todo país, bem como sobre os custos que representam; de outro, a possibilidade (mobilidade) de poderem optar por transferir-se de uma para outra localidade ou região, no caso daquela em que residem mostrar-se mais onerosa, em termos dos custos tributários e de serviços.

Tais hipóteses supõem: (i) a divulgação e democratização de acesso, por todos os contribuintes, à informações específicas das administrações públicas dentro do país; (ii) que os custos envolvidos nas mudanças mencionadas de residência para outras localidades, como os decorrentes da permuta de imóveis, substituição de emprego, realocação de filhos estudantes em outras escolas etc., para ficar em alguns aspectos mais estritamente financeiros, tenham como limite o ônus adicional comparativo representado pela cobrança de tributos e dos serviços prestados pela administração local/regional em que o contribuinte reside.

Dye,[102] um ardoroso defensor do federalismo competitivo, segundo Affonso,[103] não vê problemas nessas hipóteses. Para ele, tanto as informações têm se disseminado na atualidade com grande velocidade, graças ao avanço dos sistemas de comunicações (internet), como tem aumentado consideravelmente a mobilidade das pessoas, devido "às mudanças tecnológicas, à globalização, às novas formas de produzir e ao avanço dos sistemas de transportes e comunicações".

De qualquer forma, ainda que essas melhores condições e tendências se verifiquem, nesse campo, na atualidade, fica difícil compreender por que o contribuinte irá transferir-se para outras localidades (considerando todos os transtornos que isso representa) sempre que a política local se mostre prejudicial para seus interesses, se ele dispõe do voto, como eleitor, para modificar essa situação na primeira oportunidade.

---

[102] DYE, Thomas R. *American federalism*: competition among governments. Massachusetts/Toronto, Lexington Books, 1990, 219p.

[103] AFFONSO, Rui de Brito Alvares. *O federalismo e as teorias hegemônicas da economia do setor público na segunda metade do século XX*: um balanço crítico. Tese (Doutorado). Campinas. IE/Unicamp, 2003.

O fato é que a teoria, ao equiparar o Estado ao mercado, e, por decorrência, os agentes públicos como sendo guiados por interesses particulares, egoístas e racionais, à semelhança dos agentes privados, retira dessa esfera a política, considerada falha, e nela introduz a competição/concorrência como meio para garantir a eficiência, ainda que adotando hipóteses dificilmente verificáveis na realidade. Sem contar com política e mecanismos de cooperação, se levadas ao extremo, as propostas da teoria conduziriam a um progressivo esvaziamento do Poder Central, enquanto as esferas subnacionais poderiam se lançar numa disputa competitiva encarniçada. Esta, ao invés de resultar em maior eficiência, como suposto, poderia se traduzir em fragmentação da federação, aumento dos conflitos internos e das desigualdades, mesmo porque não se conta com a mediação e as políticas compensatórias do Poder Central, minando, assim, as bases da unidade nacional.

Em boa medida, as políticas de ajustamento macroeconômico e de reformas do Estado adotadas em vários países, principalmente a partir da década de 1980, inspiradas no pensamento neoliberal, parecem ter deixado claro que esse não era um bom caminho para continuar a ser trilhado com o objetivo de garantir o "livre" funcionamento do mercado e a reprodução global do sistema capitalista. Além da interrupção do processo de crescimento econômico, do aumento do desemprego, da pobreza e do enfraquecimento das instituições públicas, fatores verificados nesses países, as ondas de instabilidade que se espraiaram pela economia internacional, nos anos 1990, confirmaram, mais uma vez, a necessidade do Estado para regular o mercado, garantir a coesão social e a reprodução global do sistema.

Como num ato de penitência para escapar dos riscos que sua ousadia havia colocado para o sistema, o pensamento dominante, reconhecendo as limitações do "mercado livre" para operar com eficiência, negaria a rejeição anteriormente feita ao papel do Estado e procuraria reincluí-lo, em seu corpo teórico, como agente vital para a sobrevivência do capital, embora introduzindo novos instrumentos para aumentar e melhorar o controle sobre suas ações. Com essa nova mudança de concepção, a teoria do federalismo ganharia nova dimensão e as relações intergovernamentais outro arranjo.

nesse período, marcado por crises, aumento do desemprego, da pobreza e pelo aprofundamento dos desequilíbrios dos orçamentos públicos. Nessas condições, as ideias anti-Estado ganharam força e conseguiram conquistar e cooptar o pensamento do cidadão comum sobre a ineficiência daquele e fazer avançar, no plano das políticas concretas, um conjunto de propostas destinadas à revisão e reorientação de seu papel.

Apoiada, portanto, na crença inabalável do poder supremo do mercado, em contraposição à ineficácia do Estado, as propostas de reforma que brotaram da teoria visaram reduzir ao mínimo (ou mesmo extinguir) o Leviatã da vida econômica e social, deixando livre o campo para o mercado operar com eficiência e equilíbrio. Aplicadas às relações intergovernamentais, as propostas de política que surgiram desse novo paradigma e vão constituir a essência do modelo de federalismo competitivo, representam, pelas razões apontadas, a antítese do modelo cooperativo, e têm claro o objetivo de controlar o governo, bem como os seus gastos, visando aumentar a sua eficiência, por meio da concorrência/competição entre as esferas governamentais, com as seguintes recomendações:

(i) o objetivo de controlar a expansão do Estado, que brota dos resultados alcançados pelo pensamento neoliberal, dados os prejuízos que sua ação acarreta para o sistema econômico em termos de eficiência, exige limitar sua ação, esvaziando as funções do Poder Central e fortalecendo a esfera descentralizada, para que esta, dotada de uma certa autonomia e atuando no meio de "interesses opostos e rivais", promova a competição dentro e entre os diferentes níveis de governo;

(ii) considerando que a centralização de poderes na órbita central tende a criar monopólios na oferta de políticas públicas e a moldar, pelo espírito predominante de cooperação e solidariedade, comportamentos prejudiciais para a eficiência (agentes com comportamento *free rider*, acomodação diante da garantia de recebimento de transferências de outras esferas governamentais, por exemplo), a *descentralização das políticas públicas* aparece como instrumento-chave para mudar essa situação e garantir que, por meio da competição/concorrência entre as esferas governamentais, maior eficiência seja alcançada;

(iii) por sua vez, a *descentralização*, acompanhada de diminuição das transferências compensatórias resultantes da própria diminuição do Poder Central, aciona forças da competição não somente entre as distintas esferas de governo como também entre os funcionários desses governos, cada qual procurando melhorar as condições de oferecer políticas públicas, em termos de qualidade e de custos, visando melhorar sua posição frente ao contribuinte/eleitor;

(iv) nessas condições, detendo conhecimento e informações sobre as diferenças existentes de custos, qualidade etc. das políticas ofertadas, o contribuinte eleitor aparece como árbitro que sanciona, por "livre escolha", a que lhe propicia melhores condições, rejeitando as demais.

(v) *descentralização e autonomia* das unidades subnacionais tornam-se, assim, no modelo competitivo, variáveis centrais para barrar a expansão do Estado e, ao mesmo tempo, para garantir a competição entre as esferas de governo capazes de garantir a eficiência do sistema.

Ao contrário, portanto, do federalismo cooperativo, no qual a busca do bem-estar coletivo apoia-se na interação – e colaboração – entre as distintas esferas de governo, o federalismo competitivo procura introduzir, nas palavras de Affonso[101] (2004), "soluções de mercado para questões do governo", tendo nas escolhas feitas pelo indivíduo/contribuinte, entre estruturas de governo alternativas, a que seja capaz de operar com maior nível de eficiência e, portanto, com menores custos e melhor qualidade.

Ao identificar o comportamento dos agentes do mercado com os do Estado e sua capacidade de discernir e reagir perante situações desfavoráveis, fazendo com que os problemas sejam corrigidos, o modelo se apoia em hipóteses polêmicas ou que apresentam dificuldades de serem confirmadas no mundo real. De um lado, as necessidades de os consumidores/contribuintes contarem com informações disponíveis

---

[101] AFFONSO, Rui de Brito Alvares. *O federalismo e as teorias hegemônicas da economia do setor público na segunda metade do século XX*: um balanço crítico. Tese (doutorado). Campinas: IE/Unicamp, 2003.

3.4 O federalismo revisitado: o "neoinstitucionalismo" e a "nova economia política"

Se é possível, em poucas palavras, sintetizar a visão mais atual do pensamento hegemônico sobre o Estado, o mercado e a economia, e que surge no bojo dos estragos provocados pelas políticas de cunho neoliberal nos tecidos econômico e social, implementadas a partir da década de 1980, não incorreríamos em nenhum exagero em fazê-lo da seguinte forma: nem o mercado é dotado do poder e das virtudes que lhe atribuem os teóricos da *public choice*, para regular, por *motu proprio*, a economia e garantir que esta opere com a máxima eficiência (*no ponto ótimo de Pareto*), nem o Estado é o demônio que a anarquiza com sua atuação, jogando e marcando gols contra esse objetivo.

Isso pode parecer surpreendente. Afinal, desde Adam Smith, que o via como um mal necessário, passando pela revolução marginalista, que o transformou em inimigo e adversário do sistema, versão questionada por Keynes, que garantiu, por um breve período, a sua recuperação nos braços teóricos da *welfare economics*, o Estado quase sempre esteve sentado no banco dos réus, denunciado pelo pensamento hegemônico por crimes contra o equilíbrio e o eficiente funcionamento do mercado.

As novas correntes teóricas que sustentam essa visão – a *New Institutional Economics* (NIE), também conhecida como "Neoinstitucionalismo", e a *"New Political Economy"* (NEP), ou "Nova Economia Política" não podem ser vistas, contudo, como pontos de ruptura com a escola neoclássica, em que se fundam os argumentos e pressupostos da *public choice*, mas como uma renovação – e avanço – desse pensamento, ajustando-o às transformações conhecidas pela sociedade capitalista nestes tempos de globalização dos mercados de produtos e financeiros, de reestruturação produtiva, de inovações tecnológicas e do avanço dos sistemas de informações, e também capacitando-o para melhor enfrentar os desafios colocados por essa nova ordem, desafios que não encontraram respostas satisfatórias – e que se revelaram até mesmo desastrosas – no corpo teórico da *public choice*. Nesse sentido, essas correntes podem ser vistas como desdobramentos, como continuidade aprimorada e refinada do neoclassicismo.

A diferença mais notável na construção teórica dessas novas correntes com a *public choice* e, por extensão, com a escola neoclássica, é que elas abandonam alguns pressupostos, verdadeiros axiomas, que são vitais para manter "de pé" o edifício em que se sustentam as duas últimas escolas: o da existência de *informações perfeitas* para os agentes econômicos tomarem decisões eficientes, porque racionais, e o dos *mercados completos, competitivos*, necessários para garantir o ajustamento e acomodação das reações desses agentes, mantendo o sistema em equilíbrio de eficiência máxima (*o ótimo de Pareto*). Sem esses pressupostos, o modelo perde os mecanismos que garantem a tomada de decisões eficientes, devido à *imperfeição das informações* transmitidas, recebidas e processadas, sujeitando-se a operar em pontos que não correspondem ao de *Pareto eficiente*, dado que podem surgir problemas de "risco moral" e de "seleção adversa". Admitem, com isso, a possibilidade de *equilíbrios subótimos* e, mais, considerando as dificuldades para que sejam estabelecidas ações cooperativas que resultem em maximização do bem-estar coletivo num contexto de predominância da lógica da racionalidade maximizadora individual, também da existência de *trade-off* entre eficiência, equidade e democracia, como assinala Affonso.[104]

No mundo neoclássico – e da *public choice* –, o pressuposto de que a vida econômica e dos negócios é transmitida por meio de uma grande tela, a fornecer informações precisas e confiáveis sobre produtos, serviços, quantidades, juros, preços etc. em tempo real e assistida por todos os agentes econômicos para que estes possam tomar decisões eficientes, tornou-se um axioma vital para sustentar o edifício teórico da concorrência, da eficiência e do equilíbrio ótimo, ignorando as críticas que sempre o apontaram como se tratando de uma verdadeira ficção. No mundo neoclássico revisitado pelo "neoinstitucionalismo" e pela "nova economia política", a ficção se desfaz e abre caminho para o Estado substituí-lo por meio da implementação de políticas públicas capazes de corrigir o que passam a ser consideradas as "novas falhas do mercado" – a

---

[104] AFFONSO, Rui de Brito Alvares. *O federalismo e as teorias hegemônicas da economia do setor público na segunda metade do século XX*: um balanço crítico. Campinas: IE/Unicamp, 2003 (Tese de doutoramento).

informação imperfeita e a inexistência de mercados completos. Demonizado pela *public choice*, o Estado se transforma, assim, no agente purificador do sistema, com poder para exorcizá-lo dos males que obstam o funcionamento "livre" e eficiente dos mercados, com a condição de que renove e reajuste suas estruturas para essa finalidade.

Não se trata, assim, de um retorno ao Estado keynesiano, ajustado e domesticado pela *welfare economics* para corrigir as consideradas, agora, "velhas falhas do mercado", desempenhando as funções alocativa, distributiva e estabilizadora. Trata-se, antes, de um Estado renovado em suas bases, ajustado para responder aos desafios do mundo capitalista financeirizado e globalizado e para, por meio de instituições fortes e do estabelecimento de regras claras tanto para os agentes privados quanto públicos, garantir as condições exigidas para o funcionamento dos mercados com eficiência.

A tese esposada por ambas as teorias é a de que, sendo uma instituição como outra qualquer, o mercado, para funcionar com eficiência, precisa contar com regras claras para os agentes econômicos, o que pode ser provido pelo Estado pelos poderes que este dispõe e que não se encontram ao alcance daquele. Por sua vez, deve o Estado, ele próprio, para também operar com eficiência, contar com instituições fortes, a fim garantir o cumprimento dessas regras, ao mesmo tempo que deve criar/estabelecer e respeitar regras próprias, claras e transparentes, para controlar as ações de seus diversos agentes e garantir que estas se traduzam em políticas governamentais maximizadoras do bem-estar. Um Estado, portanto, confiável e comportado.

O conceito de **instituição** ganha, assim, nesse corpo teórico, um significado que o torna o centro onde repousa e se reproduz o sistema e que pode garantir sua eficiência, libertando-o da discussão "estéril" sobre a oposição Estado x mercado: ambos dependem de instituições fortes, controles e regras claras para atingir seus objetivos de eficiência, equidade e redistribuição. O elo que permite atingi-los – as instituições – torna-os antes sócios do que adversários nessa construção.

Às instituições, são atribuídas, assim, responsabilidades tanto no âmbito privado como no público para assegurar a concorrência e maior eficiência do sistema: garantir o "direito de propriedade"; regular e controlar as operações do mercado financeiro e de setores monopolistas; preservar a estabilidade econômica; contribuir para reduzir custos de informação e de transação; estabelecer limites e controles para as ações dos governos, nos seus diversos níveis (Governo Federal e governos subnacionais) e entre os distintos poderes (Executivo, Legislativo, Judiciário), em termos de gastos, nível de impostos, endividamento, contratação de pessoal, formulação e implementação de políticas de combate à corrupção etc. Isso demanda que as instituições contem, a fim de cumprir com eficiência essas atividades, com *independência*, garantida em termos legais, situando-se, portanto, fora do alcance de influências e interferências políticas, e com disponibilidade de instrumentos para incentivar a cooperação entre os agentes econômicos com o propósito de atingir seus objetivos e punir os transgressores das regras estabelecidas.

Brotam dessa nova visão, especialmente por parte dos teóricos da "nova economia política", propostas modernizadoras do Estado (as chamadas propostas de segunda geração), visando capacitá-lo, por meio dessas instituições, a desempenhar o papel de agente "estruturador" do mercado e, ao mesmo tempo, de contar com mecanismos próprios de controle de suas atividades. Agências reguladoras, independência do Banco Central, mecanismos legais de controle de gastos dos diversos poderes, limites à cobrança de impostos, de endividamento, das finanças dos distintos níveis de governos em geral, entre outras medidas, tornam--se, nessa perspectiva, indispensáveis para dar condições ao Estado de desempenhar, com eficiência, seu novo papel. Regulação, supervisão, acompanhamento, responsabilização transformam-se, assim, em ingredientes essenciais nesse novo quadro, em que o próprio Estado cria mecanismos de controle – também por parte da sociedade – para definir, atuar com eficiência e autolimitar suas atividades.

Do ponto de vista das relações intergovernamentais e, numa perspectiva mais ampla, das relações federativas, tal abordagem conduziria a mudanças substantivas no papel conferido a seus entes, na forma como se articulam e se organizam para prover a sociedade de bens/serviços públicos e nas suas estruturas operacionais e de controle.

A crítica à *descentralização* como fonte segura de eficiência do setor público, com a transposição para este das mesmas regras de operação do setor privado, afasta-a das bases da *public choice* que deram origem e sustentação ao *modelo de federalismo competitivo* como o que melhores resultados poderiam produzir para esse objetivo. O papel conferido ao Governo Central, como articulador, regulador e avalista desse novo arranjo, por meio de desenhos institucionais confiáveis, indutores de ações voltadas para o atingimento de objetivos comuns, embora implique *maior centralização* do poder nessa esfera, afasta-a também da essência do *federalismo cooperativo*, que pressupõe ações acordadas entre os entes da federação, decididas em conjunto, sem imposição e predominância de um sobre outro.

Na verdade, ao revelar as *fraquezas e debilidades* do mercado para garantir eficiência, e as dos Estados e dos governos para administrar recursos públicos, e ao introduzir, entre os dois, a importância de *instituições fortes* para permitir-lhes operar com esse objetivo, o novo paradigma crava *uma ponte* entre o mercado e o Estado que abriga regras para o funcionamento de ambos, *despolitizando as relações entre eles mantidas*. Um federalismo amorfo, que, na ausência de melhor nome, pode ser chamado de *federalismo institucional*, emerge dessa concepção teórica, imprimindo um novo formato às relações intergovernamentais.

Na dinâmica da economia globalizada em que os capitais buscam formas diversas de autovalorização e em que a política fiscal e a questão da sustentabilidade da dívida adquirem posição central para evitar que seus resultados levantem suspeitas nas expectativas dos agentes e ameacem a estabilidade do câmbio e dos juros, como vimos nos capítulos anteriores, o enquadramento dos governos subnacionais no compromisso com essas políticas torna-se um pré-requisito para sua viabilidade. As instituições se transformam, assim, no instrumento que garante o cumprimento das novas normas e regras por parte dessas esferas e moldam o novo formato dessas relações de subordinação ao novo credo. É o que se procura esclarecer em seguida.

4. Divisão de poderes e responsabilidades no federalismo: centralização e descentralização

O Estado de cunho liberal predominante até a década de 30 do século XX imprimiu uma conformação à federação e à distribuição de poderes e responsabilidades aos entes que a compunham, de acordo com a essência desse pensamento e com a filosofia original desse arranjo político-territorial: com reduzidas atribuições, o Estado se encontra organizado em estruturas federativas nesse período, com poderes ainda limitados, apesar de crescentes, do Governo Central, e com maior força das esferas descentralizadas. Embora algumas atribuições específicas sejam atribuídas a este nível de governo, predomina uma estrutura descentralizada, garantindo a autonomia dos governos subnacionais. Não existe ainda na teoria das finanças públicas uma definição clara, precisa e específica da divisão de poderes e responsabilidades entre as esferas governamentais no tocante a dispêndios, limitações, competências tributárias etc.

Tal situação começaria a se modificar no século XX como resultado de acontecimentos econômicos, políticos e sociais que deram impulso ao crescimento do Estado e, dentro dele, do Governo Central, movimento que se acentuou com o surgimento das teses keynesianas sobre a importância de seu papel nos campos da estabilização e da distribuição e com a expansão e consolidação do *welfare state*. A partir daí, ganharam espaço crescente, na teoria das finanças públicas, as preocupações com a determinação das estruturas de governo mais eficientes em estruturas federativas para desempenhar essas novas atividades e com a distribuição de poderes e responsabilidades entre os entes governamentais que melhores respostas dessem ao desafio, com o objetivo de identificar o modelo de federalismo mais eficiente do ponto de vista da alocação de recursos.

Desde então, modelos centralizados têm se alternado com modelos descentralizados, sendo ora um, ora outro apontado como a opção que pode gerar resultados mais eficientes, à luz de diferentes visões sobre o papel do Estado, influenciando o arranjo das relações intergovernamentais que se considera mais adequado para tal objetivo.

4.1 O Estado centralizado: "as falhas do mercado"

O fortalecimento do Governo Central *vis-à-vis* os governos subnacionais, o que se verificou no século XX, foi fruto da revisão teórica

PARTE II - TEORIAS DA FEDERAÇÃO E A EVOLUÇÃO...

feita sobre o papel do Estado, diante do reconhecimento da incapacidade do mercado de lidar com situações de crise e desemprego e também de desigualdades interpessoais e inter-regionais de renda. A percepção de que o sistema teria de contar com instrumentos extramercado para corrigir seus desequilíbrios e reduzir essas disparidades levou a teoria dominante, a partir das formulações keynesianas, a atribuir ao Estado a responsabilidade por essas funções, por meio da implementação de políticas *nos campos da alocação, da distribuição e da estabilização em que, passava-se a reconhecer, o mercado apresentava "falhas"*.

O reconhecimento de que o mercado "falha" abriria, assim, as portas para o Estado ampliar o seu papel na vida econômica e social, desempenhando novas funções, à luz de princípios como os de maior igualdade, cooperação, solidariedade, os quais, até então considerados de forma marginal na teoria dominante, passaram a ser vistos como necessários para garantir a reprodução do sistema. Ao incorporá-los, por meio da ação do Estado, o novo corpo teórico que daí emergiu procurou conciliá-los com o objetivo de garantir maior eficiência para o sistema, ou seja, em determinar a forma como o Estado poderia cumprir, com eficiência, seus novos papéis.

O *plano orçamentário ótimo* apresentado por Musgrave[105] representa um esforço de racionalização desse corpo teórico, derivado das teses keynesianas, em que se procura combinar as funções ampliadas que caberiam ao Estado – alocativa, distributiva, estabilizadora – com o critério de eficiência. No caso de estruturas federativas, o desafio foi também o de determinar a melhor distribuição dessas atividades entre as distintas esferas de governo e de identificar as unidades que, à luz desse critério, melhor as realizariam. A resposta dada a essas questões pela teoria do federalismo fiscal revela porque brotou, daí, um modelo em que a *cooperação* entre as esferas governamentais se tornaria indispensável para o atingimento dos objetivos do Estado, ao mesmo tempo que o Poder Central aumentaria progressivamente sua importância *vis-à-vis* os governos subnacionais.

---

[105] MUSGRAVE, R. *Teoria das finanças públicas*. São Paulo: Atlas, 1973.

No tocante às funções de distribuição e estabilização, Musgrave & Musgrave[106] argumentam que, pelas suas características e abrangência, essas só podem ser operadas, com eficiência, em uma base nacional, cabendo aos governos subnacionais apenas atuarem *cooperativamente* com o Governo Federal para o seu sucesso.

No caso da política com objetivos redistributivos, de acordo com seus argumentos, as ações locais e regionais nessa direção estariam sujeitas a ineficiências por afetarem decisões locacionais e induzirem a migração das classes ricas – e dos investimentos – para outras localidades, além de atraírem populações menos favorecidas para essas áreas em busca de benefícios, desequilibrando as finanças locais. Não bastasse isso, num contexto federativo marcado por disparidades locais e regionais de renda, a ação redistributiva, visando mitigá-las, demanda medidas que ultrapassam essas fronteiras, tarefa que só pode ser realizada por um governo de âmbito nacional, já que os governos locais e regionais revelam-se limitados para cumpri-la com eficiência.

Da mesma forma, também a política fiscal voltada para os objetivos da estabilização somente pode lograr sucesso se conduzida pelo Governo Federal, considerando também que os níveis subnacionais de governo, além de não disporem de instrumentos – monetário, cambial etc. – para sua implementação, podem ver fraudados seus esforços pelas seguintes razões: a) pelos inevitáveis "vazamentos" que ocorreriam com as medidas adotadas por se tratar de uma economia aberta; e b) pelos maiores riscos de geração de *déficits* orçamentários e consequente ampliação de seu endividamento, de mais difícil administração por essas esferas. A *cooperação* desses níveis de governo seria, contudo, vital para o seu sucesso, evitando neutralizar as medidas de ajuste e contenção adotadas pelo Governo Federal com a ampliação de seus níveis de gastos e de endividamento, por exemplo.

Somente no caso da função alocativa, seria mais eficiente a provisão de serviços públicos pelos três níveis de governo, embora o papel do

---

[106] MUSGRAVE, R.; MUSGRAVE, P. B. *Finanças públicas*: teoria e prática. Rio de Janeiro: Ed. Campus; São Paulo: Edit. Universidade de São Paulo, 1980.

Governo Federal não se restrinja a tal objetivo. Musgrave & Musgrave, considerando que os bens públicos apresentam distintos graus de abrangência e, portanto, de incidência de seus benefícios – nacional (defesa e segurança, exploração espacial etc.); regional (rodovias); local (corpo de bombeiro, iluminação de ruas etc. – concluem que

> diante das características espaciais [destes bens] existe *a priori* uma razão para a existência de múltiplas jurisdições, devendo, cada uma, fornecer aqueles serviços, cujos benefícios ocorrem dentro de seus limites, [devendo], cada uma delas, utilizar apenas aquelas fontes de financiamento que permitirão a internalização [de seus] custos. Portanto, o fato de a incidência dos benefícios ser limitada espacialmente requer a existência de uma estrutura fiscal composta por múltiplas unidades de prestação de serviços, cada uma delas cobrindo uma região de certo tamanho na qual a oferta de um serviço específico é determinada e financiada.[107]

Em relação à função alocativa, portanto, o sistema se revelaria mais eficiente, descentralizando e distribuindo o atendimento das demandas da sociedade, por bens públicos, entre as esferas governamentais, de acordo com a incidência de seus benefícios. Entre as vantagens que esse sistema descentralizado apresenta, os autores destacam a maior integração social por ele propiciada com o envolvimento mais direto dos cidadãos na definição das prioridades da comunidade, o que é extremamente relevante para fortalecer a "consciência tributária", embora chamando a atenção para as maiores facilidades de geração de economias de escala, de coordenação do setor público e de unidade em torno de objetivos nacionais propiciados por um governo mais centralizado.[108]

Contudo, ainda nesse caso, uma ação mais ampla do Governo Federal também seria indispensável, de acordo com Musgrave &

---

[107] MUSGRAVE, R.; MUSGRAVE, P. B. *Finanças públicas*: teoria e prática. Rio de Janeiro: Ed. Campus; São Paulo: Edit. Universidade de São Paulo, 1980, p. 532.

[108] MUSGRAVE, R.; MUSGRAVE, P. B. *Finanças públicas*: teoria e prática. Rio de Janeiro: Ed. Campus; São Paulo: Edit. Universidade de São Paulo, 1980.

Musgrave,[109] pelos seguintes motivos: a) por revelar-se necessária a intervenção de um nível mais alto de governo para corrigir o "extravasamento" de benefícios (e de custos) no fornecimento de bens públicos de uma comunidade para os membros de outra, exigindo um esquema de subvenções compensatórias; b) por se considerar o consumo de determinados serviços públicos locais – educação, saúde, por exemplo –, como bens meritórios, cujos subsídios são indispensáveis para o aumento de sua oferta e para o atendimento das demandas da comunidade; c) porque eventuais desigualdades econômicas – e tributárias – entre as localidades e regiões, por implicarem iniquidade na oferta de bens públicos e distorcerem decisões locacionais, gerando ineficiências, deveriam, de acordo com a filosofia do sistema federativo, ser corrigidas, para o que seria necessário também contar com um esquema de subsídios/transferências a elas destinados.

Ora, para desempenhar tal papel, o Governo Federal teria de contar com mecanismos de subvenções e de transferências redistributivas para localidades e estados menos favorecidos, visando compensar/reduzir disparidades econômicas e tributárias existentes e garantir maior equilíbrio na federação, com a implementação de políticas baseadas na cooperação e na solidariedade. Essa divisão de tarefas entre as unidades governamentais, à luz dos compromissos com os critérios de eficiência e os princípios de maior igualdade e solidariedade, é que explica a construção, nesse período, do modelo de federalismo cooperativo e o fato do Poder Central (ou Governo Federal) ter assumido papel proeminente, nessa estrutura, para atuar como agente e avalista das políticas de estabilização e de redistribuição.

A divisão de encargos nesse modelo irá condicionar as estruturas de distribuição das competências tributárias entre os entes federados, visando garantir seu financiamento, à luz de aspectos que serão considerados nessa determinação, como os que dizem respeito, por exemplo, à amplitude e abrangência dos impostos e aos sistemas de transferências e subsídios e transferências intergovernamentais.

---

[109] MUSGRAVE, R.; MUSGRAVE, P. B. *Finanças públicas*: teoria e prática. Rio de Janeiro: Ed. Campus; São Paulo: Edit. Universidade de São Paulo, 1980.

PARTE II - TEORIAS DA FEDERAÇÃO E A EVOLUÇÃO...

De acordo com a teoria do federalismo fiscal, como são atribuídas responsabilidades abrangentes nas áreas da redistribuição, da estabilização, do desenvolvimento econômico e regional ao Governo Federal, ele deve dispor de instrumentos mais poderosos e abrangentes para essa finalidade, contando preferencialmente, no caso dos tributos, com a competência de impostos gerais, caso do imposto de renda, dos impostos sobre o consumo etc.

Aos estados, considerando que possuem também uma base mais ampla de incidência dos benefícios, caberiam também impostos incidentes sobre essas mesmas bases, estabelecendo-se, contudo, restrições para limitar os impactos de sua política tributária no quadro macroeconômico – interferências nos programas de estabilização, no desempenho do comércio exterior, nos investimentos etc. Para evitar a exploração de bases concorrentes entre esses dois níveis e transformar o sistema tributário em fonte de instabilidade do sistema, considera-se que o contrato federativo pode atribuir a competência de cobrança desses impostos ao nível superior e estabelecer regras de distribuição de sua arrecadação entre essas esferas.

Já os municípios ou localidades, dada a incidência bem definida dos benefícios gerados pelos bens públicos por eles cobertos, teriam, nos impostos incidentes sobre a propriedade imobiliária e sobre os seus negócios ou sobre o seu movimento econômico, suas principais fontes de financiamento. Um esquema de transferências intergovernamentais, com objetivos equalizadores, completaria o modelo, pelo lado do financiamento, visando a um maior equilíbrio dos entes que compõem a federação.

A centralização de poderes e responsabilidades no Governo Federal, traduzida no aumento progressivo de suas atividades em relação às das demais esferas de governo, resulta, assim, nesse paradigma teórico, da maior importância a ele atribuída para operar, com eficiência, políticas públicas nos diversos campos de atuação do Estado, voltadas para corrigir as "falhas do mercado". Uma centralização que será colocada em xeque pela *public choice* diante da crise dos anos 1970, a qual, apontando-a como uma das causas da ineficiência do Estado – de suas "falhas", portanto –, irá propor uma nova estrutura de distribuição de poderes e responsabilidades públicas, funcionando em outras bases.

4.2 O Estado descentralizado: as "falhas públicas"

Como vimos nas seções anteriores, para a *public choice*, o Estado "falha" – e muito! – ao implementar políticas públicas, gerando ineficiências e, portanto, redução do bem-estar. Deve, por essa razão, limitar suas ações e transferi-las para o mercado, que pode desempenhá-las com maior eficiência.

Embora essa escola identifique várias causas que contribuem para a ineficiência do Estado – por exemplo, predominância de interesses particulares representados no seu aparelho e busca de ganhos de seus agentes (políticos, burocratas etc.) descomprometidos com o equilíbrio fiscal –, nenhuma é tão forte, do ponto de vista das relações intergovernamentais, como a que diz respeito *à ausência de concorrência e competição entre as unidades de governo (e entre seus funcionários)*, considerada uma característica do modelo cooperativo.

A *ausência de concorrência*, juntamente com a existência de *transferências intergovernamentais para essas esferas, realizadas sem condicionalidades*, seriam responsáveis, de acordo com essa perspectiva teórica, pela leniência com que os gastos públicos são tratados, pela difusão de comportamentos *free rider*, acomodatícios dos agentes públicos, e pela falta de empenho da administração descentralizada em adotar medidas para melhorar a cobrança de impostos de sua competência e melhorar a gestão pública, visando aumentar a eficiência do gasto e a qualidade dos serviços prestados à população. Se os gastos não representam um custo para os cidadãos que recebem o benefício, nem para a administração que os fornece, não haveria, por parte dos primeiros, pressões para aumentar sua eficiência, nem motivação para o segundo cobrar impostos de sua competência, já que as necessidades da comunidade são atendidas por transferências de outras localidades. Por isso, torna-se necessário associar custos a benefícios.

Para a *public choice*, o caminho para corrigir essa situação consiste em introduzir, no modelo, a competição/concorrência entre essas

PARTE II - TEORIAS DA FEDERAÇÃO E A EVOLUÇÃO...

esferas, o que se tornaria possível com a *descentralização das atividades públicas*. Como um mantra, *a descentralização*, ao induzir a comportamentos competitivos entre as localidades/ estados, semelhantes aos que se verificam na esfera do mercado, seria capaz de assegurar a eficiência do setor público e permitir, ao sistema econômico, funcionar no nível ótimo de eficiência (o *ótimo de Pareto*).

A *concorrência aparece*, assim, nesse corpo teórico, *como consequência natural da descentralização*, considerando que, sem poder contar com subvenções e transferências de outras localidades para atender as necessidades de sua população, os governos locais/regionais se verão compelidos a melhorar a qualidade e a eficiência dos serviços e compatibilizar os seus custos com o nível de tributação, sob pena de vê-la migrar para outras jurisdições que oferecem condições mais favoráveis. Dispondo de informações completas sobre essas questões e adotando comportamentos racionais maximizadores de utilidades, o contribuinte/consumidor desses serviços se torna o agente soberano que, com sua ação, garante a máxima eficiência do setor público e do sistema econômico.

O desenho da *divisão de responsabilidades e poderes entre as esferas governamentais* que surge dessa concepção representa a antítese do modelo do federalismo cooperativo. Interagindo com as novas exigências colocadas pelo processo de globalização dos mercados financeiros e de produtos, no qual a mobilidade dos fatores produtivos assume posição central, a recomendação da teoria é de que sejam removidas as travas que obstam essa possibilidade, caso de medidas protecionistas, de mecanismos de regulamentação da economia e da estrutura de impostos cobrados pelo Estado que prejudicam a competitividade, as exportações, os investimentos e a produção. Nessa perspectiva, o Governo Central deveria conhecer um progressivo esvaziamento de suas funções, incluindo as de caráter redistributivo, via transferências, até mesmo pela ineficiência com que as opera, reduzindo-se à condição mínima. Em contrapartida, a administração descentralizada passaria a operar com plena autonomia na administração de suas finanças, nos moldes de uma empresa privada, em nome do compromisso com a *eficiência*.

Nesse arranjo, seria predominante o conceito de *subsidiariedade* (que se opõe ao de cooperação), cabendo ao Governo Central restringir-se a fazer o que não pode ser feito por um nível inferior de governo: deve dar ênfase ao financiamento dos gastos com a receita própria obtida por cada unidade da federação e estabelecer uma vinculação estrita entre dispêndios e receitas, atuações indispensáveis tanto para melhorar a gestão pública – e, consequentemente, a eficiência – como para envolver o cidadão no processo de fiscalização, controle e cobrança dos atos dos governantes.

Essa receita, que brota e se legitima na combinação desse novo paradigma com as transformações conhecidas pelo sistema capitalista colocaria em marcha um processo de fragilização dos Estados nacionais, reduzindo sua capacidade de regulação da economia e de implementação de políticas macroeconômicas nacionais, além do enfraquecimento das ações cooperativas e de solidariedade, essenciais para a unidade federativa. Uma vez que as regiões/localidades de um mesmo país foram deixadas à própria sorte e sem contarem com intervenções do governo federal para implementar políticas de desenvolvimento regional e para atenuar disparidades existentes dentro da federação, o caminho que se desenhou foi o de acirramento da competição entre elas por investimentos, empregos, avanços tecnológicos etc., visando resolver seus próprios problemas de forma isolada, aumentando os conflitos entre os seus membros e minando as bases dessa forma de organização política do país.

Ohamae, ao analisar essa tendência, assinalaria que, se mantida, seria inevitável o fortalecimento do fenômeno que ele chamou de *"regionals states"*, estes, por sua vez, seriam, nas suas palavras:

> (...) zonas econômicas naturais desenhadas pela ágil, mas invisível, mão do mercado global de bens e serviços. Querem qualquer excedente resultante dessas atividades para elevar a qualidade de vida local ainda mais e não para sustentar regiões distantes ou fortalecer indústrias necessitadas em outro lugar em nome do interesse e da soberania nacional.[110]

---

[110] OHAMAE, K. *The Rise of region state foreign affairs*. [S.l.: s.n.],1993 *apud* FIORI, José

Os resultados produzidos pelas reformas implementadas nessa direção em diversos países, nas décadas de 1980 e 1990, revelaram, em muito pouco tempo, não ser esse um bom caminho a ser seguido, não só pelas próprias disfunções provocadas no funcionamento do sistema econômico, mas também pelo aumento rápido da miséria e acirramento dos conflitos federativos, acompanhados da ameaça de desintegração das unidades nacionais que ocasionaram.

Nesse contexto, as críticas à descentralização extremada, esposada por essa corrente, não demoraram a surgir, apontando inúmeros riscos que representava para a reprodução do sistema e questionando seu papel como instrumento natural da concorrência e da eficiência. Entre os riscos, destacam-se:[111]

i) *instabilidade macroeconômica*: com o papel reduzido do Poder Central nesse campo, tornam-se maiores as chances das ações descoordenadas dos governos subnacionais, especialmente no caso das grandes federações, em que são maiores, jogarem contra a estabilidade da economia;

ii) desequilíbrios fiscais: deixados à própria sorte, esses governos, principalmente no caso dos que não contam com bases econômicas e tributárias mais sólidas, podem gastar muito além do que arrecadam, gerando incertezas e afetando a estabilidade econômica;

iii) aumento *do desemprego e da pobreza*: num mundo marcado por incertezas e instabilidade, agravado pela ausência da ação compensatória do Estado, enfraquecem-se as forças da acumulação e a capacidade do sistema econômico de gerar empregos, tornando inevitável a ampliação da pobreza e aumentando os riscos de sua desestruturação;

Luiz. Globalização econômica e descentralização política: um primeiro balanço. *Ensaios FEE*, Porto Alegre, n. 2, 1994, pp. 295-311.

[111] AFFONSO, Rui de Brito Alvares. *O federalismo e as teorias hegemônicas da economia do setor público na segunda metade do século XX*: um balanço crítico. Tese (Doutorado). Campinas: IE/Unicamp, 2003.

iv) *ragmentação da unidade territorial*: ao estimular comportamentos competitivos entre as unidades da federação e esvaziar o papel do Governo Federal de soldar interesses regionais divergentes, por meio da implementação de uma política regional, perdem-se os elos de solidariedade, essenciais para a coesão federativa, e incentiva-se a guerra fiscal, predatória, entre os estados e as localidades por investimentos, colocando em risco a unidade nacional;

v) *despreparo administrativo dos governos locais*: representa o risco da reforma realizada, em busca da maior eficiência, ser malsucedida por não encontrar, nas administrações locais, nem instituições nem quadros técnicos devidamente preparados para sua implementação e gestão e, também, por falta de mecanismos de controle e de responsabilização de seus atos que acarretem prejuízos para a comunidade.

Quanto aos questionamentos, pelo menos três merecem ser destacados: a) o que atinge o centro do edifício da *public choice* e do neoclassicismo, derrubando uma de suas principais vigas, na qual se amparavam os axiomas da *informação perfeita e dos mercados completos*, indispensáveis para garantir ao sistema econômico operar no ponto de equilíbrio ótimo, ou seja, com a máxima eficiência; b) o que, embora considerando a *descentralização* como condição necessária para a concorrência e a eficiência, não a vê como suficiente para tanto, não somente pelas hipóteses problemáticas de mobilidade populacional interjurisdicões e de revelação das preferências pelo sistema eleitoral, mas também pela inexistência de mecanismos e instrumentos para impedir que ela se restrinja a objetivos limitadamente paroquiais, em desacordo com a essência do federalismo; e c) o que revela, nos termos propostos pela teoria, suas limitações para atuar em realidades em que os entes federativos apresentam grande diversidade – populacional, de renda, de oportunidades, pobreza –, tornando adversas as condições da concorrência para as localidades/regiões que apresentam condições desfavoráveis.

A tese de que a descentralização não é capaz, por si só, de garantir a concorrência com eficiência e de que, para essa finalidade, precisa ser disciplinada e organizada com regras claras, representa a base em que se apoiam os teóricos do "novo institucionalismo" para redesenhar as estruturas de divisão de poderes e responsabilidades entre as esferas governamentais.

4.3 O Estado institucional: as "novas falhas do mercado" e o Estado regulador

Para o "neoinstitucionalismo", nem os mercados nem o Estado podem operar com eficiência na ausência de instituições fortes funcionando com independência, dotadas de legitimidade política e jurídica para garantir a prevalência e observância de regras estabelecidas com o intuito de impedir/coibirem ações dos agentes – públicos e privados – prejudiciais para tal objetivo. Se isso é verdade, a descentralização também não é capaz, por si, de produzir a eficiência, não somente porque esta depende daquele arranjo, mas também porque a descentralização, para gerar bons resultados, necessita ainda de regras claras e de mecanismos de coordenação e cooperação entre as esferas governamentais para garantir a oferta de políticas públicas e evitar sobreposições de funções, desperdício e descontrole de suas finanças.

Ora, instituições com essas características exigem um Estado revitalizado e não um Estado enfraquecido, como na perspectiva da *public choice*, por ser ele o agente responsável pela sua criação, e também um Governo Central capaz de promover um desenho adequado dessas instituições para regular e coordenar as ações dos governos subnacionais, de forma a impedir que estas se traduzam em prejuízos para o funcionamento dos "mercados" e criar condições para que a própria descentralização seja benéfica para aumentar a eficiência do setor público. Contrariamente à tese do "Estado mínimo", para o "neoinstitucionalismo", o Estado deve ser, portanto, "forte, ágil e enxuto", para o que são indispensáveis reformas estruturais de seus aparelhos (chamadas de reformas de segunda geração), voltadas para criar e fortalecer suas instituições, sendo o Governo Central (ou federal) dotado de poder regulatório e de comando sobre os governos subnacionais, com o objetivo de garantir eficiência para o sistema econômico e para o setor público.

A recentralização das atividades no Governo Central volta a ocupar, assim, papel relevante, nesse paradigma, para assegurar a concorrência e os ganhos de eficiência, assim como a descentralização qualificada e por ele coordenada em cooperação com os governos subnacionais, por meio de instituições que garantem a convergência de seus interesses com os de âmbito nacional. A estruturação de "marcos regulatórios" confiáveis em diversos campos da economia e nas relações intergovernamentais torna-se, assim, condição *sine qua non* para garantir a concorrência e permitir ao sistema operar com eficiência.

Nesse modelo, a divisão de responsabilidades segue também a lógica da eficiência, mas, considerando as distintas interações entre as instituições fiscais, políticas e administrativas, a serem inscritas num marco regulatório, o qual, tendo o Governo Central como avalista, exige a especificação, com clareza, das atribuições que cabem a cada nível de governo na oferta de políticas públicas. Diferentemente dos modelos anteriores – o da *welfare economics* e da *public choice* – pressupõe-se, aqui, a possibilidade de vários arranjos, que deverão ser periodicamente revistos, adaptando-o à diversidade de situações existentes na federação com tratamentos e abordagens que levem em conta essas diferenças.

A necessidade de desenhos "adequados" de descentralização, negociados, coordenados e monitorados pelo Governo Central, introduz, no modelo, o espírito da cooperação mútua, enquanto a prioridade conferida à exploração de receitas próprias, por meio de "incentivos" concedidos aos governos subnacionais na forma de transferências não discricionárias ou condicionadas, para que estes as vinculem aos seus gastos (custos), procura conciliar questões difíceis como comando (ou coordenação) de um poder sobre os demais com a autonomia relativa dos governos subnacionais em responder às preferências locais reveladas pelos cidadãos em termos de serviços públicos, e criar, ao mesmo tempo, condições favoráveis para a questão da *accountability*.

O compartilhamento de cada nível de governo nas áreas das receitas, dos gastos e das transferências intergovernamentais, com regras claramente definidas sobre suas atribuições e responsabilidades – removendo, portanto, incertezas sobre essas questões –, assim como regras de controle das finanças governamentais nos campos da dívida, do *déficit*, das receitas próprias, dos gastos, entre outras, tornam-se essenciais para garantir uma "concorrência saudável" entre os níveis e maior equilíbrio de suas contas, condições necessárias para a eficiência e o equilíbrio macroeconômico.

Nesse modelo, não há espaço para a prática, entre as esferas governamentais, da concorrência considerada predatória ou prejudicial para a eficiência, como as que dizem respeito às renúncias de receitas para atrair investimentos de empresas (fenômeno conhecido como "guerra fiscal") pelas distorções que provoca na alocação de recursos e pelo enfraquecimento financeiro da capacidade da unidade de governo que se utiliza desse expediente. Por isso, a "harmonização de suas estruturas tributárias", como uma instituição, com o estabelecimento de regras gerais claras de incidência, alíquotas, base de cálculo etc., torna-se um imperativo para garantir uma "competição saudável". Para fins de *accountability*, considera-se, contudo, que alguma autonomia deve ser atribuída a esses governos no processo, como, por exemplo, a liberdade de definição de alíquotas de impostos harmonizados, embora dentro de certos limites/parâmetros previamente estabelecidos para não comprometer os objetivos pretendidos.

Para que tudo funcione bem, é indispensável contar com o processo democrático e o envolvimento da população na fiscalização e cobrança dos atos dos governantes. Por isso, princípios como os de transparência, clareza e divulgação dos orçamentos, juntamente com a criação de canais de participação e representação da sociedade (orçamento participativo, conselhos de gestores e fiscalização e definição de prioridades das políticas públicas, por exemplo) aparecem como instituições vitais para otimizar a utilização dos recursos públicos e garantir o atingimento de resultados eficientes. Associar custos a benefícios, incentivar a exploração de receitas próprias e estabelecer metas e resultados a serem alcançados por quem recebe as transferências intergovernamentais são algumas das medidas contempladas nesse modelo, as quais podem contribuir, de fato, para tornar a descentralização um instrumento de aumento da eficiência do setor público e, por extensão, do sistema econômico como um todo. Para auxiliar na melhoria da gestão pública, ao

Governo Central é atribuída a responsabilidade de cuidar para o aprimoramento e treinamento dos quadros técnicos dos governos subnacionais, por meio de apoio financeiro voltado para garantir a oferta de cursos de treinamento, programas de modernização da administração tributária, de construção de cadastros de contribuintes, informatização etc.

A combinação de um processo de descentralização das atividades públicas com a tutela e aval do Governo Central, controlada e regulada por meio de instituições que prescrevem regras legais, procedimentos, responsabilidades e controles de suas finanças, embora preservando alguma autonomia para esses governos por motivo de *accountability*, situa-se em um dos pontos da linha que separa o modelo do federalismo cooperativo, com tendências centralizadoras, do modelo competitivo, descentralizador em sua essência. As diferenças tornam-se mais pronunciadas porque as regras não se restringem às unidades de governo, sendo estendidas para todos os poderes – Legislativo, Judiciário, Executivo – a fim de limitar/ controlar seus atos, por meio de instituições, cabendo também, ao Estado, exercer poder regulatório sobre diversas áreas da economia, visando garantir as condições necessárias para o sistema, como um todo, operar com eficiência.

5. Algumas considerações sobre os modelos de federalismo

Os modelos de federalismo de que se ocupam os teóricos da economia do setor público, em geral, e das finanças públicas, em particular, ao conferirem centralidade à questão da "eficiência", abstraindo ou tomando como *dados* os demais elementos constitutivos dessa forma de organização político-territorial de uma nação, eliminam os conflitos e barganhas que a caracterizam para manter-se em equilíbrio, bem como reduzem seus problemas a uma mera questão de distribuição de competências e de responsabilidades, com o objetivo de determinar estruturas que lhes permitam operar com esse objetivo. Não surpreende, assim, que nessa perspectiva, o federalismo seja reduzido a uma questão de maior ou menor grau de centralização ou de descentralização das atividades públicas, cujas recomendações têm se alternado, historicamente,

PARTE II - TEORIAS DA FEDERAÇÃO E A EVOLUÇÃO...

de acordo com a visão teórica predominante sobre o papel desempenhado pelo Estado na vida econômica e social.

Não são incomuns os estudos que procuram "medir" o grau de federalismo de acordo com a distribuição das competências tributárias e administrativas entre as esferas de governo que integram o território. Embora esse seja um procedimento que possa revelar o arranjo governamental estruturado sobre a divisão dos encargos entre os níveis, a verdade é que ele é insuficiente para caracterizar um país como unitário ou federativo e, menos ainda, para avaliar, no último caso, o "grau" de federalismo. Estados unitários podem apresentar um alto grau de descentralização administrativa e fiscal, em função de sua extensão territorial, embora as esferas subnacionais não disponham de autonomia, apenas atuando como representantes (delegados) do Poder Central. Estados federativos podem, também, apresentar-se da mesma forma, mas sem dispor de autonomia nem no campo político nem na liberdade para decidir sobre os seus gastos, negando sua essência.[112]

O grau de centralização das competências administrativas e fiscais não pode ser visto, assim, como indicador da existência e da qualidade – e também da intensidade – de um Estado federal, sendo necessário associá-lo à descentralização política. Esta, por sua vez, garante autonomia para que as diversas esferas de governo contem com governos próprios e independentes e possam dispor de condições para não terem de se submeter ou se subordinar a outros níveis. Ao desconsiderar essas condições, a teoria econômica convencional que trata do federalismo praticamente indiferencia o Estado unitário do Estado federativo e, portanto, também os arranjos particulares que o último exige e que são alcançados por meio de barganhas para equacionar os conflitos e soldar os interesses entre seus entes em torno de um projeto de nação, de modo a abstrair dessas condições para propor fórmulas gerais e padronizadas que garantem maior *eficiência* do setor público.

---

[112] SOARES, M. M. *Teoria do sistema federal:* heterogeneidades territoriais, democracia e instituições políticas. 1997. Dissertação (Mestrado) – Departamento de Ciências Políticas da Universidade Federal de Minas Geras, Belo Horizonte, 1997, pp. 60-64.

Note-se que o critério de "eficiência" adotado resulta da manifestação das preferências de indivíduos, seja por políticas públicas ou por instituições, não importando a esfera que as atenderão, colidindo com a natureza do federalismo, construído em nome de uma nação (um sujeito coletivo) e pressupondo que, para sustentá-lo, é necessário abrir mão, em alguma medida, de parte da soberania territorial e de contar com alguma renúncia de ganho por parte dos cidadãos em melhores condições, o que pode acarretar inevitáveis *trade-offs* entre eficiência e equidade. Nesse caso, evidencia-se a incompatibilidade entre as posturas racionais maximizadoras de utilidades dos indivíduos, em que se apoiam as teorias aqui tratadas, com o federalismo entendido em sentido mais amplo, que pressupõe pactuação coletiva, política e solução de conflitos territoriais, o que, por sua vez, demanda cooperação, mesmo que com prejuízo para a questão da eficiência.

Ainda que a corrente *neoinstitucionalista* considere a possibilidade dos *trade-offs* e admita arranjos particulares das relações intergovernamentais dentro de uma mesma federação para dar conta dessas heterogeneidades, ao atribuir ao Governo Federal (Poder Central) a coordenação (o comando, na verdade) das instituições que controlarão os atos dos governos subnacionais, também com ela se desfaz a rede de relações políticas e de pactuação que sustenta dinamicamente a federação e acomoda os interesses e conflitos de seus entes em contextos históricos que se modificam no tempo.

Nessa alternância de concepções sobre os modelos de federalismo, ora centralizadores, ora descentralizadores ou combinando elementos que favoreçam o equilíbrio dessas tendências, questões vitais na estrutura de repartição de poderes e responsabilidades, como a da *autonomia*, ganham novos significados ou são ajustadas para consagrar as fórmulas sugeridas a partir de modelos idealizados. Na atualidade da globalização, em que predominam as ideias neoinstitucionalistas, *a autonomia dos governos subnacionais*, diante das exigências de harmonização das estruturas tributárias, deixa de estar associada a competências próprias na cobrança de impostos, passando a ser vinculada ao *compartilhamento* de receitas cobradas por outro nível de governo, com regras de participação claramente inscritas e garantidas na Constituição. Da mesma forma, a "autonomia" dessas esferas na realização de gastos passa a ser garantida por desenhos "genéricos" de descentralização construídos em comum acordo com o Governo Federal e nos quais se explicitam, por meio de leis, as responsabilidades que cabem a cada uma em termos de ofertas de políticas públicas, atribuindo-se ao Poder Central e à sociedade organizada o controle de seu cumprimento e da busca de eficiência.

O debate sobre centralização/descentralização das atividades públicas não representa nenhuma novidade e deve continuar destacando e/ou apontando as virtudes e defeitos do processo, e alternando essas tendências de acordo com a visão da teoria econômica dominante sobre o papel do Estado e da busca da eficiência do setor público. Por trás dele, viceja, contudo, uma complexa e dinâmica realidade política que não consegue ser percebida – e muito menos entendida – nas condições reducionistas da teoria do federalismo fiscal. É com base nesses marcos teóricos a respeito do federalismo que se analisa, em seguida, sua evolução no Brasil, desde o período do Império.

6. A evolução do federalismo no Brasil: um pêndulo em busca de um pouso

6.1 Império: Estado unitário e ensaio da federação[113]

Um ensaio de construção das bases da federação, no Brasil, ocorreu no breve interlúdio em que o País, administrado politicamente sob o manto do Império (1822-1889), viu o poder deslocar-se, provisoriamente, com a abdicação de D. Pedro I e a impossibilidade de D. Pedro II de substituí-lo, devido à sua pouca idade, para um grupo de políticos,

---

[113] Para uma boa análise deste período, ver os seguintes trabalhos: SOARES, M. M. *Teoria do sistema federal:* heterogeneidades territoriais, democracia e instituições políticas. 1997. Dissertação (Mestrado) – Departamento de Ciências Políticas da Universidade Federal de Minas Geras, Belo Horizonte, 1997; DOLHNIKOFF, M. *O pacto imperial: origens do federalismo no Brasil.* Editora São Paulo: Globo, 1995; REZENDE, Fernando; AFONSO, José Roberto. A federação brasileira: desafios e perspectivas. *In:* REZENDE, Fernando; OLIVEIRA, Fabrício Augusto de. (orgs.). *Federalismo e integração econômica regional: desafios para o Mercosul.* Rio de Janeiro: Konrad Adenauer Stiftung, 2004.

organizados sob a forma de uma instituição denominada Regência (1831-1840), conforme previa a Constituição de 1824, até que o sucessor atingisse a idade de dezoito anos, exigida para que pudesse assumir o governo.

Após a abdicação de D. Pedro I, em 1831, realizou-se, sob a influência de políticos liberais, em 12 de agosto de 1834, a primeira grande reforma da Constituição, com a edição de um Ato Adicional, com o qual foi dada ênfase à descentralização de poderes e responsabilidades entre as unidades administrativas que compunham o Império. Com essas mudanças, foram criadas Assembleias locais e ampliados os poderes das então províncias (os Estados somente receberiam essa denominação a partir de 1891). A instituição de um sistema de repartição de receitas e a criação de conselhos locais para tratar de assuntos estritamente locais se somaram a essas mudanças para lançar as sementes da federação. Esse ensaio durou, entretanto, pouco tempo.

A insatisfação das províncias com o novo sistema de repartição de receitas, somada às ambições políticas locais que se acentuaram nesse cenário, conduziu à deflagração de várias rebeliões regionais, transformando o ensaio de federação num sistema político fraturado. Abriram-se, com isso, as portas para o retorno ao poder das forças conservadoras, as quais, conseguindo realizar uma nova reforma da Constituição, em 1840, reverteram o padrão vigente de distribuição de poderes e sufocaram os sonhos federalistas do período. Estes só se materializariam em 1889, quando se conseguiu, finalmente, proclamar o Brasil como República Federativa. A partir daí é que, efetivamente, tem início a construção de seus alicerces. Um processo que tem oscilado, contudo, como um pêndulo, ora enfraquecendo, ora fortalecendo as suas bases, por meio de deslocamentos da estrutura de distribuição de poderes e de responsabilidades entre os entes que compõem a federação.

Apesar, portanto, do breve ensaio de federação que se observou, no Brasil durante a vigência do Império, predominou uma forma de organização político-territorial caracterizada como sendo de um Estado unitário, no qual o poder econômico e financeiro, bem como as decisões políticas, se concentrara na administração central, que delegava prerrogativas limitadas às demais unidades de governo que conformam o território nacional.

6.2 Arremedo de federação ou a "federação para poucos": 1891-1930

O surgimento da federação no Brasil, no final do século XIX, ocorreu diante do esgarçamento das condições econômicas e políticas que sustentavam o Império, colocando a necessidade de reprodução da dominação das oligarquias regionais.

Inspirada formalmente na experiência norte-americana de federação, a Carta Constitucional de 1891 contemplou medidas de descentralização e liberalização indispensáveis à nova forma de organização político-territorial do País. Dotou os estados dos poderes executivo, legislativo e judiciário de autonomia para elegerem tanto seus próprios governantes quanto os membros das Assembleias Legislativas, para terem suas próprias constituições e ainda de se responsabilizarem pelas competências não asseguradas pela União, as quais, como coloca Soares, estavam limitadas "à defesa nacional, às relações exteriores e ao controle do sistema financeiro monetário e cambial".[114]

No campo das competências tributárias, a Constituição adotou o regime de separação das fontes de receitas, concedendo campos exclusivos de cobrança de impostos para os estados e a União. Com a União, depois de travada uma disputa entre esta (apoiada pelos estados exportadores de São Paulo, Minas Gerais e Rio de Janeiro, entre outros) e a bancada do Nordeste, permaneceu o principal imposto da época – o de Importação –, bem como o Imposto do Selo, do direito sobre a entrada e saída de navios e a taxa sobre correios e telégrafos.[115] Com os estados,

---

[114] SOARES, M. M. *Teoria do sistema federal:* heterogeneidades territoriais, democracia e instituições políticas. 1997. Dissertação (Mestrado) – Departamento de Ciências Políticas da Universidade Federal de Minas Geras, Belo Horizonte, 1997, p. 97.

[115] Para esses pontos, conferir o seguinte trabalho: ARRETCHE, Marta. Quem taxa e quem gasta: a barganha federativa na federação brasileira. *Revista de Sociologia e Política*. Curitiba, n. 24, jun. 2005, pp. 69-85.

permaneceram o imposto sobre exportações, o imposto sobre a propriedade rural e urbana, sobre a transmissão de propriedade, um imposto de selo sobre seus negócios, sobre indústrias e profissões e as taxas de correios e telégrafos estaduais. A Constituição não discriminou receita, contudo, a favor dos municípios, deixando-a a critério dos estados.[116]

A Tabela II.1 mostra como a arrecadação tributária direta distribuiu-se entre o Governo Federal e os estados nesse período. Como ali se observa, da carga tributária bruta, que conheceu uma redução significativa como resultado da Primeira Guerra Mundial, seguida da crise que marcou as décadas de 1920 e 1930, foi mantida, com ligeiras oscilações, a participação da União no seu total em torno de dois terços, ficando o restante aos estados, a quem cabia a responsabilidade de garantir receitas para os municípios desempenharem suas funções.

A autonomia concedida aos estados para legislar sobre seus próprios impostos foi ampla, assim como lhes foi permitido explorar o campo residual da tributação, com liberdade para criarem novos impostos. Não se contemplou, contudo, mecanismos de transferências fiscais entre as esferas governamentais, os quais poderiam contribuir para a redução das desigualdades regionais de renda, predominando, portanto, o espírito de um *federalismo dual*, contrário à concessão de subsídios e de transferências governamentais para essa finalidade. De qualquer forma, como observa Lopreato, "a criação de uma república de caráter federativo alçou os estados à posição de entes fundamentais no arranjo do pacto de poder cuja força ia além daquele de que dispunham como províncias do Império".[117]

---

[116] Os estados deixaram para os municípios o imposto predial urbano (casas e terrenos) e permitiram que eles arrecadassem cumulativamente o de indústrias e profissões. Além disso, os municípios cobravam as taxas de seus serviços, como os de luz, lixo etc.

[117] LOPREATO, Francisco L. Cazeiro. *O colapso das finanças estaduais e a crise da federação*. São Paulo: Editora UNESP, IE/UNICAMP, 2002, p. 15.

Tabela II.1
Brasil: distribuição Federativa da Receita Arrecadada
Conceito: arrecadação direta
1900/1930

Ano	Carga Tributária Bruta (% do PIB)	Distribuição Federativa das Receitas (em %) Conceito: Arrecadação Direta		
		União	Estados	Municípios
1900	10,62	67,3	32,7	-
1905	15,14	71,2	28,8	-
1910	12,49	72,0	28,0	-
1915	8,38	61,0	39,0	-
1920	7,00	66,5	33,5	-
1925	7,87	66,5	33,5	-
1930	8,36	63,9	36,1	-

Fonte: IBGE. *Estatísticas do século XX*. Rio de Janeiro: IBGE, 2006.

Na prática, entretanto, a federação que se ergueu com a Constituição de 1891 destoou dos princípios que sustentam essa forma de organização político-territorial como os da democracia política do Estado nacional e o da igualdade soberana das unidades territoriais, bem como com o da cooperação, confirmando-se como instrumento de poder para garantir os interesses e a dominação das oligarquias regionais mais poderosas. Isso se deu por algumas importantes razões.

Se concedeu ampla autonomia aos estados em diversos campos para estes pautarem suas ações, a Constituição de 1891 também atribuiu ao Governo Federal poderes para neles intervir sempre que aquelas se mostrassem prejudiciais também para a federação, por meio do instituto de intervenção nos estados, contemplado no art. 6º tanto do Decreto n. 1, de 15 de novembro de 1889, como no da Constituição, de 14 de fevereiro de 1891. Nas mãos do Governo Federal, esse instrumento foi eficaz para justificar intervenções de diversas naturezas nos estados, punir adversários e defender os interesses das forças que dominavam o Poder Central. Em contrapartida, com o seu uso negava-se a essência federativa da dupla autonomia político-territorial.

Por outro lado, o Poder Central era dominado pelas elites e oligarquias mais poderosas dos estados de São Paulo, Minas Gerais e, em menor grau, do Rio Grande do Sul. Eram elas que dominavam o cenário político e econômico e definiam o conteúdo da política econômica implementada, a qual, em geral, era favorável aos seus interesses. A "política dos governadores", um acordo silencioso que se estabeleceu entre São Paulo e Minas Gerais para governar, alternadamente, o País, durante a Primeira República, revela bem o poder que detinham junto ao Poder Central. Assim, se os estados mais pobres não dispunham de espaços políticos na federação para defenderem seus interesses, também o Poder Central, controlado por aquelas forças, não contava com autonomia e liberdade para exercer seu papel de avalista do pacto que garantisse, nos campos político e econômico, o equilíbrio federativo.

Ainda no campo político, a reduzida participação da população nas eleições – cerca de apenas 2% até 1930 – e a inexistência de partidos de âmbito nacional, substituídos por partidos estaduais, como aponta Soares,[118] reforçavam o controle e a dominação das elites e oligarquias regionais sobre a situação e contrariavam os pressupostos de um Estado moderno democrático, essencial para a ordem federativa em que os diversos interesses estivessem devidamente representados e inscritos em seus aparelhos.

No campo tributário e financeiro, além de reduzida a carga tributária na época, nível condizente com a concepção de um Estado de cunho liberal, o que obviamente limitava a ação do Governo Federal na promoção de políticas equalizadoras, mesmo porque não figuravam entre os seus objetivos, não se contava também no sistema tributário com mecanismos de transferências de receitas que poderiam reduzi-las, deixando cada estado à sua própria sorte. Enquanto os estados mais desenvolvidos – os estados exportadores – beneficiavam-se de receitas mais robustas originárias de suas atividades produtivas, os menos desenvolvidos, fazendo uso da liberdade que dispunham para tributar, lançavam

---

[118] SOARES, M. M. *Teoria do sistema federal:* heterogeneidades territoriais, democracia e instituições políticas. 1997. Dissertação (Mestrado) – Departamento de Ciências Políticas da Universidade Federal de Minas Geras, Belo Horizonte, 1997, pp. 97-98.

mão principalmente do aumento dos impostos interestaduais – o imposto de exportação era cobrado também como sendo um imposto dessa natureza – para atender suas necessidades de receitas, distorcendo o sistema tributário e acirrando os conflitos federativos.

Nessas condições, embora caracterizada por um forte movimento de descentralização e liberalização, à medida que os estados passaram a deter ampla liberdade de ação para a cobrança de tributos e para poderem legislar sobre seus assuntos nos mais distintos campos, a federação não foi mais do que uma forma encontrada para garantir que essa dominação das elites e das oligarquias presentes no Império continuasse assegurada. Ao contrário dos EUA, portanto, onde a federação surgiu como fruto da união e integração de estados independentes, sua adoção, no Brasil, não representou mais do que a soma de estados marcados por profundas desigualdades econômicas, prevalecendo os interesses dos estados mais poderosos – São Paulo, Minas Gerais e, em menor escala, Rio Grande do Sul –, com o *locus* do poder situando-se nas esferas regionais e com um Poder Central débil financeiramente e sem dispor de instrumentos para a implementação de políticas essenciais para se caminhar em direção ao equilíbrio federativo. Por outro lado, como aconteceu nos Estados Unidos, esse tipo de federalismo "dual", com o Poder Central impotente para corrigir as desigualdades entre seus membros, não se revelaria adequado para garantir que a harmonia federativa pudesse ser alcançada.

Nesse quadro, a política econômica, através da qual deveriam ser soldados os diversos interesses dos entes federados, restringia-se, ao ser comandada pela "política dos governadores" – marcada pela política do "café com leite", o que refletia a dominação dos estados mais fortes economicamente – ao manejo das taxas de câmbio de forma a assegurar a renda da burguesia agroexportadora. Não é por outra razão que essa estrutura "dual" de poder vigente nesse período é conhecida na literatura, apesar de seus mecanismos de descentralização, como semelhante também à de um federalismo em que predominam acentuados "conflitos" inter-regionais, o que traduz a situação de um Poder Central fragilizado em suas possibilidades de costurar e soldar as alianças federativas, refém dos interesses dos estados mais ricos. Como bem coloca Francisco de Oliveira,

> (...) a federação brasileira nasceu muito depois de as oligarquias regionais e provinciais já estarem bem instaladas e garantidas por sua forte aliança com o 'despotismo esclarecido' do trono e do exército de Caxias, à custa das incipientes tentativas liberais abafadas a ferro e fogo nas revoluções regionais.[119]

Na ausência de *cooperação*, situação típica de um federalismo "dual", os conflitos federativos que marcaram essa fase terminaram desaguando na crise política do final da década de 1920 e conduzindo Getúlio Vargas ao poder (1930-1945). Nesse avançou-se na construção de um Estado moderno, com a constituição de sua ossatura material, institucional e financeira, libertando-o das influências oligárquicas, mas com o enfraquecimento da democracia e de uma federação que mal começava a dar os seus primeiros passos e que seria temporariamente suspensa, dando origem a um Estado unitário autoritário.

6.3 Vargas e o retorno do Estado unitário autoritário: 1930-1946

A Revolução de 1930, que inaugura uma nova etapa da federação brasileira representa uma ruptura com as bases do Estado oligárquico, à medida que promoverá a transferência do *locus* do poder regional para o Governo Federal, enfraquecendo politicamente os estados, cujos interesses passarão a ser acomodados nos aparelhos do Estado Central. Ao mesmo tempo, com a crise econômica da década de 1930 e com as alterações ocorridas no padrão de acumulação da economia brasileira, deslancha-se um vigoroso processo de industrialização no País concentrado nas regiões mais desenvolvidas, especialmente no estado de São Paulo, preservando e ampliando as desigualdades inter-regionais de renda.

Fruto das transformações que vinham conhecendo a economia e a sociedade brasileira nessa época, a Revolução de 1930 representou o

---

[119] OLIVEIRA, Francisco. A crise da federação: da oligarquia à globalização. *In:* AFFONSO, R.B.A. & Silva, P.L.B. (orgs.). *A federação em perspectiva.* São Paulo: FUNDAP, 1995, pp. 81-82.

estuário no qual desaguaram as reivindicações de forças políticas de diversos matizes (setores populares urbanos em expansão; movimento tenentista; oligarquias regionais marginalizadas etc.) por maior participação política e por representação mais igualitária no Poder Central.

Com a Revolução vitoriosa, o Estado que emergiu desse processo deveria criar condições para garantir representação política aos vários setores que se expandiram e se fortaleceram, bem como acomodar seus interesses – e equacionar seus conflitos – dentro de seu aparelho. Isso implicava quebrar o poder das oligarquias regionais e transferir, centralizando-as no Poder Central, atividades essenciais que as sustentavam.

Até 1934, quando foi promulgada a nova Carta Magna do País, o período foi marcado por iniciativas voltadas para esses objetivos: de um lado, o Código Eleitoral de 1932 criou a Justiça Eleitoral, com a responsabilidade de organizar e fiscalizar as eleições; instituiu o voto secreto, o voto feminino e reduziu o direito de voto de vinte e um para dezoito anos, ampliando a participação da população nas eleições e dando maior legitimidade à representação dos novos setores sociais emergentes na vida política do País;[120] de outro lado, deu-se início à incorporação, pela esfera central, de vários órgãos estaduais responsáveis pela regulação de setores estratégicos (o do café, por exemplo) e à criação de novos órgãos regulatórios federais para outras áreas, fortalecendo a capacidade – e eficácia – do governo federal na implementação de políticas econômicas de âmbito nacional.[121] Para completar o processo, procurou-se fortalecer financeiramente os municípios, visando reduzir a influência que sobre eles tinham os estados.

Como vimos na Parte I deste livro, os ventos democráticos que conheceu o País nos primeiros anos dessa década começaram a se enfraquecer com as disputas travadas entre as forças de partidos da direita,

---

[120] SOARES, M. M. *Teoria do sistema federal:* heterogeneidades territoriais, democracia e instituições políticas. 1997. Dissertação (Mestrado) – Departamento de Ciências Políticas da Universidade Federal de Minas Geras, Belo Horizonte, 1997, pp. 103-104.)
[121] LOPREATO, Francisco L. Cazeiro. *O colapso das finanças estaduais e a crise da federação.* São Paulo: Editora UNESP, IE/UNICAMP, 2002, pp. 20-21.

mais especificamente da Ação Integralista Brasileira (AIB), e da esquerda, caso da Ação Libertadora Nacional (ANL), e ainda mais com o movimento conhecido como Intentona Comunista, em 1935, com o qual se justificou o golpe de Estado dado por Vargas, em 1937, instaurando no País um novo regime autoritário, que ficou conhecido como *Estado novo*.

Com o *Estado novo*, as liberdades democráticas, de uma maneira geral, foram suprimidas, decretando-se o fim das eleições e a suspensão dos partidos políticos, o mesmo ocorrendo com o Congresso Nacional, as Assembleias estaduais e as Câmaras Municipais; enquanto os governos dos estados, bem como os prefeitos municipais passaram a ser nomeados pelo presidente da República. Com a Constituição que surgiu neste quadro, em 1937, foram estabelecidos os contornos jurídicos do novo regime, dotando Vargas de poder constituinte e transformando-o numa constituição viva.[122] Embora a federação tenha também nela sido *formalmente* mantida, o fato é que a mesma não passava de uma ficção, com o avanço da centralização política ocorrida, transformando o Poder Federal em fonte exclusiva de poder.

Apesar dessa maior centralização do poder na esfera federal, não se verificou, contudo, uma centralização no campo das competências tributárias e administravas entre as esferas governamentais. Mas isso, apesar de representar um elemento importante na estruturação da ordem federativa, não é suficiente para garantir sua essência, mesmo porque, como vimos anteriormente, descentralizações desses processos não constituem características exclusivas de federações, sendo observados também em Estados unitários.

A Constituição de 1934 não havia modificado de forma relevante a distribuição de competências entre a União e os estados. Como mostra Lopreato,

> as alterações limitaram-se a ampliar o âmbito do imposto de consumo e regulamentar a cobrança do imposto de renda (...). Com isso, os impostos de renda e consumo, além do imposto do

---

[122] Para estes pontos, ver especialmente os artigos 175 a 180 das Disposições Transitórias e Finais da Constituição Federal de 10/11/1937.

selo, passaram a formar a base da arrecadação fiscal do governo central, que deixou de ser vinculada às transações externas.[123]

No caso dos estados, a grande novidade foi a destinação, ao seu campo de competência, do Imposto sobre as Vendas e Consignações (IVC) – um imposto federal, criado em 1922, incidente sobre as vendas mercantis –, mantendo-se os demais: exportação; indústria e profissões; propriedade territorial, exceto urbana; transmissão da propriedade *causa mortis* e *inter-vivos;* e consumo de combustíveis de motor de explosão. Contemplados formalmente pela primeira vez no processo de discriminação de receitas, aos municípios foram atribuídos os impostos de licenças, predial e territorial urbano, sobre diversões públicas e o imposto cedular sobre a renda de imóveis rurais.

De fato, como se pode confirmar pelo exame da Tabela II.2, a maior alteração ocorrida nesse período no que diz respeito à distribuição da arrecadação direta entre as esferas governamentais, foi o surgimento dos municípios como beneficiários e participantes dessa partilha, como resultado da atribuição de competência que lhes foi dada nesse campo pela Constituição de 1934. Apesar da participação relativa mais expressiva no "bolo tributário" nos primeiros anos após a entrada em vigência da nova Carta, ela, no entanto, foi declinando à medida que foram se tornando mais produtivos os impostos federais, o Imposto de Renda (IR) e o Imposto de Consumo (IC), bem como o novo imposto estadual, o Imposto sobre Vendas e Consignações (IVC), como resultado da expansão do mercado interno e de reformas que ampliaram sua arrecadação.

A autonomia de legislar dos estados sobre seus próprios tributos foi mantida, incluindo a liberdade que detinham para fixar suas alíquotas e cobrarem adicionais, apenas sendo limitada, na Constituição, a alíquota do imposto de exportação a uma alíquota máxima de 10%, medida entendida, naquele contexto histórico, como necessária para favorecer as exportações brasileiras, aumentando sua competitividade, e permitindo ao País melhor enfrentar as adversidades da crise econômica da década de 1930. Preser-

---

[123] LOPREATO, Francisco L. Cazeiro. *O colapso das finanças estaduais e a crise da federação.* São Paulo: Editora UNESP, IE/UNICAMP, 2002, p. 24.

vou-se também a autonomia dos estados para criar novos impostos, desde que não concorrentes com os da União (explicitando-se, portanto, a proibição da bitributação). Não se avançou, contudo, na definição de mecanismos constitucionais de transferências de receitas intergovernamentais que poderiam contribuir para a redução das desigualdades de renda inter--regionais, mecanismos necessários para um maior equilíbrio federativo.

Tabela II.2
Brasil: distribuição federativa das receitas
Conceito: Arrecadação direta
1930/1945

Ano	Carga Tributária Bruta (% do PIB)	Distribuição Federativa das Receitas (em %) Conceito: arrecadação direta		
		União	Estados	Municípios
1930	8,36	63,9	36,1	-
1935	10,68	70,5	29,5	-
1936	11,79	57,6	28,7	13,7
1940	13,55	61,3	26,9	11,8
1945	12,60	67,0	25,2	7,8

Fonte: IBGE. *Estatísticas do século XX*. Rio de Janeiro: IBGE, 2006.

A Constituição de 1937 manteve, por sua vez, praticamente intacta a mesma estrutura. Apenas transferiu dos estados para o campo de competência da União o imposto de consumo sobre combustíveis de motor de explosão – o qual, três anos depois, se transformaria no Imposto Único sobre Combustíveis e Lubrificantes (IUCL) – e retirou dos municípios o imposto cedular sobre a renda de imóveis rurais. É o que consta também Lopreato[124] em seu estudo ao concluir que "a nova estrutura tributária não se diferenciou da anterior no que se refere à distribuição regional e intergovernamental da receita tributária".

---

[124] LOPREATO, Francisco L. Cazeiro. *O colapso das finanças estaduais e a crise da federação*. São Paulo: Editora UNESP, IE/UNICAMP, 2002, p. 27.

Procurando compreender porque isso teria ocorrido, com o Governo Central renunciando à possibilidade de fortalecer-se financeiramente para alavancar o processo de acumulação, o mesmo autor considera que, mesmo no regime autoritário de Vargas, teria sido necessário, para sua sustentação, refazer pactos e negociar acordos com as forças políticas estaduais, "reconstituindo o pacto oligárquico em novas bases, tendo à frente interventores e articulando-se com o governo central forte".[125]

É possível. No entanto, como visto na Parte I deste trabalho, o fato é que, reinando soberano, como senhor das leis, do comando político e econômico do País, Vargas, detendo também o controle absoluto das unidades federadas por meio de interventores e Departamentos de Administração dos Serviços Públicos, os Daspinhos que substituíram os legislativos estaduais, não necessitava de ir mais adiante também nessa questão, pois representava, ele próprio, a figura divina dos antigos governantes que se confundiam com o Estado e a quem tudo era permitido.

6.4 1946-1964: a federação ressuscitada

Com o final da Segunda Guerra Mundial e a derrota dos regimes totalitários, a posição de Vargas enfraqueceu-se e aumentaram as pressões, inclusive internacionais, que conduziram à sua queda e à realização de eleições livres no País, seguidas da promulgação de uma nova Carta Constitucional em 1946. O golpe de Estado (um "golpe" no "golpe") que derrubou Vargas foi comandado pelos mesmos generais que o apoiaram na instauração do *Estado novo*, demonstrando o descontentamento – e temor – que suas posições populistas e nacionalistas estavam causando nos setores dominantes. Com a nova Carta Constitucional e em reação à forte centralização de poderes que marcou o período anterior, o País reingressou numa fase de fortalecimento do federalismo e de descentralização das atividades públicas.

---

[125] LOPREATO, Francisco L. Cazeiro. *O colapso das finanças estaduais e a crise da federação.* São Paulo: Editora UNESP, IE/UNICAMP, 2002, p. 9.

No campo político, a Constituição contemplou a criação de novas regras, ampliando o conceito de cidadania e moralizando o processo eleitoral, ao mesmo tempo que, assegurando a liberdade de organização partidária, criou as condições necessárias para a formação de partidos políticos de massa, de âmbito nacional, entre os quais se destacaram a União Democrática Nacional (UDN), o Partido Social Democrático (PSD), o Partido Trabalhista Brasileiro (PTB) e o Partido Comunista (PC).

Com ela foram restabelecidas também as eleições diretas para governadores e deputados estaduais, atribuindo-se autonomia aos municípios de elegerem, por voto popular, os prefeitos e vereadores. Ao legislativo federal foi atribuída, por sua vez, autonomia para emendar/modificar o orçamento apresentado pelo Executivo, deixando de ter um papel meramente decorativo na definição das prioridades do governo. Além disso, uma nova organização e divisão de responsabilidades foram estabelecidas para as duas casas legislativas – o Senado e a Câmara Federal – no Congresso: ao primeiro, atribuiu-se a responsabilidade pela supervisão e defesa dos interesses dos estados, com autonomia para aprovar matérias de ordem financeira a eles referentes, sem a necessidade de submetê-las à sanção da Câmara dos Deputados; a esta, atribuiu-se a autonomia para aprovar projetos de lei não relacionados com aquelas matérias, dispensando-se sua apreciação pelo Senado.

Com essas mudanças, garantiu-se a autonomia dos governos subnacionais frente ao governo central, resgatando-se as condições requeridas, no campo político, para a vigência e fortalecimento da ordem federativa. Também no campo da descentralização fiscal e administrativa, foram importantes os avanços dados para seu fortalecimento e para a redução dos desequilíbrios existentes entre as unidades federadas, o que levou autores,[126] como dissemos, a considerar, não sem certo exagero, que teria ocorrido uma "verdadeira revolução federativa" nesse período. Vejamos a razão disso.

---

[126] OLIVEIRA, Francisco. "A crise da federação: da oligarquia à globalização". *In:* AFFONSO, R.B.A. & Silva, P.L.B. (orgs.). *A federação em perspectiva.* São Paulo: FUNDAP, 1995, pp. 81-82, p. 84.

PARTE II - TEORIAS DA FEDERAÇÃO E A EVOLUÇÃO...

O período que se segue até 1964 acentuaria, de um lado, as desigualdades inter-regionais com o intenso processo de industrialização verificado na década de 1950 no eixo Rio de Janeiro-São Paulo, atuando no sentido de aumentar as forças centrífugas da federação; representaria, no entanto, de outro, o início de um processo inusitado, embora insuficiente, de preocupação com as desigualdades existentes e da adoção de medidas voltadas para a sua redução, bem de acordo com o espírito que deve presidir as relações federativas, o que explica o período ser conhecido como o único em que teria efetivamente predominado, no País, até essa época, *o federalismo do tipo cooperativo*.

Isso não teria ocorrido tanto, como mostra Lopreato,[127] por mudanças significativas nas áreas de competência tributária das esferas governamentais. De acordo com este autor, nem a autonomia para os estados legislarem sobre os seus impostos, nem a estrutura tributária e nem a distribuição dessas competências entre os distintos níveis de governo sofreram alterações significativas. No primeiro caso, apenas foi reduzida de 10% para 5% a alíquota máxima do imposto de exportação cobrado pelos estados, pelos mesmos motivos anteriormente apontados. No segundo, preservaram-se os mesmos impostos da estrutura anterior, apenas transferindo o de Indústrias e Profissões dos estados para os municípios, regulamentada a cobrança do Imposto Único sobre Combustíveis e Lubrificantes (IUCL) e instituídos os Impostos Únicos sobre energia Elétrica (IUEE) e de Minerais (IUM), os quais, no entanto, somente seriam criados anos mais tarde.

De fato, como se constata na Tabela II.3, não ocorreram mudanças significativas na estrutura da distribuição direta entre as esferas governamentais, apenas registrando-se melhoria da posição dos estados que viram a sua participação relativa aumentar, como resultado da maior produtividade do IVC, em detrimento da dos municípios, cuja participação continuou em declínio, enquanto a da União manteve-se acima de 60% do total. Vale a pena ressaltar que, apesar do viés municipalista

---

[127] LOPREATO, Francisco L. Cazeiro. *O colapso das finanças estaduais e a crise da federação.* São Paulo: Editora UNESP, IE/UNICAMP, 2002.

da Carta de 1946, destacado por vários analistas, assiste-se, no período, como confirmam os dados constantes da mesma tabela, aos estados melhorarem sua participação relativa na estrutura da arrecadação direta de tributos e apresentarem o melhor desempenho nessa distribuição na história da federação brasileira, equiparando-se à registrada entre 1915-1930, ressaltando, contudo, que neste último período, os municípios dela não participavam.

A grande novidade nesse campo surgiu na definição constitucional de transferências de receitas para os governos subnacionais e na garantia de destinação de parcela do orçamento federal para aplicação em determinados estados, notadamente nos menos desenvolvidos, objetivando contribuir para a redução das desigualdades inter-regionais de renda e para o equilíbrio federativo.

Tabela II.3
Brasil: distribuição federativa da receita
Conceito: arrecadação direta
1945/1965

Ano	Carga Tributária Bruta (% do PIB)	Distribuição Federativa da Receita (em %) Conceito: arrecadação direta		
		União	Estados	Municípios
1945	12,60	67,0	25,2	7,8
1950	14,42	60,6	31,8	7,6
1955	15,05	61,1	33,4	5,5
1960	17,41	64,0	31,3	4,7
1965	18,99	63,6	30,8	5,6

Fonte: até 1955: IBGE. *Estatísticas do século XX*. Rio de Janeiro, 2006; VARSANO, Ricardo et al. *Uma análise da carga tributária do Brasil*. Brasília: IPEA, 1998. (Texto para discussão n. 583).

Pela Constituição de 1946, 60% da arrecadação do IUEE passariam a ser transferidos para os estados, o Distrito Federal e os municípios, proporcionalmente à sua superfície, população, consumo e produção, nos termos e para os fins estabelecidos em lei (art. 15, 2º). Da mesma forma, 10% da receita do Imposto de Renda caberiam aos municípios, excluídos os das capitais, divididos em partes iguais, exigindo-se que pelo menos metade (50%) dessa transferência fosse aplicada em benefícios da zona rural (art. 15, 4º). No caso dos impostos estaduais, estabeleceria, no art. 20, que, no caso da arrecadação estadual, dela deduzido o imposto de exportação, exceder o total das receitas locais, excluído o município das capitais, o estado deveria transferir-lhes 30% do excesso arrecadado.

Segundo Arretche[128] inaugurou-se, com a Constituição de 1946, um "tipo de arranjo que vigora até hoje, pelo qual as regras relativas às transferências constitucionais implicam que a União opere como arrecadadora substitutiva para estados e municípios, bem como os estados para os seus municípios." As disputas federativas tenderam, com isso, a deslocar-se, neste campo, da área das competências tributárias para a de definição das alíquotas de repartição das receitas.[129]

A Constituição foi, entretanto, mais longe, no campo da descentralização fiscal: incluiu no capítulo das Disposições Gerais (Título IX), a obrigatoriedade de a União aplicar: (i) no mínimo 3% de sua receita tributária na execução do plano de defesa contra os efeitos da seca no Nordeste, exigindo igual contrapartida dos estados beneficiados (art. 198); (ii) 3%, durante pelo menos 20 anos consecutivos, na execução do plano de valorização da Amazônia, com igual contrapartida dos estados e territórios da região (art. 199); e (iii) 1% no plano de aproveitamento das possibilidades econômicas do Rio São Francisco e afluentes.[130]

De maneira clara, a questão regional seria introduzida, pela primeira vez, no orçamento, adotando-se medidas concretas para a redução

---

[128] ARRETCHE, Marta. Quem taxa e quem gasta: a barganha federativa na federação brasileira. *Revista de Sociologia e Política*. Curitiba, n. 24, 2005, p. 79.

[129] OLIVEIRA, Fabrício Augusto. *Teorias da federação e do federalismo fiscal:* o caso do Brasil. Belo Horizonte: Escola de Governo/Fundação João Pinheiro, 2007.

[130] LOPREATO, Francisco L. Cazeiro. *O colapso das finanças estaduais e a crise da federação*. São Paulo: Editora UNESP, IE/UNICAMP, 2002, p. 33.

das desigualdades inter-regionais de renda e dos desequilíbrios federativos, de acordo com as características que configuram o espírito cooperativo que deveria presidir uma federação. Órgãos de desenvolvimento regional começaram a ser criados para essa finalidade, casos da Superintendência do Plano de Valorização Econômica da Amazônia (SPVEA), do Departamento de Obras contra as Secas (DNOCS), e da Comissão do Vale do São Francisco (CVSF). A eles se juntaram, em 1959, a Superintendência de Desenvolvimento do Nordeste (SUDENE), que passou a contar, nos primeiros anos da década de 1950, com vários incentivos fiscais para estimular o desenvolvimento da região e, a partir de 1963, também a Superintendência de Desenvolvimento da Amazônia (SUDAM), a quem também foram destinados os mesmos incentivos concedidos ao Nordeste para promover o desenvolvimento do Norte do País.

Independentemente do fato dessas mudanças não terem gerado frutos na dimensão desejada de fortalecimento financeiro dos municípios, um dos objetivos dos constituintes de 1946, e de redução das desigualdades inter-regionais de renda, elas foram importantes, do ponto de vista da federação, porque houve efetiva preocupação, pela primeira vez na sua história, com seus desequilíbrios e com a criação de mecanismos e de instrumentos para atenuá-los.

De fato, os municípios se encontravam, no final desse período, apesar dos ganhos que obtiveram, com suas finanças deterioradas. Isso podia ser explicado porque o critério de distribuição do Imposto de Renda fora feito em bases falhas, por meio de cotas-partes (sem poder redistributivo), prejudicando os mais populosos e também porque, na prática, os estados raramente realizaram as transferências de seu excesso de arrecadação para os municípios. Mais importante, contudo, que esses fatos, para a deterioração de suas finanças, foi a ampliação das demandas por serviços públicos provocada pela intensificação do processo de industrialização no Governo Juscelino Kubitscheck (JK) e pela expansão das atividades e da população urbanas.

Para mitigar essa situação, nova alteração seria introduzida no sistema tributário, em novembro de 1961, por meio da Emenda

Constitucional n. 5. Com ela, ampliou-se a ajuda federal aos municípios, adicionando aos 10% do Imposto de Renda, 15% do Imposto de Consumo, transferindo-se também para eles os impostos estaduais incidentes sobre a propriedade territorial rural e sobre a transmissão de propriedade imobiliária *inter-vivos*, condicionando, contudo, 50% da aplicação do primeiro à área rural[131]. Essas medidas não resolveram suas dificuldades financeiras, mas o importante a destacar é que, do ponto de vista da federação, iniciativas estavam sendo adotadas para seu fortalecimento.

No tocante às desigualdades inter-regionais de renda, a crescente concentração da atividade econômica em São Paulo e, em menor grau, no Rio de Janeiro, intensificada com os investimentos do Plano de Metas de JK, mais do que compensou as iniciativas adotadas para promover o desenvolvimento das regiões – e estados – menos desenvolvidas, acentuando as distâncias regionais. Sem elas, contudo, essas teriam sido ainda maiores, ampliando os desequilíbrios federativos.

Com a Carta de 1946, a federação brasileira foi guindada, pela primeira vez, à condição de uma instituição que mereceu atenção e contou com mudanças, ainda que insuficientes para seu fortalecimento, mas que permitiram vislumbrar que poderia esperar por dias melhores. Essa possibilidade terminou sendo, entretanto, novamente abortada pelo golpe militar de 1964 que, à semelhança do *Estado novo*, decretou seu sepultamento.

6.5 Um novo enterro da federação: 1964-1988

A descentralização ocorrida nos campos político, administrativo, fiscal e financeiro, que caracterizou o período anterior e se prolongou até 1964, terminou sendo revertida, neste ano, por um golpe militar que, à semelhança do "Estado novo", adotou medidas de forte centralização e subjugou a federação ao controle e decisões dos novos donos do poder, transformando-a novamente numa ficção.

---

[131] Para esses pontos, conferir: OLIVEIRA, Fabrício Augusto. *A reforma tributária de 1966 e a acumulação de capital no Brasil.* 2. ed. Belo Horizonte: Oficina de Livros, 1991.

Centralizador em sua essência, o Estado autoritário-burocrático implantado limitou a autonomia e liberdade de que desfrutavam os entes federativos e também os demais poderes constituídos, bem como cerceou as liberdades individuais: extinguiu as eleições diretas para governadores dos estados e de alguns municípios mais representativos; silenciou a oposição com a promulgação de uma lei antigreve e com a repressão aos sindicatos; enfraqueceu o Congresso com a cassação de mandatos parlamentares, a instituição do bipartidarismo, a possibilidade do Executivo de governar por decretos-lei e com a retirada de sua autonomia para modificar o orçamento; no Judiciário, as edições de Atos Institucionais tolheram as liberdades individuais e se sobrepuseram à Constituição.

No campo do federalismo fiscal, concentrou receitas e centralizou decisões de política fiscal na órbita federal. No caso das competências tributárias, transferiu o Imposto de Exportação dos estados para a União, atribuindo, aos primeiros, autoridade para a cobrança de apenas dois impostos – o Imposto sobre a Circulação de Mercadorias, o ICM, que substituiu o IVC, e o Imposto sobre a Transmissão de Bens Imóveis, o ITBI. Aos municípios, atribuiu o Imposto sobre a Propriedade Territorial Urbana (IPTU) e o Imposto sobre Serviços de Qualquer Natureza (ISSQN), substituto do Imposto sobre Indústrias e Profissões.

Além disso, retirou dos estados e municípios a autonomia de que estes dispunham para legislar e estabelecer alíquotas sobre seus próprios impostos, transferindo essa responsabilidade para o Senado Federal e para o presidente da República. No campo residual, vetou o poder dos governos subnacionais de criarem novos impostos, mesmo que não concorrentes, restringindo essa possibilidade apenas à União, a quem foi também concedida exclusividade para a criação de contribuições sociais.[132]

Contudo, procurando acomodar tensões, ganhar apoio e dispor, ao mesmo tempo, de poderes sobre as decisões de gastos das esferas

---

[132] OLIVEIRA, Fabrício Augusto. *A reforma tributária de 1966 e a acumulação de capital no Brasil.* 2. ed. Belo Horizonte: Oficina de Livros, 1991.

subnacionais – estados e municípios –, o governo militar criou alguns mecanismos de redistribuição de receitas que alguns autores identificam – observadas essas restrições – como pertencendo ao campo da *cooperação* no federalismo fiscal.[133]

Um desses mecanismos refere-se à criação dos Fundos de Participação dos Estados (FPE) e dos Municípios (FPM), com objetivos redistributivos, que deveriam ser alimentados, originalmente, com 20% da arrecadação tanto do Imposto de Renda (IR) como do Imposto sobre Produtos Industrializados (IPI), distribuídos em partes iguais para essas esferas. Em 1968, entretanto, o Ato Complementar n. 40 reduziu para apenas 12% esse percentual das receitas destinado para estes Fundos, restringindo a 5% os recursos tanto para o FPE como para o FPM e destinando 2% para a constituição de um Fundo Especial, o que enfraqueceu a força desse instrumento para corrigir os desequilíbrios da federação. A destinação de recursos era, contudo, decidida previamente pelo Poder Central para áreas consideradas prioritárias pela política econômica, situação que seria mantida até 1979. Com os estados e municípios sem disporem de autonomia para definir suas próprias prioridades, não se pode afirmar que a definição dessas áreas na esfera federal tenha correspondido às necessidades reais de cada ente federativo.

Outro mecanismo apontado como revelador dessa preocupação com a construção de um "federalismo cooperativo", se assim pode ser chamada a estrutura de relações intergovernamentais que predominou dentro desse *Estado unitário autoritário*, foi o arranjo fiscal que se articulou, à época, para garantir a participação conjunta dos diversos níveis de governo na realização de investimentos em infraestrutura econômica nos setores de transportes, telecomunicações e energia, indispensáveis para a demanda em expansão do setor produtivo e para materializar o objetivo de "crescimento acelerado, a qualquer custo", o que fazia parte da agenda de compromissos da Doutrina da Segurança Nacional. Para

---

[133] REZENDE, Fernando. Modernização tributária e federalismo fiscal. In: REZENDE, Fernando e OLIVEIRA, Fabrício Augusto (orgs.). *Descentralização e federalismo fiscal no Bra*sil: desafios da reforma tributária. Rio de Janeiro: Konrad Adenauer Stiftung, 2004.

tanto, estabeleceu-se o compartilhamento da arrecadação dos impostos únicos e especiais incidentes sobre esses setores – combustíveis, transportes, telecomunicações e energia – entre os três entes federativos, mas com a destinação desses recursos sendo previamente estabelecida pelo Poder Central.

O modelo combinou, assim, a centralização da arrecadação na esfera federal com um esquema de transferências para estados e municípios, cujas aplicações eram decididas e monitoradas pelo Poder Central. Os dados constantes da Tabela II.4 não deixam dúvidas sobre a forte centralização e concentração de recursos na órbita federal ocorridas neste período: enquanto a participação do governo federal ultrapassou a casa dos 70%, atingindo 76% em 1983, a dos estados e municípios declinou expressivamente, caindo, no primeiro caso, para 20,6% em 1983 e, no segundo, para 2,8%.

Em contrapartida, como o esquema de transferências intergovernamentais ganhou força com as mudanças introduzidas no sistema, registrou-se, nos primeiros anos do governo militar, uma melhora na posição relativa tanto dos estados como dos municípios no "bolo" das receitas disponíveis (isto é, descontadas as transferências), tendência que, no entanto, voltou a ser rapidamente revertida à medida que o governo federal passou a adotar novas medidas para reconcentrar recursos em sua órbita.

A Tabela II.4 confirma esse movimento durante o governo militar. Comparado a 1960, o ano de 1965 começa registrando um declínio da participação relativa do governo federal na receita disponível em favor tanto dos estados como dos municípios. Em 1970, no entanto, o governo federal já havia recuperado sua participação relativa no total da receita disponível, enquanto a dos estados havia declinado na mesma proporção, já que os municípios conseguiram preservar sua posição. A partir daí, a participação do governo federal aumentaria progressivamente até 1983, quando se aproximaria de 70%, enquanto a dos estados, ingressaria numa trajetória de queda contínua, assim também como a dos municípios. Só nos últimos anos do governo militar essa tendência começaria a ser revertida com a aprovação de medidas favoráveis à descentralização das receitas, como foi o caso da ampliação dos Fundos de Participação dos Estados e Municípios (FPEM), iniciada em 1976, e da aprovação da Emenda Passos Porto, em 1983, entre outras da mesma natureza.

Tabela II.4
Distribuição federativa das receitas
Conceitos: arrecadação direta e receita disponível
1965/1985

Ano	CTB (% PIB)	Arrecadação direta (%)			Receita disponível (%)		
		União	Estados	Municípios	União	Estados	Municípios
1960	17,41	64,0	31,3	4,7	59,5	34,1	6,4
1965	18,99	63,6	30,8	5,6	54,8	35,1	10,1
1970	25,98	66,7	30,6	2,7	60,8	29,2	9,9
1975	25,22	73,7	23,5	2,8	68,0	23,3	8,7
1980	24,52	74,7	21,6	3,0	68,2	23,3	8,6
1981	25,25	75,4	21,3	3,3	68,4	22,3	9,3
1982	26,34	75,9	21,4	2,7	69,0	22,1	8,9
1983	26,97	76,5	20,6	2,8	69,8	21,3	8,9
1084	24,34	73,6	23,7	2,7	65,8	24,1	10,1
1985	24,06	72,7	24,9	2,4	62,7	26,2	11,1

Fonte: 1960/1965: IBGE. In: VARSANO, R. et al. (1998); 1970/1985: Secretaria para Assuntos Fiscais do BNDES.

Fazendo um balanço das reformas realizadas à época e suas implicações para o federalismo, Brasileiro[134] afirmaria que, com elas, [...] a União comanda a política econômico-financeira de modo global: regula o comércio interno e externo; controla o câmbio; emite moeda; fiscaliza as operações de crédito; *estabelece normas para a arrecadação e aplicação de determinadas receitas estaduais e municipais*".

Integrava também esse modelo a destinação de incentivos fiscais e financeiros para as regiões menos desenvolvidas – Norte e Nordeste –, visando apoiar a implantação de projetos industriais em seus territórios

---

[134] BRASILEIRO, Ana. M. (1973). "O federalismo cooperativo". In: *Simpósio sobre as relações intergovernamentais*. Rio de Janeiro: IBAM, 1973, p. 48 (grifo nosso).

e garantir a redução das disparidades inter-regionais de renda. Com a questão regional tratada como política nacional, foram também importantes, especialmente no Governo Ernesto Geisel (1974-1978), as políticas econômicas implementadas com o objetivo de melhorar as condições de desenvolvimento dessas regiões.

Apesar, portanto, da tutela exercida pelo Poder Central e do enfraquecimento da federação, o modelo funcionou relativamente bem até meados da década de 1970, mais do que em outras épocas, no sentido de contribuir para a redução dos acentuados desequilíbrios na federação, garantindo alguma convergência nos níveis de renda *per capita* das diversas regiões do País, como demonstram alguns estudos[135]. Seria um exagero, no entanto, afirmar, até mesmo no campo mais restrito do federalismo fiscal, que a federação tenha sido preservada, já que tutelada pelo Poder Central, com os governos subnacionais sem disporem de autonomia para decidir sobre sua arrecadação e para definir suas prioridades de gastos.

A crise econômica e fiscal que se instalou no Brasil no final da década de 1970 se encarregaria, por sua vez, de minar as bases desse modelo, modificando, gradativamente, suas peças no tocante à federação. Enfraquecido, o governo militar abriu as portas de uma "abertura política" ("segura, lenta e gradual"); a partir do Governo Geisel, deu início a um processo de descentralização de receitas, recompondo e ampliando os fundos de participação dos estados e municípios, e de gastos, extinguindo as vinculações do FPE e do FPM a partir de 1979; no campo político, reatribuiu aos estados e municípios a autonomia para eleger seus governos por meio do voto popular direto.

As concessões e *demarches* realizadas pelo poder autoritário nessas frentes não foram suficientes, no entanto, para impedir sua derrocada em 1985, tendo sido substituído por um governo civil, eleito indiretamente por um Colégio Eleitoral do regime militar, que se responsabilizaria por comandar a transição política para um regime democrático e

---

[135] FERREIRA, A. H. B. "Convergence in Brazil: recent trends and long run prospectus". *Applied Economics*, vol. 4, n. 32, mar. 2000, pp. 479-489.

convocar uma Assembleia Constituinte para elaborar uma nova Carta Magna para o País. Esta, em resposta ao contexto histórico e político dessa época, deveria incorporar as demandas da sociedade pelo Estado de direito, por liberdades democráticas, pelo fortalecimento da descentralização e por mais políticas sociais em oposição à forte centralização do poder, de recursos e de responsabilidades do período anterior.

Com a nova Constituição, promulgada em 1988, a roda da história giraria em favor da federação, mas os problemas – internos e externos – que ocorreriam como resultado e em meio às mudanças realizadas na Carta Constitucional para esse objetivo colocariam novas dificuldades e desafios a serem enfrentados para o seu fortalecimento.

6.6 Ascensão e declínio da federação: 1988-2002
6.6.1 A ascensão: 1988-1993

Influenciada pelas demandas da sociedade por mais políticas sociais e descentralização, vista como sinônimo de democracia, a Constituição de 1988 deu grande ênfase a essas questões e outorgou, inclusive aos municípios, o *status* de ente federativo, uma condição inusitada na experiência das principais federações do mundo e na teoria do federalismo. O arranjo que dela brotou para conciliar essas questões, fortalecendo a federação, revelou-se, contudo, inconsistente para tal propósito, deflagrando movimentos que conduziram muito rapidamente ao seu enfraquecimento, para o que também contribuíram as mudanças que ocorriam no cenário econômico mundial diante do avanço do processo de globalização e de abertura das economias.

No campo político, a Constituição ratificou a autonomia dos governos subnacionais de elegerem, por voto direto, seus governantes, bem como os deputados estaduais e senadores de cada estado para representá-los e à sua população no Senado e na Câmara Federal. Reatribuiu, também ao Legislativo, poderes para emendar/modificar o orçamento, observadas determinadas condições, possibilitando-o a participar do processo de definição das prioridades públicas.

No campo do federalismo fiscal, ampliou as competências tributárias dos estados e municípios, reatribuiu-lhes maior autonomia para legislar sobre seus próprios tributos e aumentou consideravelmente as transferências de receitas de impostos para essas esferas, reduzindo a capacidade financeira da União.

No primeiro caso, realizou a fusão dos impostos únicos e especiais (impostos únicos sobre lubrificantes e combustíveis, sobre energia elétrica e minerais, e os impostos sobre transportes rodoviários e de comunicações) ao ICM, que passou a denominar-se Imposto sobre Circulação de Mercadorias e Serviços (ICMS), ampliando consideravelmente a base de sua incidência. Além disso, atribuiu aos estados a competência para cobrar o Imposto sobre Herança e Doações (ITCD), mantendo também, em seu campo, o Imposto sobre a Propriedade de Veículos Automotores (IPVA). De forma inovadora, conferiu-lhes poder para cobrar o imposto de renda adicional ao da União, competência que vigorou até 1993, quando foi extinta pela Emenda Constitucional n. 3. Para os municípios, além de manter o IPTU e o ISSQN em seu campo de competência, destinou-lhes também o Imposto sobre a Transmissão de Imóveis *inter-vivos*, antes de competência estadual. Como aconteceu com os estados, a Constituição ainda outorgou aos municípios competência para a cobrança do Imposto sobre Vendas a Varejo de Combustíveis (IVVC), proposta que havia circulado na mesa das negociações dos constituintes na forma de um Imposto sobre as Vendas a Varejo em Geral, como moeda de troca para estes abrirem mão do Imposto sobre Serviços (ISS), que, por sua vez, deveria integrar o novo imposto sobre o valor agregado (IVA), que se pensava originalmente criar, mas não aconteceu. Também pela EC 03, de 1993, o IVVC terminou sendo extinto.

No tocante à autonomia legislativa, a Constituição concedeu maior autonomia para os estados legislarem sobre o seu principal imposto, o ICMS, observados certos limites mínimos de suas alíquotas estabelecidas pelo Senado Federal e retirou da União a autonomia que esta dispunha para conceder isenções sobre os impostos estaduais e municipais. Manteve, contudo, a proibição aos estados e municípios de criarem novos impostos e limitou, à competência exclusiva da União, a criação e cobrança de contribuições sociais.

PARTE II - TEORIAS DA FEDERAÇÃO E A EVOLUÇÃO...

Já no que diz respeito ao aumento das transferências intergovernamentais, aumentou de 17% para 22,5% os recursos do IR e do IPI para o FPM e de 16% (incluídos 2% do Fundo Especial) para 21,5% os do FPE. Ademais, extinguiu o Fundo Especial e criou o Fundo Constitucional de Financiamento das regiões Norte, Nordeste e Centro-oeste (FNO, FNE e FCO), destinando-lhes também 3% da arrecadação do IR e do IPI. Para completar, garantiu, para estados e municípios, a transferência de mais 10% da arrecadação do IPI para compensar as perdas de receitas em que estes incorriam com a isenção do ICMS nas exportações de produtos manufaturados.

Foram mudanças importantes para revitalizar as finanças das esferas subnacionais, dando continuidade ao processo de desconcentração das receitas tributárias, como se pode confirmar pelo exame dos dados apresentados na Tabela II.5, pelo menos até os primeiros anos da década de 1990. Do ponto de vista da federação, contudo, a ênfase dada à descentralização das receitas na Constituição, deixando de lado questões essenciais para o equilíbrio do modelo federativo, abriu espaços para que esses ganhos começassem a ser revertidos, diante da reação do governo federal à perda de receitas que lhe foi imposta, juntamente com a ampliação de suas responsabilidades na oferta de políticas públicas determinada pela Constituição de 1988. Várias questões mostram a inconsistência do modelo, bem como os motivos que levaram a União a adotar medidas para reverter as perdas sofridas com as mudanças introduzidas no sistema de competências e de partilhas tributárias.

De um lado, com a fusão dos impostos únicos e especiais ao ICMS, perderam-se importantes receitas, antes destinadas ao financiamento da infraestrutura econômica, com a participação das três esferas, sem que nada fosse colocado em seu lugar, enfraquecendo os mecanismos de cooperação intergovernamental.

De outro lado, a ampliação das transferências intergovernamentais não veio acompanhada de mudança dos critérios de partilha das receitas entre os governos subnacionais herdados da reforma de 1966, os quais já se apresentavam inconsistentes para garantir uma distribuição mais equilibrada de recursos entre as esferas, indispensável para um melhor equilíbrio federativo. Apenas remeteu-se para Lei Complementar a responsabilidade de sua revisão, o que terminou não ocorrendo, dados os inevitáveis conflitos que tal questão encerra.

A ampliação das receitas dos governos subnacionais não foi acompanhada também de um projeto de descentralização de encargos – embora este tenha sido apresentado nos trabalhos constituintes – , de forma a compensar a redução das receitas da União e garantir melhor equilíbrio na distribuição de responsabilidades dos entes federativos, de acordo com a nova realidade de suas novas condições financeiras e tributárias que dela brotou.

De qualquer forma, esperava-se, com essas mudanças, dar condições aos governos subnacionais de arcarem com o ônus do processo de descentralização e de aumentarem a sua participação no financiamento das políticas sociais que foram ampliadas. Para definir o grau, a intensidade e as formas dessa participação, determinou-se, no art. 23, § único, a criação e regulamentação, por Lei Complementar, de mecanismos de cooperação financeira intergovernamental na oferta de políticas públicas, o que também terminou não ocorrendo, a não ser um bom tempo depois para algumas áreas, como as da educação e saúde.

No campo dos direitos sociais, a Constituição revelou-se também pródiga em sua ampliação, mas sem identificar claramente as fontes de receitas que garantiriam o seu financiamento. Estabeleceu, para isso, mas sem clara especificação, a contribuição dos orçamentos estaduais e municipais nesse processo e concedeu, no art. 195, competência à União para a criação de *contribuições* destinadas ao financiamento da Seguridade Social. Na ausência de regulamentação do art. 23, § único, e de respostas adequadas dos governos subnacionais no financiamento dessas políticas, o governo federal, com receitas reduzidas e responsabilidades ampliadas, passou a explorar a janela aberta pelo art. 195, visando recuperar receitas e capacitar-se a atender as demandas contempladas na Carta de 1988. Começou a modificar, com isso, a equação da distribuição federativa de receitas nela contemplada, como se constata pelo exame dos dados contidos na Tabela II.5, já a partir de 1992, desfavorecendo principalmente os estados. A ênfase na exploração das contribuições sociais para promover

PARTE II - TEORIAS DA FEDERAÇÃO E A EVOLUÇÃO...

esse ajuste não se revelou, contudo, uma opção acertada nem para a economia, nem para a sociedade e nem para a federação.

Tabela II.5
Distribuição federativa das receitas
Conceitos: arrecadação direta e receita disponível
1965/1985

Ano	CTB (% PIB)	Arrecadação direta (%)			Receita disponível (%)		
		União	Estados	Municípios	União	Estados	Municípios
1988	22,43	71,7	25,6	2,7	60,1	26,6	13,3
1990	28,78	67,0	29,6	3,4	58,9	27,6	13,5
1991	25,24	63,4	31,2	5,4	54,7	29,6	15,7
1992	25,01	66,1	29,1	4,8	57,0	28,1	14,9
1993	25,78	68,7	26,6	4,7	57,8	26,4	15,8
1995	29,41	66,0	28,6	5,4	56,2	27,2	16,6
1999	31,71	68,1	26,9	5,0	57,0	26,0	17,0
2000	30,56	66,7	27,6	5,7	55,8	26,3	17,9
2003	31,30	67,6	26,7	5,8	57,1	25,6	17,3

Fonte: 1988-1999: Secretaria para Assuntos Fiscais do BNDES; 2000-2003: AFONSO, José Roberto. *Por um novo sistema tributário*. Brasília: Comissão Especial, Câmara dos Deputados, 10 set. 2015.

Assim, o arranjo federativo da Constituição de 1988 voltado para fortalecer as finanças dos governos subnacionais e reequilibrar financeiramente os entes da federação, além de ampliar seu papel na oferta de políticas sociais para a sociedade, caminhou na direção contrária às novas propostas defendidas principalmente pela corrente da escola neoliberal nos países desenvolvidos, quais sejam as de dar ênfase ao fenômeno do *federalismo competitivo* em substituição ao *federalismo cooperativo*, esvaziando as funções do Poder Central, incentivando a descentralização e a concorrência das esferas inferiores de governo e deixando, à própria sorte, a população de mais baixa renda.

Todavia, ao desequilibrar excessivamente a equação da distribuição das receitas entre essas esferas, por ter se negado a aprovar um projeto de divisão de encargos e reponsabilidades entre as mesmas e ampliado, ao mesmo tempo, suas responsabilidades, o arranjo federativo contemplado na Constituição de 1988 terminou enfraquecendo as finanças do Poder Central. Isso, num contexto em que aquelas ideias começavam a se tornar dominantes, inclusive no Brasil com a eleição de Fernando Collor de Mello (1990-1992) – que abraçaria as propostas do Consenso de Washington, exigindo medidas de saneamento financeiro do Estado, eliminação de *déficits* públicos, privatização de empresas estatais, desregulamentação dos mercados etc. –, foi decisivo para conduzi-lo à realização de ajustes em suas contas para adequação ao novo consenso teórico. Ao trilhar esse caminho, deu-se início à reversão dos ganhos que os governos subnacionais haviam obtido com a Constituição de 1988, recolocando, em cena, um novo período de acirramento das tensões federativas, as quais se manifestaram por meio de guerras fiscais e encarniçadas disputas por recursos.

Apoiada em impostos de má qualidade, porque de incidência cumulativa (em cascata), para a realização do ajuste, a maior exploração das contribuições sociais feita pelo governo federal com esse objetivo, permitiu-lhe começar, desse modo, a reverter as perdas em que incorrera na distribuição das receitas tributárias, já que sua arrecadação não é compartilhada com demais esferas, mas com consequências perversas para a própria federação, a estrutura tributária e o crescimento econômico.

Do ponto de vista da federação, o esvaziamento progressivo do orçamento fiscal que ocorreu a partir desse movimento, além de enfraquecer o sistema de transferências constitucionais, deu origem a novas estruturas de transferências intergovernamentais alimentadas por essas contribuições, em função da nova distribuição de responsabilidades e do processo de descentralização previstas na Constituição, com lógicas e critérios distintos, que mais contribuíram para aumentar do que para diminuir as desigualdades horizontais e verticais existentes entre os entes federativos.

Em relação à estrutura tributária e ao crescimento econômico, a necessidade do ajuste realizado imprimiu um ritmo contínuo de aumento da carga de impostos e contaminou a sua composição com impostos de má qualidade, contrários aos princípios da equidade, da neutralidade e da competitividade, num contexto em que o avanço do processo de globalização e de abertura da economia começava a exigir a limpeza dessas estruturas de impostos de incidência cumulativa. Para o crescimento econômico, essa nova estrutura tornou-se altamente prejudicial por elevar o "custo-Brasil" e reduzir o grau de competitividade da produção nacional e das exportações do País.

Diante disso, poucos anos após a promulgação da Constituição, já se tornara evidente a necessidade de revisão do modelo de federalismo fiscal e da proposta da Seguridade adotados em 1988, dadas suas consequências perversas tanto para a economia como para a própria questão federativa. A instabilidade que marcou a economia brasileira nos primeiros anos da década de 1990, seguida da implementação de um programa de estabilização em 1994, o Plano Real, barrou a possibilidade dessa revisão e colocou novas demandas que ampliaram as dificuldades para a realização de uma reforma tributária abrangente que contemplasse todas essas questões. Teria início, a partir daí, um novo período de *desconstrução federativa*, principalmente com o enfraquecimento do nível intermediário de governo – o estadual –, resultante do ajuste fiscal realizado para o controle do endividamento público e da nova institucionalidade construída para cercear desequilíbrios nas contas dos governos subnacionais e adequá-las às exigências do novo paradigma teórico, o qual, em nome do compromisso com a sustentabilidade da dívida, atribuiu ao governo central a responsabilidade pela coordenação de suas atividades e de rigoroso controle de seu equilíbrio orçamentário.

6.6.2 O declínio: 1993-2002

A nova fase de enfraquecimento da federação, que tem início a partir de 1994, explica-se, sobretudo, pela fragilização à que foram submetidas as finanças dos governos subnacionais, notadamente as dos estados, pela redução de seu grau de autonomia para gerir suas finanças, de modo geral, e pelo esvaziamento de suas funções na estrutura das relações federativas.

Para produzir esses resultados, atuaram em conjunto as necessidades do governo federal de garantir e dar continuidade – a fim de sustentar o programa de estabilização, o Plano Real, lançado em 1994 – ao ajuste fiscal que se encontrava em curso desde o final da década de 1980; o novo paradigma teórico que passou a dar ênfase ao compromisso com a sustentabilidade da dívida pública; e a nova concepção que se formou, com base na corrente neoinstitucionalista, de serem necessárias regras rígidas, garantidas por leis, para assegurar seu cumprimento e controlar as finanças públicas, papel que caberia primordialmente ao governo federal.

Pelo fato de os estados aparecerem como os entes da federação que apresentavam desequilíbrios mais acentuados em suas finanças e elevados níveis de endividamento, como resultado não somente de terem gerido suas finanças, historicamente, sem restrições orçamentárias, mas também pelos impactos negativos produzidos pela política econômica de altos juros sobre suas dívidas, foram eles, embora não exclusivamente, os mais afetados com as medidas adotadas para aqueles objetivos a partir da década de 1990.

Na verdade, desde que o governo federal deu início ao ajuste de suas contas, em reação à perda de receitas resultante da Constituição de 1988, dando maior ênfase à exploração das contribuições sociais, as finanças dos governos subnacionais começaram a se ver debilitadas com a perda progressiva da participação relativa dos impostos tradicionais na arrecadação – especialmente do Imposto de Renda e do IPI –, enfraquecendo as transferências do FPM e do FPE para esses governos. A isso, somaram-se, já nos primeiros anos da década, outras perdas de receitas, principalmente dos estados, causadas pela recessão econômica provocada pelo Plano Collor, reduzindo os ganhos da descentralização tributária da Constituição.

Seria, no entanto, especialmente a partir de 1994 que essa tendência de agravamento da situação das finanças dos governos subnacionais se acentuaria e uma nova institucionalidade começaria a ser construída para revertê-la, estreitando o grau de autonomia dessas unidades de governo em diversos campos.

O lançamento do Plano Real colocou, para o governo federal, a necessidade de contar, para o seu sucesso, com uma melhora da situação fiscal do setor público como um todo. Não tendo sido realizadas as reformas do Estado previstas na Constituição para o ano de 1993, o governo terminou adotando um ajuste fiscal provisório, que teve como um de seus principais instrumentos o Fundo Social de Emergência (FSE), com o qual foram apartados 20% da arrecadação dos impostos e contribuições sociais da União (excluídas as contribuições previdenciárias) antes que esta realizasse sua distribuição para seus beneficiários, prejudicando, com isso, estados e municípios e também as políticas sociais que recebiam esses recursos.[136]

O ajuste fiscal provisório adotado, juntamente com os ganhos do crescimento econômico propiciado pelo Plano nos dois primeiros anos, permitiria ao setor público reverter uma situação de *déficits* operacionais dos dois últimos anos (1992-93) e obter um *superávit*, nesse conceito, de 1,1% do PIB em 1994, favorecido pela geração de um *superávit* primário fiscal de 5,2% do PIB. O sucesso alcançado nessa frente, combinado com o êxito do Plano no combate à inflação e com o crescimento econômico observado no início, parece ter sido responsável pela pouca atenção dada à questão fiscal por parte dos distintos níveis de governo nessa etapa, potencializando as dificuldades que posteriormente se acentuaram, principalmente para os estados, os quais, ademais, viram sua situação financeira se agravar com as medidas adotadas pelo governo federal para sustentar o programa de estabilização e com os efeitos gerados com a política monetária altamente restritiva adotada no período.

Na verdade, a arquitetura do Plano, embora tenha produzido resultados favoráveis nas contas públicas e no crescimento econômico no início, escondia problemas que o tornariam um verdadeiro desastre para essas questões. Tendo se apoiado no câmbio semifixo como âncora da estabilização e na política de juros altos para manter desaquecida a demanda e atrair capitais externos para o País, e também na rápida e indiscriminada abertura comercial, essa combinação se revelaria, em

---

[136] Somente em 2000, com a aprovação da Emenda Constitucional n. 27, de 21 de março de 2000, que criou a Desvinculação das Receitas da União (DRU), em substituição ao Fundo de Estabilização Fiscal (FEF), que, por sua vez, havia substituído o Fundo Social de Emergência (FSE), estados e municípios, bem como os fundos constitucionais do Norte, Nordeste e Centro-Oeste teriam excluídos da base de cálculo das transferências que recebem da União (FPM, FPE etc.) os efeitos produzidos por essa desvinculação, pondo-se cobro às perdas em que vinham incorrendo desde 1994.

pouco tempo, letal para as contas públicas, para as contas externas e para o crescimento econômico, apenas tendo se mostrado favorável para manter desfalecida a inflação. A euforia que tomou conta do País, aí incluídas as autoridades governamentais, desconhecendo o seu poder de destruição, apenas serviu para lançar mais lenha na fogueira antes de o fogo ser aceso numa situação, por si só, já explosiva.

Generosos aumentos salariais concedidos ao funcionalismo público pelos diversos níveis de governo somados à ampliação dos gastos em outras áreas, resultantes do otimismo provocado pelos resultados do Plano, juntaram-se para potencializar os resultados perversos por ele provocados sobre as contas públicas, num contexto em que se perdiam receitas em outras frentes, bem como praticamente desapareciam outros instrumentos de ajustamento dos gastos públicos, com a extinção do imposto inflacionário. Quando o crescimento econômico se desacelerou a partir de 1996, prejudicando a arrecadação, a situação crítica das finanças do setor público, em geral, mostrou-se em toda a sua plenitude.

Quadro II.1
Medidas que afetaram as finanças dos governos subnacionais na década de 1990

Redução das receitas	Aumento dos gastos
• desinteresse do governo federal na exploração do IR e do IPI, provocando queda no FPM e FPE; • Plano Collor, devido à recessão; • Fundo Social de emergência (FSE); • extinção do imposto inflacionário, prejudicando as receitas de aplicações financeiras (patrimoniais); • compensação do PIS e Cofins nas exportações, pela redução do IPI; • Lei Complementar 87/96 (Lei Kandir), pela redução da receita de ICMS.	• extinção do imposto inflacionário, eliminando um instrumento de ajuste das finanças, pela corrosão inflacionária dos gastos; • política de juros elevados, que aumentou consideravelmente os encargos da dívida dos estados; • reajuste generoso dos salários do funcionalismo público; • aumento dos gastos em outras áreas, incluindo os gastos com investimentos;

Fonte: elaborado pelo autor.

PARTE II - TEORIAS DA FEDERAÇÃO E A EVOLUÇÃO...

Bem sucedido no combate à inflação, o Plano Real revelou-se, de fato, um desastre paras as contas externas e o endividamento público na sua primeira fase (1994-1998),[137] como mostram Oliveira & Nakatani:[138] devido à sua arquitetura, a situação de relativo equilíbrio da conta-corrente registrada até 1994 transformou-se em um *déficit* de US$ 33 bilhões em 1998, enquanto os resultados primários do setor público, que se apresentaram superavitários na primeira metade da década, praticamente desapareceram, dando lugar ao surgimento de *déficits* nominais elevados, que fizeram com que a dívida líquida do setor público, como proporção do PIB, saltasse de 30% em 1994 para 38,9% em 1998. Como os governos subnacionais registraram os maiores desequilíbrios, tendo respondido por cerca de 50% de todo *déficit* nominal do setor público no biênio 1994-1995, foi principalmente sobre eles que mais recaíram as medidas que passaram a ser adotadas a partir de 1995 para controlar essa situação e reverter o elevado desequilíbrio orçamentário e patrimonial do setor público.

Do diagnóstico realizado sobre a situação desses governos à época, notadamente dos governos estaduais, concluiu-se que a causa desses desequilíbrios não residia apenas nos seus elevados níveis de endividamento e, como consequência, nos altos encargos financeiros que este representava, exacerbados pela política monetária restritiva do período, mas também na esfera fiscal, dados os *déficits* primários em que passaram a incorrer e que se prolongaram até 1998. Uma solução para o estoque de suas dívidas repontava, assim, como necessário para reverter esse quadro, mas insuficiente se não fechados os principais canais de seu financiamento, os bancos estaduais, e se não fossem também criados mecanismos para controlar seus níveis de gastos.

---

[137] O Plano Real apoiou-se, nessa fase, em três alicerces: câmbio semifixo, elevadas taxas de juros e rápida abertura comercial, uma combinação que se revelou explosiva para o aumento do endividamento e da vulnerabilidade da economia brasileira às crises externas.

[138] OLIVEIRA, Fabrício Augusto; NAKATANI, Paulo. "The Real Plan: price stability with indebtness". *International Journal of Political Economy*, New York, vol. 30, n. 4, 2003, pp. 13-31.

Isso implicava, na prática, modificar a forma de relacionamento entre o Governo Federal e os governos subnacionais, a qual, historicamente, fora de acomodação e de socorro financeiro prestado pelo primeiro para resolver as crises dos segundos, o que os levavam a administrar suas finanças praticamente sem restrições orçamentárias. Exercer maior controle sobre suas finanças e endividamento e substituir essa disciplina fiscal frouxa por outra em sentido oposto, marcada por compromissos com a austeridade e equilíbrio de suas contas, significava dar nova feição ao federalismo brasileiro e estreitar a autonomia dos entes subnacionais.

Mas se alguma resistência poderia ser colocada a essa iniciativa do Governo Federal, a mesma sucumbiu às grandes dificuldades que os entes subnacionais enfrentavam à época, com a implosão do regime fiscal e financeiro anteriormente vigente, permitindo que, gradualmente, esses mecanismos de controle fossem sendo aprovados. Assim, entre 1995 e 1998, assistiu-se à montagem de uma nova institucionalidade, que terá na Lei de Responsabilidade Fiscal (LRF), aprovada no ano 2000, seu ponto culminante, que permitirá, ao Governo Federal, exercer um controle hierárquico sobre as finanças dos governos subnacionais, como aponta Vargas,[139] conforme retratado no Quadro II. 2.

---

[139] VARGAS, Neide César. *Estados no Brasil e o controle fiscal e financeiro pela União no pós-Real*. 2006. Tese (Doutorado) – Instituto de Economia da Unicamp, Campinas, 2006.

Quadro II.2
Medidas adotadas para controlar as finanças e endividamento dos governos subnacionais

Ano	Instrumento	Medidas
1995	• Lei Complementar n. 82, de 27 de março de 1995 (Lei Camata I); • Programa de Apoio ao Ajuste Fiscal dos Estados;	• Limita em 60% da Receita Corrente Líquida os gastos com pessoal dos estados e municípios; • Estabelece medidas de controle e redução dos gastos com pessoal, modernização do sistema fiscal e geração de informações;
1996	• Programa de Redução do Setor Público na Atividade Bancária (PROES);	• Condiciona empréstimos para o saneamento dos bancos estaduais à sua privatização e extinção;
1997/98	• Lei 9496/97 estabelece as condições para a renegociação global da dívida dos estados;	• Exige, como contrapartida, compromissos com o ajuste fiscal e estabelece condições para a contratação de empréstimos, praticamente extinguindo, para os governos subnacionais, a dívida como instrumento complementar de financiamento;
1999	• Lei Rita Camata II (Lei Complementar n. 96, de 31 de maio de 1999);	• Estabelece o limite de 50% com gastos de pessoal em relação à Receita Corrente Líquida para o governo federal, e de 60% para os estados e municípios; estabelece vedações para a contratação de pessoal; punições para o descumprimento dos limites e cronogramas, com prazos de ajustamento, para o seu alcance.
2000	• Lei Complementar n. 101, de 04 de maio de 2000 (Lei de Responsabilidade Fiscal).	• Estabelece limite de gastos com pessoal, da dívida e de compromissos dos entes federativos com o equilíbrio das contas públicas, bem como cronogramas para os ajustes necessários e punições – administrativas, prisionais e pecuniárias – nos casos de descumprimento de suas regras.

Fonte: elaborado pelo autor.

O primeiro passo dado nessa direção foi a regulamentação do art. 169 da Constituição de 1988, com a aprovação da Lei Complementar n. 82, de 27 de março de 1995 (Lei Camata), que estabeleceu o limite de 60% da Receita Corrente Líquida (RCL) dos gastos com pessoal das administrações públicas – direta e indireta – dos governos subnacionais, determinando o prazo de três exercícios financeiros para o seu atingimento. Uma versão aprimorada dessa lei foi aprovada em 31 de março de 1999 (Lei Camata II), cujos termos foram incorporados à Lei de Responsabilidade Fiscal (LRF), promulgada em maio de 2000. À Lei Camata, de 1995, seguiram-se a aprovação do "Programa de Ajuste Fiscal dos Estados", ainda em 1995, e do "Programa de Incentivo à Redução do Setor Público na Atividade Bancária (PROES)" e a Renegociação Global da Dívida Estadual, entre 1996 e 1998.

Com o voto do Conselho Monetário Nacional (CMN) n. 162, aprovado no dia 20 de dezembro de 1995, um instrumento de assistência financeira aos Estados que se encontravam em dificuldades para honrar seus compromissos, incluindo o pagamento de folha de salários em atraso, o governo federal instituiu o "Programa de Apoio à Reestruturação e ao Ajuste Fiscal dos Estados", o qual inauguraria uma nova fase nas formas de relacionamento entre os entres federativos, no campo financeiro. Diferentemente dos programas de socorro anteriores, foram introduzidas condicionalidades para o acesso aos empréstimos, exigindo, de seus beneficiários, contrapartidas – monitoradas pelo governo federal – de medidas de controle e redução dos gastos com pessoal, modernização do sistema fiscal e geração de informações, bem como o compromisso de geração de *superávits* primários para pagamento dos encargos financeiros da dívida e implementação de um programa de privatização das empresas estatais, incluindo os bancos estaduais.

Por mais que o programa não tenha conseguido gerar, no seu início, os frutos esperados, como se pode confirmar pela continuidade da geração de *déficits* primários por esses governos até 1998, o fato importante foi que, com ele, se introduziram noções de responsabilidade fiscal para os entes subnacionais, maior compromisso com a sustentabilidade da dívida e geração regular e sistemática de informações sobre as suas contas, até então indisponíveis, para o acompanhamento de sua situação e desempenho, condições necessárias para garantir novos avanços nessa questão e para o governo ampliar o controle sobre suas finanças, modificando o modelo federativo vigente no País.

O Programa de Redução do Setor Público na Atividade Bancária (PROES), por sua vez, foi criado em agosto de 1996, em resposta às dificuldades do sistema bancário estadual, dificuldades que se acentuaram com os efeitos da política monetária restritiva implementada no período e tiveram, nos casos do BANERJ (Banco do Estado do Rio de Janeiro) e do BANESPA (Banco do Estado de São Paulo), o melhor retrato dessa situação, até mesmo pela sua dimensão, que indicava grandes riscos de crise sistêmica. Com esse programa, o socorro prestado foi condicionado à privatização dessas instituições e à extinção dos bancos estaduais de desenvolvimento.[140] Completava, com isso, o processo iniciado com o Programa de Ação Imediata (PAI), em 1993, de fechar o principal canal que garantia, aos governos estaduais, continuarem operando sem restrições orçamentárias, dadas as facilidades que encontravam para financiar seus desequilíbrios como titulares dessas instituições.

Esse processo de ajuste e de montagem das peças dessa nova institucionalidade completou-se, em 1997, com a aprovação da Lei 9496/97, que balizou as condições para a renegociação da dívida dos estados, com destaque para a dívida mobiliária, no âmbito do Programa de Ajuste Fiscal, criado em 1995. De acordo com seus termos, a dívida dos entes subnacionais com a União foi refinanciada por trinta anos, à taxa de juros de 6%, 7,5% e 9%, dependendo do montante inicialmente abatido de seu estoque, sendo corrigida pelo IGP-DI da FGV, obrigando-se os estados e municípios que assinassem o acordo com a União, a montar um programa de reestruturação e ajuste fiscal de longo prazo para garantir a redução da dívida financeira total a um nível não superior ao de sua Receita Líquida Real (RLR). Enquanto esse nível não fosse atingido,

---

[140] Segundo Vargas, "no âmbito do PROES, 11 bancos foram privatizados, 8 extintos, 4 transformados em agência de fomento (caso dos bancos de desenvolvimento dos estados)." Entre 1995 e 2001, as instituições financeiras estaduais, segundo a autora, foram reduzidas de 94 para 41. VARGAS, Neide César. *Estados no Brasil e o controle fiscal e financeiro pela União no pós-Real*. 2006. Tese (Doutorado) – Instituto de Economia da Unicamp, Campinas, 2006, p. 179.

ficavam proibidos de emitir novas dívidas, exceto para pagamento de precatórios. A contratação de outros empréstimos, inclusive de organismos internacionais, passava a exigir que a trajetória da relação dívida/RLR se mantivesse em trajetória decrescente, de acordo com os termos do acordo, para contar com o aval do Governo Federal.

A Resolução n. 40, de 20 de dezembro de 2001, do Senado Federal, que regulamentou a questão da contratação de empréstimos por estados e municípios, terminou sendo mais camarada nessa questão. Por ela, ficaria definido o limite de endividamento para os estados em 200% de sua Receita Corrente Líquida (RCL), para estes serem autorizados a realizar novas contratações de crédito. Para os que se encontravam acima desse limite, estabeleceu-se o ano de 2016 para que ele fosse progressivamente atingido. Para os municípios, o limite foi estabelecido em 120%, valendo as mesmas condições previstas para os estados tanto para novas contratações como em relação ao prazo para o seu atingimento.

No campo fiscal, para garantir o atingimento das metas projetadas para a relação dívida/RLR, foram estabelecidos compromissos com a geração de *superávits* primários, redução das despesas com o funcionalismo público, desempenho da receita própria, gastos com investimentos, programas de privatização etc. Assinado o contrato, a União ficava autorizada a bloquear receitas da unidade federada, tanto de transferência federais quanto de receita própria (ICMS, IPVA, por exemplo) para garantir o pagamento da dívida renegociada, tendo estabelecido um teto correspondente a 13% da Receita Líquida Real (RLR) da administração a serem destinados no orçamento para essa finalidade.

Com essa iniciativa, introduziu-se, formalmente, um mecanismo de controle, por parte do governo federal, do endividamento e de variáveis fiscais dos estados que aderiram ao acordo – e posteriormente dos municípios quando este foi estendido a eles – e, mais importante do ponto de vista do ajuste fiscal, de garantia de que, além de forçosamente terem de gerar resultados primários positivos para o pagamento de parcela da dívida, ficavam obstruídos os caminhos para a contratação de dívidas novas, modificando-se, portanto, o desenho federativo então prevalecente. Na prática, tal mudança significava que se retirava desses entes a possibilidade de utilizarem a dívida como instrumento complementar de financiamento, restringindo-o ao campo de suas receitas tributárias, as quais vinham sendo progressivamente erodidas pela natureza do ajuste fiscal realizado.[141]

Vale notar que as alterações introduzidas nas relações federativas, a partir dessa época, seguiram, criteriosamente, as recomendações da corrente neoinstitucionalista, como visto na segunda parte deste trabalho, para quem os governos devem contar com regras fiscais rígidas que limitem suas ações, cabendo, ao Governo Federal, a responsabilidade pelo controle, coordenação e fiscalização de suas contas.

A redução da autonomia dos governos subnacionais não veio, contudo, acompanhada de mudanças que conduzissem ao fortalecimento de sua capacidade de financiamento e de provisão das políticas públicas e serviços essenciais à população e ao desenvolvimento, reforçando o processo de descentralização em curso e dando, a eles, melhores condições para substituir o Governo Federal em algumas dessas tarefas. Pelo contrário, ao não buscar uma solução global para a revisão do modelo federativo e trilhar o caminho da adoção de medidas pontuais para o ajuste que vinha realizando, o governo federal modificou as relações federativas, enfraquecendo os governos subnacionais, notadamente os estados, mas sem nada colocar no lugar.

Se, do lado das receitas, muitas das medidas adotadas nessa época, enfraqueceriam financeiramente os estados e municípios, enquanto outras visaram aumentar o controle sobre a gestão de suas finanças, especialmente em relação ao seu endividamento e ao nível de seus gastos com pessoal, avançou-se também na instituição de mecanismo legais

---

[141] A aprovação da Lei de Responsabilidade Fiscal (LRF), em maio de 2000, incorporaria, entre outras normas de gestão fiscal, os limites de gastos, de dívida e de compromisso dos entes federativos com o equilíbrio das contas públicas, representando legalmente, nesse campo, o instrumento de uma nova institucionalidade de controle das administrações públicas. A Resolução n. 40, do final de 2001, do Senado Federal, que dela derivou, definiria novas condições para a trajetória e o tamanho da dívida até o ano de 2016, condicionando seu atingimento à contratação de novos empréstimos, de modo a reforçar, assim, o controle de endividamento dos entes subnacionais e o compromisso com a sustentabilidade da dívida.

para tornar efetivo um arranjo institucional, mesmo que com muito atraso, objetivando dar forma ao art. 23, § único, da Constituição de 1988, que trata da cooperação intergovernamental para o financiamento de áreas sociais. Essa inovação, em que pese sua importância para o fortalecimento das bases federativas e para a própria sociedade, dada a maior garantia na oferta de determinadas políticas públicas, não deixaria, contudo, de também impactar suas finanças, ao aumentar os recursos de seus orçamentos para a cobertura das novas responsabilidades com ela colocadas.

A primeira delas refere-se à criação do Fundo de Desenvolvimento do Ensino Fundamental e de Valorização do Magistério (Fundef), contemplado na Emenda Constitucional n. 14, de 12 de outubro de 1996, na Lei 9.424, de 24 de dezembro de 1996 e no Decreto 2.264, de 27 de junho de 1997. O fundo seria alimentado com 60% dos recursos destinados para a educação. Criado com fins redistributivos para vigorar por dez anos, entre 1998 e 2007, o Fundef teve, como principal objetivo, a universalização e municipalização do ensino fundamental, envolvendo, nessa política, os distintos níveis de governo: federal, estadual e municipal.

Para a sua instituição, 15% das receitas dos estados e municípios (60% dos 25% previstos constitucionalmente para a educação), incluindo as transferências constitucionais por eles recebidas (da União por ambos, e dos estados, no caso dos municípios), passariam a ser reservadas e destinadas obrigatoriamente para alimentá-lo. Os recursos do fundo passariam a ser distribuídos para os estados e municípios, de acordo com o número de matrículas em suas redes de ensino, tendo como referência um valor mínimo fixado por aluno/ano em cada unidade da federação, igualando internamente o acesso aos seus recursos nessas redes. A definição de um valor médio nacional, com base nas médias estaduais, seria complementada, no caso das unidades da federação que não o atingissem, com transferências da União para o fundo, visando equalizar as oportunidades de acesso e de recursos para os alunos desse nível de ensino.[142]

---

[142] Em 2007, considerado concluído o processo de universalização do ensino fundamental, seria criado o Fundo de Desenvolvimento do Ensino Básico (Fundeb)

Já a Emenda Constitucional n. 29, de 17 de setembro de 2000, teve, como principal objetivo, tornar estáveis as fontes de financiamento para a saúde, que vinham minguando desde que a crise da primeira metade da década de 1990 e a retirada das receitas do INSS das fontes de financiamento da Seguridade Social, tornando-as exclusivas da Previdência Social em 1993, reduziram seus recursos. Com a EC 29, os estados passaram a ter de destinar 12% de suas receitas vinculáveis para o financiamento da saúde, os municípios, 15%, enquanto a definição das regras de vinculação para a União foi transferida para a ocasião em que a emenda fosse regulamentada. Importante para avançar na solução do financiamento dessa área e como instrumento de cooperação financeira intergovernamental, a EC 29 representaria mais uma medida que exigiria dos entes subnacionais maior esforço orçamentário para o cumprimento de suas responsabilidades, num contexto em que o ajuste fiscal que vinha sendo implementado restringia suas receitas e também a autonomia dessas esferas da federação.[143]

Com os governos subnacionais limitados em sua autonomia, circunscritos ao uso de seus recursos tributários para o desempenho de suas funções, asfixiados por altos níveis de endividamento e contando com um alto grau de engessamento de seus orçamentos, pode-se dizer que a federação brasileira não representava, no final da década de 1990, mais do que uma pálida ideia dos objetivos que motivaram os constituintes de 1988. Essa situação praticamente não se alterou nos governos que sucederam a Fernando Henrique Cardoso no cargo de *condottiere* do País a partir de 2003.

O fato é que, passado o breve período iniciado com a promulgação da Constituição de 1988, em que a federação pareceu renascer depois

---

para ele, com regras semelhantes aos do Fundef para o recebimento de recursos orçamentários.

[143] Para uma análise mais aprofundada tanto do Fundef como da Emenda Constitucional n. 29, consultar o trabalho: OLIVEIRA, Fabrício Augusto. "Fundef e saúde: duas experiências (virtuosas?) de descentralização". *In:* REZENDE, Fernando; OLIVEIRA, Fabrício Augusto (orgs.). *Descentralização e federalismo fiscal no Brasil*: desafios da reforma tributária. Rio de Janeiro: Konrad Adenauer Stiftung, 2003.

de mais de vinte anos de arbítrio da ditadura militar, o arranjo nela estabelecido para essa finalidade começou a se desfazer ante a crise econômica e fiscal que colocou a necessidade de ajustamentos severos das contas públicas, notadamente para os governos subnacionais.

Ante essa nova realidade e sob a influência do novo pensamento econômico dominante, orientado nessa questão principalmente pela corrente neoinstitucionalista, o governo federal começou a estender uma rede de controle hierárquico sobre as finanças dos governos subnacionais, limitando suas ações e transferindo para sua responsabilidade as decisões sobre suas políticas em diversos campos: gastos com pessoal, níveis de endividamento, regras para a oferta de diversas políticas públicas, como as da educação e da saúde.

A centralização do poder na esfera federal, que se torna crescente a partir dessa época, em pleno regime democrático, passa a subordinar as demais esferas, diante de seu enfraquecimento financeiro, às decisões acima elencadas, transformando novamente a federação num arremedo do que pretenderam os constituintes de 1891 e também os de 1988.

6.7 A federação soterrada: 2003-2014

Não é nenhum exagero afirmar que durante o Governo Lula da Silva (2003-2010) e o primeiro mandato de Dilma Rousseff (2011-2014) a questão do federalismo não mereceu muita atenção. Pelo contrário, ambos procuraram dela se esquivar, por temer enfrentar tema tão conflituoso ou porque sua solução poderia enfraquecer o poder do Governo Federal e estreitar seu espaço de dominação, prejudicando as políticas que pretendiam implementar. Não poderia ser diferente.

Tendo, ambos, desde o início, se sujeitado a seguir e cumprir as regras emanadas do pensamento conservador para preservar o capital e a riqueza financeira, como ocorrera no Governo Fernando Henrique Cardoso (especialmente a partir de 1999), viram seus caminhos bloqueados para a realização de reformas estruturais, especialmente as que poderiam colocar riscos para os compromissos assumidos com a economia de recursos fiscais a fim de garantir o pagamento dos encargos da dívida dos credores do Estado e riscos também para a estabilização macroeconômica sustentada no tripé câmbio flutuante/metas de inflação/geração de *superávit* primário.

Ora, a reforma tributária que poderia destravar vários obstáculos para a retomada de um crescimento econômico mais consistente no Brasil aparecia, nessa perspectiva, como ocorrera durante o Governo FHC, como mudança que ameaçava demolir as bases do modelo mencionado. Isso porque, de um lado, poderia, desde que realizada na dimensão requerida, resultar em perda de arrecadação, comprometendo a economia de recursos pretendida, e, de outro, transferir para as classes dominantes parte do ônus da tributação. Além disso, com a revisão do modelo federativo, a par do fato de reduzir a força de comando do Poder Central, a reforma poderia, ao fortalecer as finanças dos governos subnacionais, desencadear um processo de ampliação de gastos dessas esferas, abortando a política de austeridade fiscal. Diante dessas restrições, as propostas de reforma tributária encaminhadas tanto pelo Governo Lula quanto pelo de Dilma ao Congresso restringiram-se a mudanças pontuais que, embora modificando a incidência de alguns tributos, não alteravam nem a essência de sua estrutura, nem enfrentavam o desafio de revisão do modelo federativo.

O quadro econômico que predominou entre 2003-2010, garantindo um crescimento médio anual de 4% encobriu, no entanto, muitas das dificuldades em que se encontravam os governos subnacionais e criou a falsa ilusão de que os problemas da federação haviam sido resolvidos, justificando a pouca importância dada para reformas modernizadoras do sistema tributário e de reconstrução das bases federativas nesse período. Somente após 2010, quando o ímpeto do crescimento se arrefeceu e as receitas públicas dos diversos níveis de governo começaram a despencar, os graves problemas fiscais destes governos voltaram a se revelar com intensidade, acirrando os conflitos federativos na disputa por mais receitas.

6.7.1 A ilusão do fortalecimento da federação: 2003-2010

No período 2003-2010, a temática do federalismo praticamente desapareceu do cenário dos debates travados no País. Nem o governo federal dedicou maior atenção ao tema, nem os representantes dos governos subnacionais pressionaram, como em períodos anteriores, para a retomada das discussões sobre a revisão de seu modelo. O crescimento econômico anual de 4%, no período, depois de duas décadas em que a economia permaneceu semiestagnada, catapultou as receitas públicas dos distintos níveis de governo, criando a falsa ilusão de que os problemas do País, incluindo a questão federativa, haviam sido resolvidos. Não é difícil entender a razão disso.

Para o governo federal, uma reforma tributária de profundidade poderia colocar em risco o compromisso assumido, com o mercado, de geração de *superávits* primários para garantir o pagamento dos juros da dívida e evitar o crescimento descontrolado de seu estoque, como proporção do produto nacional. Tanto isso é verdade que a primeira proposta de reforma tributária do Governo Lula encaminhada ao Congresso, em 2003, apesar de divulgada com muita pompa como comprometida com o projeto de "crescimento com inclusão social", remetia a questão da revisão do modelo federativo para outra oportunidade, dado o seu caráter conflituoso, além de não contemplar nenhuma medida de mudança no imposto de renda capaz de promover o deslocamento do ônus da tributação para as camadas mais ricas da sociedade.

Sinteticamente, a reforma proposta pegou carona nas que foram apresentadas anteriormente, de federalização do ICMS, de transformação da Cofins em um imposto sobre o valor agregado (o que foi parcialmente aprovado por exigência do FMI), de substituição da Contribuição Patronal por um imposto sobre o faturamento, acompanhadas de mudanças cosméticas na tributação direta de impostos pouco relevantes, como o ITR, Heranças e Doações, ITBI e CSLL, além de propor a instituição de um programa de renda mínima e um fundo de desenvolvimento regional.

Sua principal preocupação, no entanto, porque presidida pela lógica do ajuste fiscal, com o qual o governo se comprometeu, foi com a prorrogação da CPMF e da DRU, essenciais para esse objetivo. No final, sua aprovação pelo Congresso Nacional, na forma da Emenda Constitucional n. 42, de 19 de dezembro de 2003, restringiu-se à

PARTE II - TEORIAS DA FEDERAÇÃO E A EVOLUÇÃO...

prorrogação desses instrumentos, juntamente com a destinação de 29% do produto arrecadado da CIDE-combustíveis para os estados e municípios, com o objetivo de obter o apoio de seus representantes para aprovação dessas mudanças. Com isso, pela primeira vez, o governo compartilhava, constitucionalmente, o produto de uma contribuição com as esferas subnacionais, mas com a revisão do modelo federativo sendo transferida para outra oportunidade.

Longe do que se pode entender por uma reforma voltada para o objetivo do "crescimento econômico com inclusão social", a proposta original apresentada pelo Governo Lula foi extremamente limitada porque, na análise realizada à época, por Oliveira, ela

> [...] não simplifica o sistema na direção esperada, nem em termos da complexidade de sua legislação, nem em relação ao número de tributos; não avança no processo de harmonização da estrutura tributária; não desonera a produção, os investimentos e os salários; e não redistribui a carga tributária, de forma mais igualitária. Em compensação, cria condições para o aumento considerável da carga tributária, asfixiando ainda mais a economia e revelando que sua lógica parece ter sido presidida mais pelo ajuste fiscal do que pelos compromissos com o projeto de crescimento econômico com inclusão [...].[144]

Já a segunda proposta de reforma tributária encaminhada pelo Executivo para apreciação do Congresso Nacional, cinco anos depois, em 2008, na forma da PEC 233/08, era bem mais consistente que a anterior. Avançava bem mais em termos de simplificação do sistema, com a unificação da legislação do ICMS, a fusão da Cofins, PIS e CIDE-combustíveis, a incorporação da CSLL ao IRPJ e a extinção do salário-educação, bem como com a promessa de redução gradual das alíquotas da previdência patronal. Seu objetivo era o de reduzir o "custo-Brasil", com a substituição de tributos de incidência cumulativa por

---

[144] OLIVEIRA, Fabrício Augusto. A *proposta de reforma tributária do Governo Lula*: uma análise crítica. Belo Horizonte: [s.n.], 2003a, p. 11.

impostos sobre o valor agregado, e pôr cobro à guerra fiscal travada entre os estados, com a cobrança do ICMS pelo princípio do destino. Complementava a proposta, para atrair o apoio dos estados e municípios à sua aprovação, a sugestão de criação de um Fundo de Equalização das Receitas (FER) e de um Fundo de Desenvolvimento Regional (FDR), alimentado com recursos do IR e do IPI.

Apesar de mais abrangente e ousada, a proposta se manteve silente em relação a alterações mais significativas na tributação direta e se esquivou, como anteriormente, de enfrentar o desafio de revisão do modelo federativo. Na verdade, nem o governo federal se empenhou, de fato, para aprová-la, nem os governos subnacionais se dispuseram a aceitar as mudanças nela contempladas, pelas dúvidas que suscitava em relação à preservação de suas receitas e também pela ausência de um projeto de redefinição das responsabilidades dos entes federados sobre a oferta de políticas públicas. Como consequência, ela terminou não prosperando, indo se juntar a outras propostas engavetadas nos arquivos do Congresso Nacional.

Para os governos subnacionais, notadamente para os estados, o crescimento excepcional das receitas nesse período, especialmente considerando a natureza pró-cíclica de seu principal imposto, o ICMS, provocou o adormecimento das críticas endereçadas à Lei de Responsabilidade Fiscal e ao acordo da dívida com a União como instrumentos que estrangulavam suas finanças. Tudo parece ter se passado como se os crônicos problemas da federação brasileira nunca tivessem existido, diante da maior abundância de suas receitas, o que permitiu os governos subnacionais, inclusive, reduzir o estoque de suas dívidas, como proporção de suas receitas correntes líquidas, conforme estabelece a Resolução do Senado Federal n. 40/2001, em cumprimento à LRF.

Isso não deve causar estranheza. De modo geral, os governos subnacionais, mais notadamente os estaduais, preocupam-se mais em ter acesso a maiores receitas para que possam viabilizar seus objetivos políticos. Tanto isso é verdade que pouca importância deram às ações do governo central que foram promovendo *maior centralização do poder* e limitando sua autonomia nas decisões de gastos e de endividamento.

A defesa que alguns fazem da necessidade de se fortalecer o federalismo no País encobre, na verdade, seu verdadeiro propósito, que é o de contar com maior volume de recursos para seus objetivos. Por isso, como o crescimento econômico do período propiciou ganhos consideráveis para a arrecadação de seus impostos, garantindo-lhes uma situação financeira mais confortável, a revisão do modelo federativo perdeu força na agenda de reformas necessárias para o País, esmaecendo ante essa realidade financeira mais amigável.

De acordo com a Secretaria do Tesouro Nacional (STN), a relação média da dívida dos estados, como proporção da receita corrente líquida (RCL), caiu de 1,54%, em 2002, para 1,11%, em 2010. Por outro lado, se no ano 2002, oito estados (Alagoas, Goiás, Maranhão, Minas Gerais, Mato Grosso do Sul, Rio de Janeiro, Rio Grande do Sul e São Paulo) se encontravam acima do limite de endividamento de 200% da razão entre a Dívida Consolidada Líquida (DCL) e a Receita Corrente Líquida (RCL), o que fora estabelecido pela Resolução n. 40, do Senado Federal, em 2010 apenas o Rio Grande do Sul permanecia nessa condição, com uma relação dívida/RCL de 214%. Não restam dúvidas de que a LRF contribuiu para esse desempenho por exigir ajustamentos mais confiáveis dos governos subnacionais[145] e prever punições – pecuniárias, administrativas e prisionais – para os gestores públicos em caso de seu descumprimento, mas também não se pode ignorar a importância do crescimento espetacular das receitas tributárias no período para a obtenção de tais resultados.

Isso levou alguns governadores a se colocarem como promotores de um processo de ajustamento estrutural de suas contas, sendo o caso mais notório o do governador de Minas Gerais, Aécio Neves, com o *slogan* que criou e despertou interesse no País, ao divulgar ter eliminado o *déficit* em seu governo, feito que cunhou de *déficit zero*, com o objetivo de vender, para a população, uma imagem de competência e de maior

---

[145] Para experiências de ajustes realizados pelos governos municipais, conferir o trabalho: CHIEZA, Rosa Angela. *O Ajuste das finanças públicas à Lei de Responsabilidade Fiscal*. 2008. 196 f. Tese (Doutorado) – Programa de Pós-Graduação em Economia, Universidade Federal do Rio Grande do Sul, Porto Alegre, 2008.

eficiência na gestão das contas públicas, visando obter dividendos políticos. Como se confirmaria mais tarde, tudo não passava, na verdade, de uma maquiagem das contas orçamentárias, maquiagem que escondia os elevados e robustos *déficits* nominais gerados pelo Estado, bem como as dificuldades enfrentadas na gestão de suas contas.[146]

De qualquer forma, mesmo com a LRF e os limites estabelecidos para os gastos com pessoal dos governos subnacionais e para o seu nível de endividamento, vários expedientes passaram a ser empregados para driblá-los, tornando uma tarefa difícil a avaliação da situação de suas finanças. Contratação de funcionários como terceirizados, classificação de gastos com pessoal na rubrica de investimentos, postergação do pagamento com a folha salarial para o exercício seguinte, exclusão de benefícios previdenciários dos gastos com a folha, destinação inferior de recursos para a área da saúde, recursos exigidos pela Emenda Constitucional n. 29, e também para a educação, de acordo com a Constituição, foram artifícios empregados por essas esferas, geralmente endossados por instrumentos e portarias inconstitucionais editados pelos Tribunais de Contas, a fim de vender, para as autoridades de fiscalização e para a população, um quadro favorável de suas finanças que não correspondia à realidade.

Mas, enquanto o crescimento econômico mais robusto se sustentou, foi possível manter soldados os interesses de várias forças políticas em torno da ilusão que se criou de que o País caminhava, a passos céleres, para adentrar o paraíso da prosperidade, do qual não mais sairia. Nessa caminhada, confirmando a tendência de maior avanço relativo dos municípios dentro da federação, estes ainda seriam favorecidos com a aprovação da Emenda Constitucional n. 55, de 29 de setembro de 2007, que aumentou o FPM em 1 ponto percentual, com este passando, portanto, de 22,5% para 23,5%, determinando que estes recursos adicionais deveriam ser a eles entregue no primeiro decêndio do mês de dezembro de cada ano.

---

[146] OLIVEIRA, Fabrício Augusto; GONTIJO, Cláudio. *A dívida pública do estado de Minas Gerais*: a renegociação necessária (1994-2011). Belo Horizonte: Paulinelli, 2012.

PARTE II - TEORIAS DA FEDERAÇÃO E A EVOLUÇÃO...

Como não se realizou, nesse período, nenhuma mudança mais substancial no sistema tributário do ponto de vista da repartição das receitas entre os entes federativos, não se registrou, praticamente, alteração significativa na posição relativa de cada um no bolo tributário, como mostra a Tabela II.6. De qualquer forma, cabe chamar a atenção para o fato de que os estados, em relação à década de 1960, haviam perdido mais de nove pontos percentuais de sua participação no bolo tributário, enquanto os municípios, tornados agentes prioritários do processo de descentralização, a viram elevar-se de 6,4% para 18,4%, confirmando a nova configuração da federação no Brasil, com o gradual enfraquecimento do nível intermediário de governo.

Tabela II.6
Distribuição federativa das receitas
Conceitos: arrecadação direta e receita disponível
2000/2010

Ano	CTB (% PIB)	Arrecadação direta (%)			Receita disponível (%)		
		União	Estados	Municípios	União	Estados	Municípios
2000	30,6	66,7	27,6	5,7	55,9	26,7	17,4
2003	31,3	67,6	26,7	5,8	57,1	25,6	17,3
2005	33,6	69,6	25,5	4,9	57,3	25,5	17,1
2010	32,5	69,3	25,5	5,5	56,5	25,1	18,4

Fonte: CTB: Receita Federal Brasileira. Brasília: Receita Federal, Centro de Estudos Tributários e Aduaneiros; 2000-2010. Disponível em: http://www.receita.fazenda.gov.br; AFONSO, José Roberto. *Por um novo sistema tributário*. Brasília: Comissão Especial, Câmara dos Deputados, 10 set. 2015.

No entanto, apesar dessa aparente posição mais privilegiada do ente municipal na federação, chama-se a atenção para o fato de que a descentralização da execução das políticas públicas — em especial da educação, saúde e transferências de renda às famílias — deixou reduzido espaço para os municípios conceberem e implementarem suas próprias políticas, levando em conta sua heterogeneidade social, setorial e regional, suas carências e necessidades da população, tornando-se, em sua maioria, meros executores das políticas estabelecidas pelo governo federal.

6.7.2 Desaceleração, crise econômica e o novo declínio da federação: 2011-2014

Passada a bonança econômica do período de 2003-2010, quando os governos, de modo geral, surfaram nas ondas de receitas crescentes por ele propiciadas, acreditando que essas se manteriam para sempre, a realidade que se impôs a partir de 2011, quando a presidente Dilma Rousseff, em seu primeiro mandato (2011-2014), deu início a processos de ajustamento da economia diante da crise internacional que insistia em perdurar e dos desajustes internos do modelo de estabilização, modificaria radicalmente o cenário.

Com a desaceleração do crescimento, que desembocará na recessão iniciada no segundo trimestre de 2014, as receitas públicas dos governos, em geral, começarão a perder força, desvelando as dificuldades financeiras em que se encontravam e que se acreditava superadas no período anterior. Na disputa por receitas que se trava entre os entes federativos, a partir dessa nova realidade, para a solução de seus problemas isoladamente, o acirramento dos conflitos federativos, que se encontravam adormecidos, revelará uma federação completamente divorciada de qualquer compromisso com a solidariedade e a cooperação, traços indispensáveis para seu equilíbrio. Pelo menos quatro questões tratadas nesse período, envolvendo as relações financeiras/fiscais entre os entes federativos, são reveladoras do aumento das tensões entre as esferas governamentais na disputa por recursos e da completa ausência de entendimento entre elas para se chegar a um acordo: a) a questão dos *royalties* do petróleo; b) os critérios de repartição do Fundo de Participação dos Estados (FPE); c) a renegociação da dívida dos estados e municípios; e d) a proposta de reforma tributária da presidente Dilma Rousseff.

6.7.2.1 *O imbróglio dos royalties do petróleo e do gás natural: 2009-2013*

Talvez nada tenha acirrado tanto os conflitos federativos, ainda na gestão Lula, como a questão da distribuição entre os entes federativos dos *royalties* do petróleo e do gás natural, num contexto em que, devido

PARTE II - TEORIAS DA FEDERAÇÃO E A EVOLUÇÃO...

à brutal elevação dos preços desses produtos no mercado internacional, o pré-sal descortinava um futuro grandioso para o Brasil, com abundância de recursos para o financiamento das áreas sociais.

Pelas regras então vigentes, estabelecidas na Lei 9.478, de 1997, que trata do *Regime de Concessão* na exploração do petróleo, as receitas dos *royalties* da produção em terra cabiam, quase integralmente, aos estados e municípios afetados por sua exploração. Apenas 30% da parcela que excedesse o teto de 5% do *royalty* seria destinado para os demais estados e municípios e para a União. No caso da exploração em mar, essa distribuição se modificava: 22,5% para os estados produtores, 22,5% para os municípios produtores, 7,5% para os municípios afetados com operações de embarque e desembarque da produção, 7,5% para os demais estados e municípios da federação e 40% para a União, conforme disposto no Quadro II.3.

Lula defendia, inicialmente, uma distribuição igualitária desses *royalties* entre os estados e municípios, independentemente de serem ou não produtores, mas terminou voltando atrás diante da pressão dos estados produtores, notadamente do Rio de Janeiro e do Espírito Santo, e encaminhou ao Congresso Nacional em 2009 quatro projetos do novo marco regulatório do pré-sal, criando o *Regime de Partilha* da produção de petróleo, de forma alternativa ao Regime de Concessão, mas mantendo a distribuição desses recursos de acordo com o estabelecido na Lei n. 9.478, de 1997.

Quadro II.3
Distribuição dos *royalties* do petróleo, de acordo com as Leis ns. 9.478/97 e 12.276/2010

Beneficiários	Produção em terra		Produção em mar
	Royalty de até 5%	Parcela que exceder 5%	
• Estados produtores/confrontantes	70,0	30,0	22,5
• Municípios produtores/ confrontantes	20,0	30,0	22,5
• Municípios afetados por operações de embarque e desembarque	10,0	10,0	7,5
• Demais estados e municípios – Fundo Especial	–	10,0	7,5
• União	–	20,0	40,0
• Total	100,0	100,0	100,0

Fontes: Leis 9.478/1997 e 12.276/2010.

O Regime de Concessão difere do Regime de Partilha, entre outras coisas, também no que diz respeito ao pagamento de *royalties*. No primeiro, a empresa que recebe a concessão deve pagar *royalties* que correspondem a uma alíquota de até 10% sobre o valor produzido, uma espécie de imposto sobre o faturamento, divididos em duas partes: uma de 5%, que corresponde ao valor mínimo, e outro que excede os 5%, com regras diferentes de repartição para os entes federativos.[147] Além dos *royalties*, deve pagar também um adicional chamado de *participação especial*, devido somente em campos de exploração de alta produtividade e que incide sobre o lucro gerado por essa atividade, uma espécie de imposto sobre a renda.[148]

---

[147] Foi com a Lei 9.478/97 que a alíquota do *royalty* seria elevada de 5% para 10%. Provavelmente, para evitar questionamentos das esferas governamentais que recebiam seus recursos, foram criadas novas regras para a repartição desse excedente e mantida a regra anterior para a receita obtida com a alíquota de 5%. VIEGAS, Paulo Roberto Alonso. *Aspectos da MP 592, de 2012, sobre a distribuição de royalties e outras participações governamentais na exploração de petróleo e gás natural*. Brasília: Núcleo de Estudos e Pesquisas do Senado, dez. de 2012.

[148] Além disso, existem também as receitas do bônus de assinatura e da retenção por

Já no Regime de Partilha da produção, que passaria a ser adotado para os contratos firmados após 2013, com base da Lei 12.351/10, na província do pré-sal ou em áreas declaradas estratégicas pela Presidência da República, a empresa deve recolher *royalties* com alíquota de até 15% sobre o valor bruto da produção (depois fixada em 15% pela Lei 12.734/12), e uma parcela do chamado *óleo excedente*, que se assemelha à participação especial do Regime de Concessão. A diferença é que, enquanto no caso da *participação especial*, o pagamento é feito em dinheiro, a parcela do *óleo excedente* é paga em produto físico, ou seja, em óleo para a União,[149] que é a destinatária exclusiva de seus recursos.

A verdade é que as receitas dos *royalties*, em especial as derivadas da exploração do petróleo e do gás natural, haviam criado uma classe de estados e municípios no País que passaram a desfrutar de uma situação privilegiada pelo fato de se localizarem em áreas e regiões onde ocorria essa exploração, vantagem que aumentou consideravelmente com a elevação dos preços desses produtos no mercado internacional e o consequente aumento de sua receita.

Se justificada essa compensação para estados e municípios quando a exploração é feita em terra, pelos danos ambientais que provoca e pela necessidade de se contar com uma infraestrutura adequada, o que implica custos para essas unidades da federação, o mesmo não ocorre, de acordo com os argumentos utilizados pelos estados não produtores ao defenderem uma distribuição igualitária da exploração do petróleo no mar, caso do pré-sal, por não existirem custos para estados e municípios.

Foi principalmente com esse argumento que os estados não produtores se uniram para alterar as regras da repartição desses *royalties*, a partir dos projetos apresentados pelo governo, em 2009, nesse campo,

---

área, as quais, no entanto, são pequenas, comparadas aos valores dos *royalties* e à participação especial.

[149] VIEGAS, Paulo Roberto Alonso. *Aspectos da MP 592, de 2012, sobre a distribuição de royalties e outras participações governamentais na exploração de petróleo e gás natural.* Brasília: Núcleo de Estudos e Pesquisas do Senado, dez. de 2012.

que não tratavam dessa questão, obtendo, como resultado das negociações feitas entre eles, a partir daí, mesmo sofrendo a oposição dos estados produtores, a aprovação da Lei 12.351, de 22 de dezembro de 2010, que passou a reger a distribuição no Regime de Partilha. Pela lei aprovada, no caso da produção do petróleo e do gás natural, os *royalties* passariam a ser distribuídos, caso a produção ocorresse em terra ou no mar, de acordo com o disposto no Quadro II.4.

Quadro II.4
Distribuição dos *royalties* do petróleo, de acordo com o Regime de Partilha contemplado na Lei n. 12.351, de 22/12/2010

Beneficiário dos *royalties* do petróleo	Produção em terra	Produção no mar
• Estados produtores/confrontantes	20,0	22,0
• Municípios produtores/confrontantes	10,0	5,0
• Municípios afetados por operações de embarque e desembarque do petróleo e gás	5,0	2,0
• Estados não produtores (fundo especial para rateio)	25,0	24,5
• Municípios não produtores (fundo especial para rateio)	25,0	24,5
• União: Fundo Social da lei 12.351/10	15,0	22,0
• **Total**	**100,0**	**100,0**

Fonte: Lei 12.351, de 22 de dezembro de 2010.

Ainda de acordo com essa mesma lei, a parcela recebida pela União deveria ser integralmente destinada para o Fundo Social, com ela criada, em seu art. 47, para o financiamento de programas e projetos nas áreas de combate à pobreza e do desenvolvimento, como as da educação, saúde, cultura, esportes, entre outras, estabelecendo que 50% de seus recursos seriam destinados para a educação.

Se com a aprovação dessa lei parecia ter terminado a novela com o imbróglio dos *royalties* do petróleo no mar, o presidente Lula optou,

PARTE II - TEORIAS DA FEDERAÇÃO E A EVOLUÇÃO...

pressionado pelos estados produtores, por dar-lhe continuidade, ao vetar, no final de dezembro de 2010, além do artigo que destinava 50% dos recursos do Fundo Social para a educação, também o que tratava da nova repartição de seus recursos, anunciando que seria encaminhado um projeto com novas regras para assegurar uma parcela maior para os estados produtores, continuando a vigorar, portanto, a distribuição anterior. Com isso, transferiu essa disputa para o Governo Dilma Rousseff, que teria início em 2011.

No dia 07 de novembro de 2012, depois de muita polêmica e dissenso envolvendo estados produtores e não produtores, a Câmara dos Deputados aprovou o Projeto Legislativo n. 2.565, de 21 de outubro de 2011, que estabelecia novas regras de distribuição dos *royalties* e da participação especial entre os entes da federação, *royalties* devidos em função da exploração do petróleo, gás natural e hidrocarbonetos fluídos, além de aprimorar o marco regulatório sobre a exploração desses recursos no Regime de Partilha.

O PL, que contemplava a mesma distribuição prevista na Lei n. 12.351/10, foi aprovado na forma da Lei n. 12.734, de 30 de novembro de 2012, passando a valer tanto para os antigos como para os novos contratos, outro ponto de dissenso entre estados produtores e não produtores, e encaminhado para sanção da presidente Dilma Rousseff. A Lei tratou da distribuição dos *royalties* tanto no Regime de Partilha quanto no de Concessão. Nos contratos pelo Regime de Partilha, o Quadro II.5 mostra a distribuição nele contemplada, caso a produção ocorresse em terra ou em mar. Como se percebe, no caso do Regime de Partilha, a Lei n. 12.734/10 em nada se diferenciou da Lei n. 12.351/10 no que diz respeito à repartição dos recursos entre os entes federativos, replicando os mesmos percentuais de repartição previstos na última. A novidade da nova lei, nessa questão, residia principalmente nas mudanças que introduzia na repartição no Regime de Concessão.

No caso do Regime de Concessão, a lei aprovada mantinha os mesmos percentuais da distribuição contemplados na Lei 9.478/97 para a produção em terra dos 5% dos *royalties*, mas modificava os da produção em mar, conforme Quadro II.6, com um cronograma de ajuste que se estenderia até o ano de 2020.

Quadro II.5
Distribuição dos *royalties* no Regime de Partilha, de acordo com a Lei 12.734/10

Beneficiário dos *royalties* do petróleo	Produção em terra	Produção no mar
• Estados produtores/confrontantes	20,0	22,0
• Municípios produtores/confrontantes	10,0	5,0
• Municípios afetados por operações de embarque e desembarque do petróleo e gás	5,0	2,0
• Estados não produtores (fundo especial para rateio)	25,0	24,5
• Municípios não produtores (fundo especial para rateio)	25,0	24,5
• União: Fundo Social da lei 12.351/10	15,0	22,0
• **Total**	**100,0**	**100,0**

Fonte: Lei 12.734, de 30 de novembro de 2012.

A presidente Dilma, no entanto, vetou vários de seus dispositivos, incluindo o que dizia respeito à validade das novas regras para todos os contratos. Para preencher esses vetos, encaminharia ao Congresso Nacional uma Medida Provisória no dia 03 de dezembro, a MP 592/12, com a qual destinava 100% dos *royalties* da União, correspondentes a 22% do total arrecadado da produção em mar no Regime de Partilha, exclusivamente para o Fundo Social para serem aplicados nos programas e projetos nas áreas de combate à pobreza e do desenvolvimento, sendo 50% desse montante obrigatoriamente aplicado na área da educação. Com ela, restabelecia também os percentuais de participação em *royalties* aprovados pelo Congresso, mas para contratos assinados e firmados a partir da data de vigência da Medida Provisória, ou seja, de 03 de dezembro de 2012, prevalecendo as regras anteriores da Lei 9.478/97 para os contratos firmados até 02 de dezembro de 2012.

No que diz respeito à repartição dos *royalties*, a MP 592/12 estabeleceu um período de transição, até o ano 2020, para que os novos percentuais nela contemplados fossem atingidos no Regime de Concessão para os novos contratos realizados a partir de 03 de dezembro de 2012, conforme mostrado no Quadro II.7, que seriam incorporados à Lei 9.478, de 06 de agosto de 1997.

Para os contratos firmados até 03 de dezembro de 2012, as receitas da União dos *royalties* e da *participação especial* no Regime de Concessão, tanto para os de até 5% da produção quanto para os de 5% a 10%, no caso dos *royalties*, passariam a ser destinados exclusivamente para o Fundo Social previsto na Lei 12.351/10, assim como os arrecadados por *Cessão Onerosa* feita à Petrobrás, de acordo com a Lei 12.276/10. A mesma destinação teriam as receitas de *royalties* e da *participação especial* da União nos contratos de concessão assinados e firmados a partir de 03 de dezembro de 2012.

Quadro II.6
Distribuição no Regime de Concessão, de acordo com a Lei n. 12.734/10

Beneficiários	Produção em terra: 5% *royalties*	Produção em mar		Participação Especial	
		2013	2019	2013	2020
• Estados produtores/ confrontantes	70,0	20,0	20,0	34,0	20,0
• Municípios produtores/ confrontantes	20,0	17,0	4,0	5,0	4,0
• Municípios afetados por operações de embarque e desembarque do petróleo e gás	10,0	3,0	2,0	–	–
• Estados não produtores (fundo especial para rateio)	–	20,0	27,0	9,5	15,0
• Municípios não produtores (fundo especial para rateio)	–	20,0	27,0	9,5	15,0
• União: Fundo Social da lei 12.351/10	–	20,0	20,0	42,0	46,0
• Total	100,0	100,0	100,0	100,0	100,0

Fonte: Lei 12.734, de 30 de novembro de 2012.

Com essas alterações contempladas na Medida Provisória em relação ao Fundo Social, deixaram de ser necessários – e, por isso, por ela revogados

– os dispositivos legais da Lei 9.478 (art. 49, § 3º, e art. 50, § 4º) que tratavam da destinação das receitas da União de *royalties* e da *participação especial* nas áreas do pré-sal, sob o regime de concessão, para a constituição de um fundo de desenvolvimento, e também o § 2º do art. 49, da Lei 12.351, que tratava de uma regra de transição para essa questão e tornou-se desnecessário pela definição das novas regras estabelecidas pela MP 592/12.

Reagindo a essa medida, o Congresso, derrubou todos esses vetos em sessão do dia 07 de março, restabelecendo o conteúdo original da Lei 12.734, que foi promulgada integralmente em 25 de março de 2013, sem os vetos presidenciais. A reação dos estados produtores, notadamente Rio de Janeiro e Espírito Santo, foi a de recorrer ao Supremo Tribunal Federal, por meio de Ações Diretas de Inconstitucionalidade (ADIN), questionando sua legalidade e usando como argumentos, entre outros, o fato de os estados não produtores já serem compensados com a cobrança do ICMS nas exportações internas de petróleo pelo princípio do destino e de que os custos dos danos ambientais e as exigências de infraestrutura econômica e social para a produção de petróleo e gás natural teriam de ser suportados por eles, já asfixiados financeiramente.

Quadro II.7
Cronograma da repartição dos *royalties* para os contratos de concessão firmados a partir de 03/12/2012

Entes	Royalties de 5%		Royalties além dos 5%		Participação Especial	
	2013	2020	2013	2020	2013	2020
• Estados produtores/ confrontantes	20,0	20,0	20,0	20,0	32,0	20,0
• Municípios produtores/ confrontantes	15,0	4,0	15,0	4,0	5,0	4,0
• Municípios afetados por embarque e desembarque	3,0	2,0	3,0	2,0	0,0	0,0
• Fundo Especial para ser dividido com estados	21,0	27,0	21,0	27,0	10,0	15,0
• Fundo Especial para os demais municípios	21,0	27,0	21,0	27,0	10,0	15,0
• União	20,0	20,0	20,0	20,0	43,0	46,0
• **Total**	**100,0**	**100,0**	**100,0**	**100,0**	**100,0**	**100,0**

Fonte: Medida Provisória 592, de 03 de dezembro de 2012

PARTE II - TEORIAS DA FEDERAÇÃO E A EVOLUÇÃO...

Com a derrubada dos vetos, criou-se uma situação juridicamente estranha, com a mesma matéria sendo regida por dois institutos legais distintos, a Lei 12.734/12 e a MP 592/12. Com prazo de validade até 12 de maio daquele ano para ser votada, a MP 592 acabou sendo abandonada pela Comissão Mista do Congresso no final de abril, sob o argumento de que não faria sentido sua apreciação enquanto o STF não se manifestasse sobre o questionamento da lei, que havia sido feito, nessa instituição, pelos estados do Rio de Janeiro, Espírito Santo e São Paulo. Mesmo com a apresentação de um substitutivo para a MP pelo deputado Carlos Zarantini, que propunha a destinação de todas as receitas da União para a educação e sua distribuição para as redes estaduais e municipais de ensino, não se conseguiu mais viabilizá-la. Com a perda de sua validade, continuou a prevalecer as regras estabelecidas na Lei 12.734/12.

Antes da perda de sua eficácia, o governo federal, com o objetivo de salvar algo de sua proposta de destinar recursos do pré-sal para as áreas sociais, elaborou e encaminhou ao Congresso Nacional o Projeto de Lei n. 5.500, datado de 30 de abril (PL 5.500/13), com o qual propunha a destinação para a educação de 100% dos recursos de *royalties* e da *participação especial* arrecadada pela União, estados, Distrito Federal e municípios na produção de petróleo em alto-mar (plataforma continental, mar territorial e zona econômica exclusiva) para os contratos tanto do Regime de Concessão quanto os de Partilha assinados a partir de 03 de dezembro de 2012. A esses recursos, se somavam ainda mais 50% dos rendimentos do Fundo Social, criado pela Lei 12.351/10.

O objetivo da proposta era o de garantir que a meta estabelecida no Plano Nacional de Educação (PNE), a de destinar, nos próximos dez anos, 10% do PIB para o financiamento da área, pudesse ser atingida. No PL, ainda se estabelecia que os recursos dos *royalties* e os da *participação especial* da União, tanto no Regime de Concessão como no de Cessão Onerosa, previstos nas Leis 9.478/97, 12.276/10 e 12.351/10, seriam destinados para o Fundo Social, excluindo-se dessa obrigatoriedade as receitas dos contratos celebrados sob o Regime de Partilha.

O PL transitou no Congresso, onde terminou sendo aprovado e rapidamente sancionado pela presidente Dilma Rousseff, em setembro, na forma da Lei 12.858, de 09 de setembro de 2013, com algumas importantes modificações.

A mais importante foi a inclusão da saúde entre os beneficiários desses recursos, reservando-lhe 25% de seu total, restando, portanto, 75% para a educação, com prioridade para serem aplicados na educação básica. Assim, as receitas dos *royalties* e da *participação especial* da União, estados, Distrito Federal e municípios, arrecadadas com os contratos assinados a partir de 03 de dezembro de 2012, tanto os de Concessão, Cessão Onerosa e de Partilha, de produção no mar, passariam a ter como destino a educação e a saúde, na proporção de 75% e 25%, respectivamente.

Além disso, modificou-se a proposta do governo de destinar 50% apenas dos *rendimentos* do Fundo Social para a educação, ampliando-a para *todos os recursos recebidos pelo Fundo Social*, que seriam destinados para essa área até o atingimento da meta estabelecida pelo PNE de 10% do PIB. No caso da União, os recursos dos *royalties* e da *participação especial* dos contratos em Regime de Concessão assinados antes de 03 de dezembro de 2012 para a produção no pré-sal também seriam integralmente destinados para esse fundo.

Projeções otimistas feitas pelo governo à época indicavam recursos adicionais para essas áreas de R$ 112 bilhões no prazo de dez anos. Para o governo federal, que viu caducar a MP 592 e ser congelada, no STF, a decisão sobre a legalidade ou não da Lei 12.734/12, a mudança representava um ganho expressivo para a política de redução das desigualdades sociais com a melhoria do financiamento da saúde e educação. Os governos estaduais e municipais, por sua vez, que receberiam também os recursos da União para suas redes de ensino, não deixariam de contar com algum alívio em seus orçamentos, mesmo abrindo mão dessas receitas para financiar outras atividades, para atingir os percentuais mínimos constitucionais estabelecidos para o seu financiamento.

Mas não havia dúvidas de que os três anos em que o imbróglio dos *royalties* do petróleo do mar atormentou o Executivo e o Legislativo, até o

PARTE II - TEORIAS DA FEDERAÇÃO E A EVOLUÇÃO...

encaminhamento de sua solução em 2013, refletiam, assim como outras questões, como a da guerra fiscal entre estados e municípios, a exacerbação dos conflitos federativos no País diante das crescentes dificuldades financeiras enfrentadas por estes níveis de governo. Assim como os *royalties* do petróleo, também as demais questões anteriormente apontadas repontaram, nesse período, com fatores de forte tensão das relações federativas.

6.7.2.2 *Os critérios de distribuição do Fundo de Participação dos Estados (FPE)*

O Fundo de Participação dos Estados (FPE), alimentado com 21,5% da arrecadação do Imposto de Renda (IR) e do Imposto sobre Produtos Industrializados (IPI), conforme determinação da Constituição Federal de 1988, foi um instrumento criado com objetivos redistributivos para encurtar as distâncias econômicas e sociais entre as regiões mais desenvolvidas e as mais pobres, visando promover o equilíbrio socioeconômico na federação. A regulamentação da distribuição de seus recursos foi aprovada um ano após a promulgação da Constituição pela Lei Complementar n. 62, de 28 de dezembro de 1989, em caráter provisório, para vigorar até o exercício de 1991, enquanto se aguardava a discussão e a aprovação de novos critérios de rateio, que deveriam valer a partir de 1992, com o censo populacional do IBGE reorientando essa distribuição.

Pela LC 62/89, 85% dos recursos do FPE caberiam aos estados do Norte, Nordeste e Centro-Oeste, e os 15% restantes aos do Sul e Sudeste, sendo que São Paulo teve sua cota-parte reduzida para 1% para permitir a elevação da cota de outros estados, como o Espírito Santo. A partir da definição dos montantes que caberiam ao conjunto desses grupos de estados, no anexo único da referida lei, foram estabelecidos percentuais individuais de participação de cada estado e do Distrito Federal no bolo desses recursos. Como o Congresso não voltou a apreciar o tema no prazo previsto, os percentuais permaneceram *congelados* no tempo, mesmo com a realidade econômica e as posições dos estados se alterando, sem sofrerem ajustes para o cumprimento da finalidade do FPE, que é o de contribuir para a redução das desigualdades regionais de renda.

Foi com base principalmente nesse argumento que os estados do Rio Grande do Sul, Goiás, Mato Grosso e Mato Grosso do Sul entraram com Ações Diretas de Inconstitucionalidade (ADIN) no Supremo Tribunal Federal (STF), questionando as regras de rateio da LC 62/89 por não respeitarem o preceito constitucional. No dia 24 de fevereiro de 2010, o STF declarou a inconstitucionalidade dos critérios de rateio do FPE, considerando que a regra levava em conta dados demográficos desatualizados de 1989, quando o fundo foi criado, mas, para não prejudicar a continuidade de seu repasse, validou-os até 31 de dezembro de 2012, dando prazo de quase três anos para o Congresso aprovar uma nova lei que substituísse a anterior. Não foi suficiente.

Como os estados não chegaram a um consenso sobre o tema e não conseguiram aprovar outra lei sobre os novos critérios dentro do prazo estabelecido pelo STF, em 24 de janeiro de 2013, o então presidente em exercício do Supremo, Ricardo Lewandowski, concedeu uma liminar, prorrogando por mais cento e cinquenta dias a validade da regra da LC 62/89 para evitar a suspensão do repasse dos recursos para os estados. Em abril de 2013, o Senado Federal finalmente aprovou novas regras de distribuição do FPE, regras que se transformaram na Lei Complementar n. 143, de 17 de julho de 2013, mas sem seguir as decisões do STF sobre o prazo de validade da regra anterior.

Pela LC 143/13, os coeficientes fixos da LC 62/89 continuariam válidos até 31 de dezembro de 2015, ou seja, por mais dois anos e meio e, só a partir de 2016, passariam a valer as novas regras de distribuição do fundo. Combinando valores anteriormente recebidos pelos estados, corrigidos monetariamente, com valores a serem distribuídos de acordo com o montante disponível para calcular a cota de cada um, não houve mudança significativa em relação aos critérios anteriores, a não ser marginalmente. Por isso, o estado de Alagoas ingressaria com uma nova ADIN no STF, argumentando que o novo texto manteve os mesmos vícios da legislação original, declarada inconstitucional pelo acórdão dessa instituição em 2010. Essa ação, que continuava aguardando julgamento até a elaboração deste trabalho, soma-se às demais como expressão dos conflitos que se intensificaram entre os entes da federação na disputa desesperada por receitas.

6.7.2.3 *A renegociação da dívida dos estados e municípios com a União: 2011-2014*[150]

A dívida pública dos estados e municípios com a União renegociada no final da década de 1990 figura também entre as questões que mantiveram sob permanente tensão as relações federativas no País. Benéfica à época em que os contratos foram firmados, entre 1997 e 1998, acabou se tornando, com o tempo, à medida que a economia se estabilizava e as taxas de juros caíam, um pesadelo para as finanças de estados e municípios, premidos pelo aumento de suas responsabilidades com as mudanças realizadas nas áreas da educação e da saúde, e uma fonte de ganhos fabulosos para a União, dadas as condições de sua renegociação.

De fato, os encargos dessa dívida, justificáveis no cenário de turbulência e de seguidas crises externas que marcaram a economia mundial até o ano 2002, haviam se tornado excessivamente onerosos para os governos que haviam assinado os contratos com a União, quando essas condições se modificaram a partir de 2003. Renegociada, em geral, com prazo de trinta anos, prorrogáveis por mais dez, e atualizada monetariamente pelo IGP-DI, com pagamento de juros reais de 6% a 9% ao ano, em função do abatimento inicial de seu estoque, os governos dos estados e municípios se comprometeram a destinar 13% de sua Receita Líquida Real (RLR) para o pagamento de seus encargos, o que, na prática, transformou estes em despesas obrigatórias em seus orçamentos, com suas receitas, inclusive as de sua competência, podendo ser bloqueadas para garantir que esse compromisso fosse honrado.

Para o governo federal, os termos dos contratos apresentavam uma série de vantagens. Com a exigência de que os governos que a ele aderissem economizassem 13% de sua Receita Líquida Real (RLR) para o pagamento dos encargos, envolvia-os compulsoriamente no esforço de

---

[150] Algumas das questões aqui abordadas se encontram analisadas com maior detalhamento no trabalho: OLIVEIRA, Fabrício Augusto; GONTIJO, Cláudio. *A dívida pública do estado de Minas Gerais*: a renegociação necessária (1994-2011). Belo Horizonte: Paulinelli, 2012.

produzir *superávits* primários do setor público consolidado para satisfazer as exigências do capital financeiro. Por outro lado, a correção da dívida, com encargos tão expressivos, refletia-se também na maior valorização dos ativos da União, impactando positivamente no cálculo de sua dívida líquida. Também importante era o fato de que os contratos, ao proibir-lhes também a contratação de novas dívidas, enquanto desenquadrados dos limites de endividamento estabelecidos, mantinham essas esferas subjugadas às determinações do Poder Central, já que dele dependentes financeiramente para o cumprimento de suas funções.

Para os governos estaduais e municipais, representava, portanto, uma situação da qual não se vislumbrava qualquer saída. Apesar dos elevados desembolsos realizados para o pagamento de seus encargos, o estoque da dívida continuava em trajetória de expressivo crescimento, já que os juros nominais devidos (IGP-DI + juros reais) eram, em geral, bem superiores aos juros efetivamente pagos relativos aos 13% da RLR. Com orçamentos fortemente engessados e o compromisso de destinarem mais 13% de suas receitas para o pagamento dos juros, que se tornaram também uma despesa obrigatória, perderam o pouco espaço de que dispunham para acomodar novas prioridades públicas ou para fazer frente a gastos inesperados. Nessas condições, a submissão às determinações do Poder Central tornou-se a regra vigente, já que destituídos de autonomia financeira.

Com a tomada de consciência de vários governadores de estados mais afetados por essa dívida, notadamente os do Rio Grande do Sul, Minas Gerais, Rio de Janeiro, São Paulo, Alagoas, entre outros, várias iniciativas começaram a surgir para a renegociação de suas condições, especialmente as que se referem ao seu indexador, o IGP-DI, e aos juros reais sobre ela cobrados: o primeiro por ser um índice que reflete mais as expectativas de inflação e, por isso, contaminado pelas flutuações e volatilidade do câmbio; os juros reais por configurarem um prêmio de agiota numa economia estabilizada com taxas de juros reais cadentes.

De alguma maneira, o governo federal conseguiu ir barrando essas iniciativas, embora sinalizando positivamente para a sua legitimidade, sempre com o argumento de que o Brasil, por estar comprome-

PARTE II - TEORIAS DA FEDERAÇÃO E A EVOLUÇÃO...

tido com políticas de austeridade fiscal, corria o risco de, no caso da dívida ser renegociada nos termos propostos, abrir a torneira de gastos estaduais e municipais e comprometer as metas fiscais estabelecidas. Tal situação perdurou até 2013, quando, diante das resistências do governo federal em avançar nessa renegociação, aumentaram as pressões dos governadores, deslanchadas a partir de 2011, e que terminaram com o encaminhamento para apreciação do Congresso Nacional de um projeto tratando dessa questão, o qual contou, inclusive, com o aval da presidente Dilma Rousseff. O projeto de Lei Complementar n. 238/13, que teve como relator o deputado Eduardo Cunha (PMDB-RJ), acabou sendo aprovado na Câmara dos Deputados no dia 23 de novembro de 2013 e encaminhado para votação no Senado Federal.

Pelo projeto aprovado, o IGP-DI seria substituído pelo IPCA, um índice que reflete melhor a inflação do País, enquanto os juros reais incidentes sobre as dívidas dos estados e municípios seriam reduzidos para 4%. Alternativamente, esses encargos acumulados poderiam ser substituídos pela taxa de juros SELIC, caso essa fosse menor. Além disso, as novas regras passariam a valer, retroativamente, a partir de 1º de janeiro de 2013, significando que ainda nesse ano seriam obtidos ganhos para estados e municípios, os quais poderiam ser abatidos de seus estoques, contribuindo, assim, para reduzir ainda mais os seus encargos.

Mais importante era o fato de que, com essas novas condições, a trajetória de crescimento acelerado do estoque de suas dívidas poderia ser interrompida ou até mesmo revertida, considerando que, mantido o comprometimento do pagamento de juros equivalente a 13% da RLR no projeto aprovado, os encargos efetivamente pagos poderiam ser superiores aos devidos. Encaminhado para votação no Senado Federal, o projeto, no entanto, voltaria a enfrentar a oposição do governo federal, com o qual havia sido anteriormente negociado.

Escudado no argumento de que as agências de *rating* haviam sinalizado – em caso de uma eventual piora das contas públicas que poderia decorrer da medida – a possibilidade de rebaixamento da nota de crédito do Brasil no *ranking* internacional, o governo passou a ver essa mudança como inoportuna para aquele momento, já que poderia aumentar a desconfiança dos agentes econômicos sobre o seu compromisso com a política de austeridade fiscal. Isso porque, além de o governo federal perder recursos com a sua aprovação, com ela se abriria também espaços para os estados e municípios beneficiados aumentarem seus gastos.

Esse argumento terminou encontrando eco no Senado, que interrompeu sua apreciação, com o projeto ali permanecendo adormecido. Sua apreciação foi retomada somente no ano seguinte, muito em virtude de se tratar de um ano de eleições presidenciais e da necessidade da presidente, em busca de sua reeleição, precisar ampliar o arco de alianças para garantir sua vitória numa disputa com a oposição que prometia ser acirrada diante da crise econômica que começava a se manifestar com gravidade e da crise política que se abatera sobre o País.

No dia 05 de novembro de 2014, finalmente o Projeto de lei Complementar n. 99/2013, que teve como relator o senador Luiz Henrique (PMDB-SC), acabou sendo votado e aprovado por unanimidade no Senado Federal e encaminhado para sanção da presidente. Sua sanção terminou ocorrendo no dia 26 de novembro, com a sua promulgação e publicação no Diário Oficial da União, como Lei Complementar n. 148 (LC 148/2014), apenas passando a depender de sua regulamentação para que fossem celebrados os novos contratos aditivos com os estados e municípios, aplicando os novos indexadores da dívida. Parecia, com isso, que se chegava ao final de uma batalha que durara anos e que essa fora vencida pelos estados e municípios. Não foi bem assim.

Depois de ter sancionado o projeto, convertendo-o em lei, o governo, tendo feito a opção, após vencer as eleições e render-se à ortodoxia, por realizar um profundo ajuste fiscal recessivo na economia, tratou, em seguida, de suspender e adiar a vigência de sua entrada em vigor, usando o argumento de que o mesmo ainda não fora regulamentado, e de transferir sua vigência para o ano de 2016, justificando essa decisão com o fato de que não poderia perder receitas, estimadas em R$ 3 bilhões no ano, para não comprometer o ajuste. Diante da ilegalidade da decisão, a Prefeitura do Rio de Janeiro e a de São Paulo ingressaram na Justiça Federal com pedido para que o governo aplicasse imediatamente as novas regras sobre a correção da dívida, aumentando os conflitos em torno da questão.

Em resposta, a Câmara dos Deputados, que vinha travando uma queda de braços com o Executivo desde o início dos trabalhos parlamentares, dado o conflito que se instaurara entre o seu presidente, deputado Eduardo Cunha, e a presidente da República, Dilma Rousseff, nas eleições para a presidência dessa casa no final de 2014, aprovou, no dia 24 de março, numa demonstração de força, quase que por unanimidade (trezentos e oitenta e nove votos a favor e duas abstenções), o Projeto de Lei Complementar n. 37/2015, que permitia a aplicação dos novos indexadores das dívidas estaduais e municipais com a União, *independentemente de regulamentação* e *estabelecia o prazo de trinta dias para que os novos contratos aditivos fossem celebrados nos novos termos da lei*. A matéria teria, no entanto, de ser aprovada também pelo Senado Federal.

Diante dos argumentos do Executivo de que não dispunha de condições para assumir os encargos dessa renegociação, dado o ajuste fiscal em curso, o Senado Federal terminou aprovando, no dia 28 de abril de 2015, uma emenda ao projeto, transferindo o prazo para o governo celebrar novos contratos com os termos nele estabelecidos para o dia 31 de janeiro de 2016, o qual, por ter sido modificado, teria de retornar à Câmara dos Deputados para nova análise. Somente no dia 30 de junho, por quatrocentos e sessenta e um votos favoráveis e sete contra, a Câmara aprovaria o projeto revisado pelo Senado, fixando em 31 de janeiro de 2016 a data limite para a aplicação do novo indexador das dívidas dos estados e municípios.

O litígio com a Prefeitura do Rio de Janeiro terminou sendo resolvido por meio de acordo feito com o governo federal, prevendo depósito em juízo de R$ 55 milhões pelo município até fevereiro de 2016, sem o desconto da redução que seria obtida com os novos indexadores, com o último comprometendo-se a devolver o excedente após a aplicação das novas regras. No caso da Prefeitura de São Paulo, a solução continuou pendente, já que a administração paulista, em situação financeira bastante crítica, continuou mantendo na Justiça Federal o pedido para a aplicação imediata da lei sancionada.

De qualquer maneira, todo o imbróglio em torno da renegociação dessa dívida dos estados e municípios só se encerraria (ou parecia ter sido encerrado) no final de 2015, quando, finalmente, a presidente Dilma Rousseff assinaria e publicaria no Diário Oficial da União, o Decreto n. 8.616, de 30 de dezembro de 2015, que confirmaria o dia 31 de janeiro de 2016 como o prazo limite para a aplicação dos novos indexadores aos débitos existentes e a celebração dos novos contratos aditivos com essas esferas governamentais. Embora não representasse alívio imediato para os seus caixas, já que a lei manteve o comprometimento da destinação de 13% de sua Receita Líquida Real para o pagamento dos encargos da dívida, além do abatimento da dívida que poderiam ganhar, já que a medida era retroativa a janeiro de 2013, seus encargos anuais seriam reduzidos, com o seu estoque podendo ser saldado mais rapidamente e, também importante, melhorando o indicador Dívida/Receita e a capacidade de endividamento desses governos. Indubitavelmente, um alívio, para esses entes que vinham, há tempos, sendo asfixiados financeiramente com os exorbitantes encargos cobrados pela União.

6.7.2.4 *A proposta de reforma tributária do governo Dilma*

A proposta de reforma tributária apresentada pelo governo Dilma inscreve-se também entre as questões que revelam a ausência de consensos entre as matérias que afetam os entes federativos. Bem menos ambiciosa que as dos governos Fernando Henrique Cardoso e de Lula, a proposta seria encaminhada ao Congresso dois anos após a sua posse, ou seja, em 27 de dezembro de 2012, na forma da Medida Provisória n. 599/12, mas teria vida curta, sendo abandonada seis meses depois.

Com ela, propunha-se dar início à redução das alíquotas interestaduais do ICMS em 2014, deslocando gradativamente sua incidência pelo princípio da origem para o do destino, de modo que, em 2025, aquelas estariam uniformizadas em 4% em todo o País, embora atingindo-se essa meta com velocidades diferentes para cada região, visando a permitir um ajustamento mais suave para as regiões menos desenvolvidas – Norte, Nordeste, Centro-Oeste e estado do Espírito Santo.

Para compensar eventuais perdas de receitas que os estados poderiam ter com essa mudança, a proposta previa a criação de um Fundo de Compensação, por um período de vinte anos e, adicionalmente, de um Fundo de Desenvolvimento Regional, cujos recursos seriam destinados para investimentos nos estados com renda *per capita* inferior à média nacional. Apesar de seu escopo bastante limitado, o de pôr cobro à guerra fiscal entre os estados, no longo prazo, a proposta não conseguiu prosperar por falta de entendimento e de consenso entre o governo federal e os representantes dos estados e municípios e foi se juntar a outras que se encontram adormecidas nos arquivos do Congresso Nacional.

6.7.2.5 A regulamentação da EC 29 em 2013, o aumento do FPM em 2014 e a distribuição do bolo tributário

A rigor, quando se considera as mudanças realizadas nas relações intergovernamentais no campo fiscal federativo no longo período que vai de 2003 a 2014, são muito poucas as que se destacam. Além das que foram tratadas nos tópicos precedentes, reveladoras do acirramento das tensões e conflitos entre os entes da federação, num quadro de grave e generalizada crise financeira, outras mais importantes parecem ter sido a regulamentação da EC 29/2000, em 2013, e a do aumento do percentual do Fundo de Participação dos Municípios (FPM), em 2014, injetando algum oxigênio nas combalidas finanças municipais.

A regulamentação da Emenda Constitucional n. 29, de 13 de setembro de 2000, pela Lei Complementar n. 141, de 13 de janeiro de 2013, merece ser inscrita entre as conquistas que ocorreram durante o Governo Dilma Rousseff para garantir maiores recursos para a área da saúde.

A falta de regulamentação da EC 29/00 sobre as despesas que deveriam ser consideradas efetivamente como "ações e serviços públicos de saúde" deixara uma janela aberta pela qual vazavam receitas que deveriam ser destinadas para o seu financiamento, ao serem contabilizadas, como tal, pelos entes federativos, despesas de outra natureza, mesmo com a Resolução n. 322/2003, do Conselho Nacional da Saúde, que disciplinava essa matéria.

Assim, gastos em saneamento, limpeza urbana, assistência social, merenda escolar, programas de alimentação, aposentadorias e pensões, encargos da dívida, oferta de serviços que não atendiam o princípio do acesso universal e até mesmo vacinas para gado contra a febre aftosa figuravam, na contabilidade dos governos em geral, como despesas na área da saúde. Com a conivência, em geral, dos Tribunais de Contas, principalmente os governos subnacionais usaram e abusaram desse expediente para inflar seus gastos na área, visando garantir que o mínimo constitucional exigido – 12% para os estados e 15% para os municípios – fosse atingido.[151]

O grande mérito da LC 141 foi o de fechar explicitamente essas brechas, proibindo a contabilização dessas despesas como "ações e serviços públicos de saúde", colocando, com isso, um ponto final ou estancando a torneira de desvios de recursos dessa área para outras finalidades. Autorizou corretamente, no entanto, a contabilização, como tal, dos investimentos realizados na rede física do SUS.

Do ponto de vista estritamente financeiro, a LC 141 acrescentou algumas doses de dificuldades para os governos subnacionais na administração de suas finanças, ao fechar a janela que lhes permitia maquiar os seus gastos e exigir, para a área, maiores dotações orçamentárias, mas foi camarada com a União, ao descartar a proposta que vinha sendo defendida por vários analistas e especialistas da saúde de determinar a vinculação de 10% de sua Receita Corrente Bruta (RCB) para o seu financiamento. Pela lei aprovada, acabou mantendo praticamente a mesma regra anterior, ao estabelecer que sua contribuição seria dada "pelo valor empenhado no exercício anterior acrescido de, no mínimo, o percentual correspondente à variação nominal do PIB ocorrida no ano anterior ao da lei orçamentária anual", ou seja, de dois exercícios anteriores.

Já o aumento do percentual do FPM em 1 ponto percentual, o que já havia ocorrido no Governo Lula em 2007, com a aprovação da Emen-

---

[151] SENADO FEDERAL. *Nota Técnica n. 014*. Brasília: Núcleo de Saúde de Consultoria de Orçamento e Fiscalização Financeira da Câmara dos Deputados (CONOF/DF), 23 nov. 2012.

da Constitucional n. 55, de 29 de setembro, passando, de 22,5% para 23,5%, determinando-se que esses recursos adicionais deveriam ser entregues aos municípios no primeiro decêndio do mês de dezembro de cada ano, conheceria novo aumento no governo Dilma. Pela Emenda Constitucional n. 84, aprovada em 02 de dezembro de 2014, foi aumentado em mais 1 ponto percentual o repasse de recursos para esse fundo e elevado para 24,5%, mas de forma escalonada no tempo: 0,5% a ser transferido a partir de julho de 2015 e o restante (0,5%), em julho de 2016. Embora importantes para fortalecer as finanças municipais, deve-se reconhecer ter sido muito pouco para restabelecer as bases da federação que vinham sendo progressivamente minadas desde a década de 1990.

A Tabela II.6, que mostra a repartição da carga tributária entre os entes da federação, tanto nos conceitos de arrecadação direta quanto no de receitas disponíveis, ou seja, deduzidas as transferências intergovernamentais, revela que, apesar de uma pequena melhoria ter ocorrido nesse período, muito em virtude do maior esforço fiscal que vem sendo desenvolvido principalmente pelos governos municipais para aumentar a arrecadação própria, e, não se pode desconsiderar, pelo aumento do percentual do FPM em 2007, ela não foi tão significativa, e a situação dos estados tem permanecido praticamente a mesma.

Em se tratando da arrecadação direta, a União continuou mantendo, com pequenas oscilações, sua participação próxima a 70% do total arrecadado, enquanto a dos estados permaneceu em torno de 25%, com a dos municípios registrando ligeira elevação, em torno de 1 ponto percentual, especialmente a partir de 2007, provavelmente pelo maior esforço fiscal realizado para aumentar sua arrecadação própria. No conceito de receitas disponíveis, o avanço dos municípios no bolo tributário é mais significativo e, para isso, deve ter contribuído tanto o aumento do FPM como também as alterações introduzidas na distribuição dos *royalties* do petróleo.

Diante das gritantes dificuldades financeiras em que se encontravam mergulhados os distintos níveis de governo ao final de mandato da presidente Dilma Rousseff, o fato, entretanto, é que essa distribuição de receitas perdera qualquer significado, à medida que deixava de espelhar sua capacidade de financiamento e ocultava os preocupantes níveis de endividamento que asfixiavam as finanças. Trata-se de uma das faces perversas da falência completa do sistema tributário brasileiro, indicando a urgência de sua reforma para permitir o reencontro do País com o crescimento sustentado, o compromisso com a equidade social e o fortalecimento da federação.

Tabela II.6
Distribuição federativa das receitas
Conceitos: arrecadação direta e receita disponível
2000/2014

Ano	CTB (% PIB)	Arrecadação direta (%)			Receita disponível (%)		
		União	Estados	Municípios	União	Estados	Municípios
2000	30,6	66,7	27,6	5,7	55,9	26,7	17,4
2005	33,6	69,6	25,5	4,9	57,3	25,5	17,1
2010	32,5	69,3	25,5	5,5	56,5	25,1	18,4
2013	33,7	69,0	25,2	5,8	57,4	24,3	18,3
2014	33,5	68,5	25,4	6,2	55,6	25,0	19,4

Fonte: Receita Federal Brasileira. Brasília: Receita Federal, Centro de Estudos Tributários e Aduaneiros, 2000-2014. Disponível em: http://www.receita.fazenda.gov.br; AFONSO, José Roberto. *Por um novo sistema tributário*. Brasília: Comissão Especial, Câmara dos Deputados, 10 set. 2015.

Referências bibliográficas

AFONSO, José Roberto. *Por um novo sistema tributário*. Brasília: Comissão Especial, Câmara dos Deputados, 10 set. 2015.

AFFONSO, Rui Brito Alvarez. A Federação no Brasil: impasses e perspectivas. *In:* AFFONSO, R. B. A.; SILVA, P. L. B. (orgs). *A Federação em perspectiva*. São Paulo: Fundap, 1995.

AFFONSO, Rui de Brito Alvares. *O federalismo e as teorias hegemônicas da economia do setor público na segunda metade do século XX*: um balanço crítico. Tese (Doutorado). Campinas: IE/Unicamp, 2003.

ARRETCHE, Marta. Quem taxa e quem gasta: a barganha federativa na federação brasileira. *Revista de Sociologia e Política*. Curitiba, n. 24, jun. 2005, pp. 69-85.

BRASILEIRO, Ana. M. (1973). "O federalismo cooperativo". *In: Simpósio sobre as relações intergovernamentais*. Rio de Janeiro: IBAM, 1973.

BUCHNAN, J.M. Politics without romance: a sketch of positive public choice theory and its normative implications. Vienna, Austria: HIS Journal 3, 1979.

BURGESS, Michael. "Federalism and Federation: a reappraisal". *In:* BURGESS, M.; CAGNON, Alain-G (eds.). *Comparative Federalism and Federation:* competing traditions and future directions. Hertfordshire: Haverster Wheatsheaf, 1993.

DYE, Thomas R. *American federalism*: competition among governments. Massachusetts/Toronto, Lexington Books, 1990.

CAMARGO, A. A Reforma-*Mater*: riscos (e os custos) do federalismo incompleto. *Parcerias Estratégicas*, Brasília, vol. 4, n. 6, mar. 1999, pp. 80-109.

CHIEZA, Rosa Angela. *O Ajuste das finanças públicas à Lei de Responsabilidade Fiscal*. 2008. 196 f. Tese (Doutorado) – Programa de Pós-Graduação em Economia, Universidade Federal do Rio Grande do Sul, Porto Alegre, 2008.

DOLHNIKOFF, M. *O pacto imperial*: origens do federalismo no Brasil. Editora São Paulo: Globo, 1995.

FERREIRA, A. H. B. "Convergence in Brazil: recent trends and long run prospectus". *Applied Economics*, vol. 4, n. 32, mar. 2000, pp. 479-489.

FIORI, José Luiz. "Globalização econômica e descentralização política: um primeiro balanço". *Ensaios FEE*, Porto Alegre, n. 2, 1994, pp. 295-311.

_____. "O Federalismo diante do desafio da globalização". *In:* AFFONSO, R. B. A.; SILVA, P. L. B. (orgs.). *A Federação em perspectiva*. São Paulo: Fundap, 1995.

GRACIA, J. Cãrdenas. "México a luz de los modelos federales". *Boletim Mexicano de Derecho Comparado*, México, Nueva Série, año XXXVII, n. 110, maio/ago. 2004, p. 483.

IBGE. *Estatísticas do século XX*. Rio de Janeiro: IBGE, 2006.

KIRSCH, G. "Föderalismus: Eine Weit Verbreitete Praxis". *In:* _____ (org.). *Föderalismus*. Stuttgart, NewYork: Gustav Fischer, 1977, pp. 1-14.

LAGEMANN, Eugênio. "O Federalismo fiscal brasileiro em questão". *In:* AFFONSO, R.B.A.; BARROS, P.L.B. (orgs). *A Federação em perspectiva.* São Paulo: Fundap, 1995.

LEME, Heládio J. de Campos. *O Federalismo na Constituição de 1988:* representação política e distribuição de recursos tributários. Dissertação (Mestrado) – Instituto de Filosofia e Ciências Humanas da Unicamp, Campinas, 1992.

LOPREATO, Francisco L. Cazeiro. *O colapso das finanças estaduais e a crise da federação.* São Paulo: Editora UNESP, IE/UNICAMP, 2002.

MORAES, Bernardo Ribeiro. *Compêndio de Direito Tributário.* 6ª ed. Rio de Janeiro: Forense, 2002.

MUSGRAVE, R. *Teoria das finanças públicas.* São Paulo: Atlas, 1973.

MUSGRAVE, R.; MUSGRAVE, P. B. *Finanças públicas:* teoria e prática. Rio de Janeiro: Ed. Campus; São Paulo: Edit. Universidade de São Paulo, 1980.

OATES, W. E. "Fiscal decentralization and economic development". *National Tax Journal,* [s.1], vol. 46. n. 2, 1993, pp. 237-243.

OHAMAE, K. *The Rise of region state foreign affairs.* [S.l.: s.n.], 1993.

OLIVEIRA, Fabrício Augusto. *Teorias da federação e do federalismo fiscal:* o caso do Brasil. Belo Horizonte: Escola de Governo/Fundação João Pinheiro, 2007 (Texto para Discussão n. 43).

_____. *A proposta de reforma tributária do Governo Lula:* uma análise crítica. Belo Horizonte: [s.n.], 2003a. Mimeografado.

_____. "Fundef e saúde: duas experiências (virtuosas?) de descentralização". *In:* REZENDE, Fernando; OLIVEIRA, Fabrício Augusto (orgs.). *Descentralização e federalismo fiscal no Brasil*: desafios da reforma tributária. Rio de Janeiro: Konrad Adenauer Stiftung, 2003.

_____. *Crise, reforma e desordem do sistema tributário nacional.* Campinas: Editora da Unicamp, 1995a.

_____. *A reforma tributária de 1966 e a acumulação de capital no Brasil.* 2ª ed. Belo Horizonte: Oficina de Livros, 1991.

OLIVEIRA, Fabrício Augusto; GONTIJO, Cláudio. *A dívida pública do estado de Minas Gerais*: a renegociação necessária (1994-2011). Belo Horizonte: Paulinelli, 2012.

OLIVEIRA, Fabrìcio Augusto; NAKATANI, Paulo. "The Real Plan: price stability with indebtness". *International Journal of Political Economy*, New York, vol. 30, n. 4, 2003, pp. 13-31.

OLIVEIRA, Francisco. "A crise da federação: da oligarquia à globalização". *In:* AFFONSO, R. B. A. & Silva, P. L. B. (orgs.). *A federação em perspectiva*. São Paulo: FUNDAP, 1995.

RECEITA FEDERAL BRASILEIRA. Brasília: Receita Federal, Centro de Estudos Tributários e Aduaneiros; 2000-2010. Disponível em: http://www.receita.fazenda.gov.br.

REZENDE, Fernando; AFONSO, José Roberto. A federação brasileira: desafios e perspectivas. *In:* REZENDE, Fernando; OLIVEIRA, Fabrício Augusto de. (orgs.). *Federalismo e integração econômica regional: desafios para o Mercosul*. Rio de Janeiro: Konrad Adenauer Stiftung, 2004.

_____. "Modernização tributária e federalismo fiscal". *In:* REZENDE, Fernando; OLIVEIRA, Fabrício Augusto de (orgs.). *Descentralização e federalismo fiscal no Brasil*: desafios da reforma tributária. Rio de Janeiro: Konrad Adenauer Stiftung, 2003.

SENADO FEDERAL. *Nota Técnica n. 014*. Brasília: Núcleo de Saúde de Consultoria de Orçamento e Fiscalização Financeira da Câmara dos Deputados (CONOF/DF), 23 nov. 2012.

SOARES, M. M. *Teoria do sistema federal:* heterogeneidades territoriais, democracia e instituições políticas. 1997. Dissertação (Mestrado) – Departamento de Ciências Políticas da Universidade Federal de Minas Geras, Belo Horizonte, 1997.

VARGAS, Neide César. *Estados no Brasil e o controle fiscal e financeiro pela União no pós-Real*. 2006. Tese (Doutorado) – Instituto de Economia da Unicamp, Campinas, 2006.

VARSANO, Ricardo *et al.* (1998). Uma análise da Carga Tributária do Brasil. Brasília: IPEA, 1998 (Texto para discussão n. 583).

VIEGAS, Paulo Roberto Alonso. *Aspectos da MP 592, de 2012, sobre a distribuição de royalties e outras participações governamentais na exploração de petróleo e gás natural*. Brasília: Núcleo de Estudos e Pesquisas do Senado, dez. de 2012.

PARTE III
UM OLHAR PARA O FUTURO: A NECESSIDADE E OS CAMINHOS DE UMA REFORMA TRIBUTÁRIA JUSTA E SOLIDÁRIA

1. Introdução

Desde a construção do sistema tributário nacional no longínquo ano de 1891, o tema da reforma tributária sempre esteve presente nos debates travados para seu aprimoramento como instrumento auxiliar do processo de desenvolvimento econômico e social.

Limitado a esse papel até a década de 1930, quando predominavam as ideias liberais a respeito do papel do Estado e eram ainda incipientes as bases da produção, que inibiam a maior exploração da tributação para o financiamento de suas necessidades de recursos para essa finalidade, essa realidade começou a se modificar com o triunfo das ideias keynesianas, a emergência do *Estado desenvolvimentista* no Brasil e o avanço do processo de industrialização e diversificação da economia no País.

Nesse processo, foram criadas as condições necessárias para a realização de uma reforma tributária de profundidade que adequasse o sistema a essa nova situação, tornando-o um instrumento essencial de orientação e coordenação do desenvolvimento. Um pacto político firmado na sociedade brasileira, conhecido como *Estado de compromisso*, impediu, contudo, sua realização, e essa só viria a acontecer, de fato, na década de 1960, quando este pacto implodiu diante da crise – econômica e política – que se abateu sobre o Brasil, após o bem-sucedido processo de industrialização do período Juscelino Kubitscheck (1957-1960), provocando o desmoronamento de seus alicerces e ensejando as condições para a realização de um golpe militar de Estado diante do caos econômico e social instaurado.

Duas grandes reformas do sistema tributário foram realizadas a partir dessa época. Na primeira, em 1965/66, sob o comando do regime autoritário instalado no País, o sistema foi ajustado e modernizado para os objetivos do crescimento econômico, transformando-se numa poderosa ferramenta do processo de acumulação. A prioridade conferida a esse objetivo, como visto na Parte I deste trabalho, comprometeu o seu papel como instrumento de redução das desigualdades sociais, ao mesmo tempo que o conduziria, pelas renúncias tributárias que seriam feitas para o capital e as camadas de renda mais favorecidas da sociedade, a uma grave crise fiscal no final da década de 1970 e à perda de sua funcionalidade como instrumento de política econômica manejado pelo Estado.

Na segunda, na Constituição de 1988, procurou-se recuperar o sistema também como instrumento de redução das desigualdades, mas a ênfase conferida à descentralização das receitas entre os entes federativos, visando fortalecer as bases da federação, e à universalização das políticas sociais, terminou enfraquecendo aquele objetivo e dando origem a um caos tributário. Mesmo o arranjo tributário estruturado para sustentar o novo desenho federativo e o maior compromisso do Estado com a oferta de políticas sociais terminaram revelando-se, em pouco tempo, inconsistentes, e o sistema ingressou num processo de rápida degeneração de sua estrutura a partir da década de 1990, amplificando suas distorções e trazendo de volta, à cena, as demandas para sua reforma, a qual, até o momento, não conseguiu ir adiante.

2. Origem do caos tributário: Constituição de 1988, ajuste fiscal e globalização

O fato é que, desde a Constituição de 1988, o tema da reforma tributária tem constado da agenda de reformas que o Brasil precisa realizar para destravar os caminhos do crescimento econômico e permitir o seu reencontro com os princípios da justiça fiscal. Todos os governos do período democrático, sem exceção, não se dispuseram, até hoje, e enfrentar essa questão, a não ser introduzindo algumas mudanças pontuais e localizadas em sua estrutura, geralmente guiadas pelo imediatismo e que mais contribuíram para aumentar o seu grau de degeneração do que propriamente para recuperá-lo como instrumento de política econômica e social à disposição do Estado para viabilizar seus objetivos.

PARTE III - UM OLHAR PARA O FUTURO: A NECESSIDADE...

Como se analisou nas Partes I e II deste trabalho, a Constituição de 1988 foi pródiga em realizar uma redistribuição dos campos de competência e das receitas em favor dos estados e municípios, prejudicando a União, ao não aprovar um programa consistente de redistribuição dos encargos, deixando brechas, nessa estrutura, para potencializar as disputas por recursos entre os entes federativos e tornar o sistema sujeito a permanente instabilidade. Foi, igualmente, generosa na ampliação e universalização dos direitos sociais, em resposta à forte demanda da sociedade por essas políticas, à época, aprovando, no *Capítulo da Ordem Social*, a Seguridade Social, com estrutura própria e independente dos recursos fiscais tradicionais contemplados no *Capítulo Tributário*.

Essa *dualidade tributária* que brotou da Constituição de 1988, com dois sistemas de impostos regulados por normas e princípios distintos, somada ao quadro de gravíssima crise fiscal do setor público nas décadas de 1980 e 1990 e de permanente ameaça de um processo hiperinflacionário, juntamente com o aumento das responsabilidades da União na oferta de políticas públicas, sem contar com um adequado mecanismo de financiamento, encontra-se na raiz da crescente degenerescência que conheceria o sistema tributário a partir dessa época e da qual os governos têm, sistematicamente, se esquivado de enfrentar. Sem negar suas boas intenções e seus méritos, ela teria abrigado, com tal desenho, o ovo da serpente que daria vida ao caos tributário,[152] criado pelo próprio governo ao se valer dessa estrutura para solucionar seus problemas de financiamento.

Isso porque, reagindo à perda de receitas que lhe foi imposta pela Constituição, em contraposição à ampliação de suas responsabilidades, e necessitando de melhorar as contas públicas para viabilizar um programa de estabilização da economia, o governo federal deu início à implosão das estruturas que separavam o *Orçamento Fiscal do Orçamento da Seguridade*, passando a explorar mais as contribuições sociais para o financiamento de seus gastos, mesmo porque, além de mais produtivas

---

[152] REZENDE, Fernando; OLIVEIRA, Fabrício Augusto; ARAÚJO, Érika A. *O dilema fiscal*: remendar ou reformar? Rio de Janeiro: Editora FGV, 2007.

do ponto de vista da arrecadação, não tinha a obrigação de repartir seus resultados com estados e municípios. Pôs em marcha, com isso, um processo de progressiva desestruturação do sistema, que, mantido desde então, porque funcional para seus objetivos, passou a constituir o principal obstáculo ao avanço de qualquer proposta de sua reforma.

Foi por isso que o governo Fernando Henrique Cardoso (1995-2002) encaminhou uma proposta de reforma tributária no primeiro ano de seu mandato, em 1995, aprovada em 1999, na forma do Substitutivo Mussa Demes, mas logo se transformou em seu principal opositor, quando percebeu que as mudanças subtrairiam recursos do governo federal. O Governo Lula (2003-2010) enviaria uma nova proposta para ser votada, edulcorada com cosméticas e tímidas mudanças redistributivas, mas sua aprovação, no final de 2003 (Emenda Constitucional 42/03), restringiu-se a medidas essenciais para a manutenção do compromisso com o ajuste fiscal, caso da prorrogação da CPMF e da Desvinculação das Receitas da União (DRU), enquanto as demais questões foram transferidas para decisão em um novo projeto (PEC 233/2008), o que não aconteceu, principalmente devido aos conflitos federativos que suscitava. No primeiro mandato do governo Dilma (2011-2014), a única iniciativa nesse sentido restringiu-se a fazer um fatiamento do fatiamento das propostas, contentando-se em buscar solução para um problema específico de um imposto, o das alíquotas interestaduais do ICMS, base das guerras fiscais entre os estados, e nem assim obteve êxito, provavelmente por falta de maior empenho – ou interesse – do governo federal na sua aprovação.

O interessante é que nenhuma dessas propostas se preocupou com a mudança do perfil da carga tributária incidente sobre a sociedade, de forma a melhorar sua distribuição. Foram propostas ancoradas basicamente na tributação indireta, com a maior preocupação de reduzir a cumulatividade da tributação e coibir a guerra fiscal entre os entes federativos – importantes questões que também travam o crescimento econômico –, mas nenhuma delas, de modo geral, dedicou atenção a propor mudanças na tributação direta – no imposto de renda e no imposto sobre o patrimônio –, visando tornar o sistema mais progressivo, o que seria importante não somente para resgatá-lo como um instrumento de justiça fiscal, mas também do próprio crescimento econômico.

PARTE III - UM OLHAR PARA O FUTURO: A NECESSIDADE...

Isso porque, por meio da maior exploração de impostos dessa natureza, seria possível fortalecer a capacidade de financiamento do Estado, ao mesmo tempo que se abririam espaços para a desoneração da produção e dos investimentos e também para o fortalecimento do mercado interno com a redução da tributação sobre as classes de menor renda, que possuem maior propensão a consumir. Igualmente, nenhum desses governos ousou também enfrentar o desafio de fazer uma revisão do modelo federativo, visando reestruturar e fortalecer suas bases de sustentação, preferindo trilhar o caminho mais fácil de promover uma progressiva concentração do poder na esfera federal para controlar suas finanças e suas decisões de gasto.

Tal situação, já evidente na primeira metade da década de 1990, agravou-se, ainda mais, quando, a partir do Plano Real, os governos que comandaram o País se deixaram seduzir pelo pensamento conservador, contando com o apoio de seus auxiliares e dos funcionários do capital nessa questão, de que a política fiscal deveria se tornar exclusivamente fiadora do processo de estabilização, garantindo a geração de elevados *superávits* fiscais para impedir o crescimento descontrolado da relação dívida/PIB, e a tributação deixar de representar, com a queda das fronteiras nacionais, em tempos de globalização, um campo propício para a prática de políticas redistributivas, pelas distorções que provoca em termos de alocação de recursos na economia e pela possibilidade que significa para a fuga de capitais para outros países, onde é menor a taxação sobre os lucros das empresas, sobre o patrimônio, sobre a renda dos trabalhadores mais qualificados, enfim, sobre os fatores que possuem maior mobilidade espacial. O papel da tributação deveria estar restrito, na visão desse novo paradigma teórico, a garantir receitas necessárias para o Estado honrar seus compromissos com o pagamento dos juros da dívida, evitando borrar o cenário da estabilização e lançar o seu ônus sobre os fatores de menor mobilidade espacial, o que significa priorizar a cobrança de impostos sobre o consumo, sobre os trabalhadores menos qualificados, sobre a propriedade imobiliária etc.[153]

---

[153] OLIVEIRA, Fabrício Augusto. *Economia e política das finanças públicas no Brasil*: um guia de leitura. São Paulo: Editora Hucitec, 2009.

A necessidade de realizar reformas tributárias à luz desse pensamento, que se tornou hegemônico a partir dessa época no processo de globalização do capital, com o objetivo de promover a harmonização de suas estruturas, visando evitar esses problemas, as novas normas e ordens que com ele nasceram parecem ter encontrado eco principalmente nos países periféricos. No Brasil, as "revoluções" feitas no imposto de renda, primeiramente pelo ministro da Fazenda, Maílson da Nóbrega, em 1987 e 1988, e, posteriormente, pelo secretário da Receita Federal, Everardo Maciel, em 1995, com a aprovação da Lei 9.249, que reduziu consideravelmente a incidência desse imposto sobre o capital e as camadas mais ricas da sociedade, representam exemplos conspícuos dessa tendência. Mas o fato é que – bom que se repita – o mesmo não teria acontecido, pelo menos na dimensão sugerida, nas economias desenvolvidas, como indicam os dados sobre a sua realidade tributária.

Nelas, de uma maneira geral, o imposto de renda continuou – e continua – tendo uma participação expressiva na arrecadação, como atestam os dados da OCDE para 2015. É o que ocorre na Dinamarca (63%), Estados Unidos (49%), Noruega (39%), Bélgica e Reino Unido (36%), Itália (32%), atingindo em média, 34% para o conjunto dos trinta e quatro países desse bloco, enquanto, no Brasil, essa participação não passou de 21% nesse mesmo ano. Além disso, continuam muito desiguais, embora bem mais elevadas do que no Brasil, as alíquotas-teto incidentes sobre a renda das pessoas físicas (IRPF), caso da Bélgica (50%), Portugal (48%), Alemanha, Austrália, Reino Unido e França (45%), Itália (43%), Estados Unidos (39,6%) e Espanha (30,5%), para ficar em alguns exemplos. Nem por isso, se tem notícia de que tenham ocorrido fugas expressivas dos fatores de maior mobilidade espacial de alguns dos países que cobram impostos mais elevados para os que dão tratamento mais privilegiado para esse tipo de rendimento, como se verá mais à frente.[154]

Da mesma forma que o pensamento econômico dominante passou a enxergar a tributação com os olhos mais sedentos por ganhos

---

[154] OCDE. Revenue Statistics Comparative Tables. 2015. Disponível em: https://stats.oecd.org/index.aspx?DataSetCode_REV. Acesso em: 10 out. 2019.

do capital, o mesmo ocorreu com a política fiscal, considerada em seu conjunto. A esta, sempre com o argumento de não se transformar em motivo para afugentar os capitais do país, passaria a caber apenas a função de proteger e preservar a riqueza financeira, de forma a manter o Estado solvente para garantir o pagamento dos juros da dívida do Estado, com a produção de elevados e, sempre que necessário, crescentes *superávits* primários. Esse, pelo menos, tem sido o caminho que o Brasil tem trilhado desde a década de 1990, sem que nenhum governo, independentemente de sua filiação política – centro, esquerda, direita – ouse mudar essa equação, que, benéfica para os detentores da riqueza, transformou-se em fonte de degenerescência da estrutura tributária e em obstáculo para o crescimento econômico e a justiça fiscal.

A profunda e prolongada recessão que conheceu a economia brasileira no período 2014-2016, quando o PIB se contraiu mais de 8%, em termos reais, devido principalmente às políticas econômicas equivocadas do governo Dilma Rousseff (2011-2016), acompanhado da falência financeira e fiscal dos diversos níveis de governo, tornou ainda mais premente a necessidade de realização de uma reforma tributária abrangente no País. Isso por ser mais do que necessária para permitir ao Estado recuperar o seu protagonismo na orientação e condução do processo de desenvolvimento econômico e social, com a recomposição de suas bases de financiamento, e propiciar a remoção dos óbices existentes, no campo tributário, que prejudicam o crescimento econômico e ampliam as desigualdades de renda, bem como para pavimentar o caminho para a reconstrução das bases da federação. Um desafio que teria de ser enfrentado por um novo governo, caso comprometido com a construção mais sólida de suas bases econômicas e de um País mais justo socialmente.

3. Consequências do caos tributário: complexidade, iniquidade e entrave do crescimento e da federação e os caminhos da reforma no Brasil

Predomina, no Brasil, o consenso de que o sistema tributário se apresenta repleto de distorções, insuficiente tanto para garantir um padrão de financiamento adequado e estável para o Estado, e que funciona, também, como força contrária à simplicidade e à transparência, ao crescimento econômico, à questão da equidade e à federação. Com todas essas distorções, é um sistema que já deveria ter recebido melhor atenção das autoridades governamentais para corrigir pelo menos algumas de suas mazelas, com o que poderiam ser resolvidos alguns dos não poucos problemas da economia brasileira. Mas não é bem o que tem ocorrido, a não ser por algumas pequenas mudanças nele introduzidas. Estas, em substância, em nada alteraram sua essência.

A complexidade do sistema é impressionante. Segundo o Instituto Brasileiro de Planejamento Tributário (IBPT), da Constituição de 1988 até setembro de 2016, foram editadas 363 mil normas tributárias pelos três níveis de governo – federal, estadual, municipal –, o que significa 31 normas por dia, 45 por dia útil e 5,6 por hora útil.[155]

A isso se somam 27 legislações diferentes do principal imposto sobre o consumo, o ICMS, porque de competência dos estados da federação, com autonomia para definir suas regras, bem como a superposição de impostos e contribuições sociais e econômicas incidentes sobre as mesmas bases produtivas. É uma situação não muito distinta da observada para os impostos sobre o patrimônio, os quais, apesar de em grande número, geram níveis desprezíveis de arrecadação de pouco mais de 1% do PIB. Tal situação termina sendo altamente propícia para a atividade do planejamento tributário, aumentando o custo do contribuinte para administrar o pagamento de suas obrigações tributárias, e justifica a crítica a ele feita de ter se transformado em um verdadeiro "manicômio tributário".

Analisada pela sua dimensão, a carga tributária, atualmente em torno de 33% do PIB, pode, no Brasil, ser considerada elevada, quando comparada com a de alguns países da América Latina, com as economias

---

[155] INSTITUTO BRASILEIRO DE PLANEJAMENTO TRIBUTÁRIO. *Quantidade de normas editadas no Brasil:* 28 anos de Constituição Federal. Curitiba: IBPT, out. 2016.

PARTE III - UM OLHAR PARA O FUTURO: A NECESSIDADE...

emergentes e também com alguns países desenvolvidos, com renda *per capita* bem superior, caso dos Estados Unidos, do Japão, da Espanha, do Reino Unido, por exemplo, o que prejudica a competitividade da produção nacional ao encarecer seus produtos.[156]

Considerando, no entanto, de um lado, as grandes desigualdades sociais do Brasil e os ainda elevados níveis de pobreza existentes, e, de outro lado, que cabe idealmente ao Estado manejar os impostos para encurtar as distâncias entre ricos e pobres, até mesmo para garantir maior coesão social, o tamanho dessa carga pode até se justificar, desde que efetivamente o Estado compense a sociedade com a oferta de políticas públicas voltadas para a redução das desigualdades existentes.[157]

Quando, no entanto, parcela significativa desses recursos tributários é simplesmente esterilizada com o pagamento dos juros da dívida pública, que atualmente representam cerca de 20% de toda a arrecadação, beneficiando o capital financeiro, ela se torna efetivamente onerosa para a sociedade, que pouco recebe de retorno do Estado, e também prejudicial para a atividade produtiva, porque carente de investimentos em infraestrutura econômica e social, para os quais raramente sobram recursos no orçamento.

O maior problema da carga tributária no Brasil reside não tanto na sua *dimensão*, que, pelos motivos apontados, não deixa de ter efeitos nocivos para a competitividade da produção nacional e para a oferta de políticas sociais, mas principalmente na sua *composição*.

Como mostra a Tabela III.1, comparada às dos países da OCDE, a estrutura tributária brasileira conta com um peso muito elevado de impostos indiretos, sabidamente regressivos e que respondem por algo em torno de 75% (incluídos os incidentes sobre a folha de salários) da arrecadação total. Entre eles, incluem-se impostos de má qualidade, de

---

[156] OCDE. Revenue Statistics Comparative Tables. 2015. Disponível em: https://stats.oecd.org/index.aspx?DataSetCode_REV. Acesso em: 10 out. 2019.
[157] OLIVEIRA, Fabrício Augusto. *Reforma tributária e desigualdade social*. São Paulo: Plataforma de Política Social, 2014.

incidência cumulativa, prejudiciais para a competitividade por onerar excessivamente a produção devido à tributação em cascata.

Impostos indiretos são reconhecidamente regressivos porque sua incidência não tem como referência a renda do consumidor, mas apenas o seu consumo, não diferenciando, portanto, seus diferentes níveis de poder aquisitivo. Quando muito, podem ter sua regressividade atenuada, ao se estabelecerem alíquotas diferenciadas de acordo com a essencialidade do produto, ou seja, definindo-se alíquotas mais elevadas para bens de luxo, por exemplo, em relação às dos bens de primeira necessidade ou de produtos que compõem a cesta de consumo das classes de menor renda. Mas isso apenas atenua, sem eliminar, sua regressividade, prejudicando as classes de menor poder aquisitivo e, como decorrência, enfraquecendo o mercado interno de consumo de bens.

Tabela III.1
OCDE e Brasil: Composição da carga tributária, por tipo de impostos – 2015

Países	Renda	Patrimônio	Consumo	Outros	Total	CT (% PIB)
Alemanha	31,2	2,9	27,8	38,1	100,0	37,1
Bélgica	35,7	7,8	23,8	32,7	100,0	44,8
Chile	36,4	4,4	54,1	5,1	100,0	20,5
Coreia do Sul	30,3	12,4	28,0	29,3	100,0	25,2
Dinamarca	63,1	4,1	31,6	1,2	100,0	45,9
Espanha	28,3	7,7	29,7	34,3	100,0	33,8
Estados Unidos	49,1	10,3	17,0	23,6	100,0	26,2
França	23,5	9,0	24,3	43,2	100,0	45,2
Holanda	27,7	3,8	29,6	38,9	100,0	37,4
Irlanda	43,0	6,4	32,6	18,0	100,0	23,1
Itália	31,8	6,5	27,3	34,4	100,0	43,3
Japão	31,2	8,2	21,0	39,6	100,0	30,7
Noruega	39,4	2,9	30,4	27,3	100,0	38,3
Portugal	30,2	3,7	38,4	27,7	100,0	34,6
Reino Unido	35,3	12,6	32,9	19,2	100,0	32,5
Suécia	35,9	2,4	28,1	33,6	100,0	43,3
Turquia	20,3	4,9	44,3	30,5	100,0	25,1
Média OCDE	**34,1**	**5,5**	**32,4**	**28,0**	**100,0**	**34,0**
Brasil*	**21,0**	**4,4**	**49,7**	**24,9**	**100,0**	**32,6**

Fontes: OCDE. Revenue Statistics Comparative Tables. 2015. Disponível em: https://stats.oecd.org/index.aspx?DataSetCode_REV.Acesso em: 10 out. 2019.; Receita Federal Brasileira. *Carga Tributária de 2015*. Brasília: Receita Federal, Centro de Estudos Tributários e Aduaneiros, 2015.
(*) inclui CSLL no Imposto de Renda

Se a política de diferenciação e seletividade das alíquotas é possível para os impostos que incidem sobre o valor agregado, o mesmo não ocorre com os impostos que são cobrados sobre o faturamento ou a receita bruta das empresas, com alíquota única, os chamados impostos cumulativos, por não ser possível identificar quanto de imposto o produto contém, à medida que vai se acumulando a cada etapa do seu ciclo de produção e comercialização. Sendo assim, são ainda mais nocivos para a questão da equidade e também grave para a da competitividade.

Impostos incidentes sobre o valor agregado que propiciam o aproveitamento do crédito – casos do ICMS, do IPI, por exemplo – são, por essa razão, pelo menos teoricamente, neutros em se tratando de sua incidência no preço final do produto, com sua alíquota efetiva (final) correspondendo à alíquota legalmente estabelecida. Já no caso dos impostos cumulativos, essas alíquotas – legal e efetiva – não coincidem, com a segunda sendo sempre superior à primeira, distância que se amplia em função da dimensão e extensão da cadeia de produção e comercialização dos produtos. Assim, alíquotas legais modestas de 1% ou 2%, por exemplo, podem, dependendo da extensão dessa cadeia, ser bem superiores em termos efetivos, onerando a produção, reduzindo o seu poder de competição e penalizando o consumidor.

A participação dos impostos cumulativos na estrutura tributária, bastante reduzida com a reforma tributária de 1966, voltou a aumentar consideravelmente na década de 1990, quando a União, visando recuperar sua participação no "bolo tributário", passou a dar ênfase à exploração das contribuições sociais e econômicas para o seu financiamento, as quais são caracteristicamente cumulativas por incidirem sobre o faturamento, a receita bruta e a folha de salários. Mesmo que posteriormente seu peso tenha sido reduzido com a reforma (parcial) do PIS e da COFINS, no início da década de 2000, e a extinção da CPMF, em 2008, ainda hoje é apreciável sua contribuição na geração da receita tributária, apesar das distorções que provoca.[158]

A bem da verdade, na atualidade, pouco se sabe sobre o peso efetivo dos impostos indiretos cumulativos na estrutura tributária brasileira. Mesmo o ICMS, um imposto teoricamente incidente sobre o valor agregado, apresenta um elevado grau de cumulatividade: em primeiro lugar, porque uma parte dos créditos a que dá direito, especialmente na exportação de produtos, termina não sendo devidamente ressarcida para seus credores; em segundo, pela sistemática de sua cobrança "por dentro", prevista constitucionalmente, o que transforma uma alíquota legal de 30%, por exemplo, em uma alíquota efetiva de

---

[158] OLIVEIRA, Fabrício Augusto. *A evolução da estrutura tributária e do fisco brasileiro*: 1889-2009. Brasília: IPEA, 2010.

42%. Além disso, com a criação de vários regimes especiais de tributação, como o Simples, por exemplo, ou a mudança da tributação da folha de pagamento para o faturamento das empresas, o grau de cumulatividade da estrutura tributária se tornou uma incógnita, devido ao rateio que se faz da arrecadação entre vários tributos. Por outro lado, o regime de Substituição Tributária, em que pese favorável para a Receita, pela antecipação do recolhimento do imposto, pela proteção de seu valor real do processo inflacionário e por atuar como barreira à sonegação, transforma-se em problema – e até mesmo em eventual perda – para o contribuinte de direito (a empresa que adquire e comercializa o produto), caso sua venda se estenda no tempo ou não se materialize.

A reforma da tributação indireta deve contemplar, assim, necessariamente, mudanças que removam ou, pelo menos mitiguem a cumulatividade dos impostos e contribuições (sociais e econômicas), de forma a permitir que se abra espaço para a criação de um imposto mais amplo incidente sobre o valor agregado (um IVA), visando tanto simplificar o sistema como reduzir o "custo-Brasil". Ora, isso implica modificações em tributos de competência dos vários níveis de governo (federal, estadual, municipal) e também nas contribuições, cujos recursos são, legalmente, reservados para o financiamento da Seguridade Social. Por isso, não é uma equação fácil de ser resolvida, pois pode representar perdas para as partes por ela mais diretamente afetadas. Assim, será necessário mapear conflitos, negociar alternativas e construir mecanismos críveis e legislação confiável compensadoras de eventuais perdas de recursos para que as mudanças sejam aceitas pelos setores e que toda a sociedade seja por elas beneficiada.[159]

A criação de um imposto sobre o valor agregado, incidente pelo princípio do destino, com alguma alíquota mínima sendo cobrada na

---

[159] Um diagnóstico profundo e uma proposta abrangente de reforma do sistema tributário brasileiro para a correção de seus principais problemas e distorções foram realizados pela Associação Nacional dos Auditores da Receita Federal do Brasil (ANFIP) e pela Federação Nacional do Fisco Estadual e Distrital (FENAFISCO), em trabalho coordenado e organizado por Eduardo Fagnani, nos anos de 2017-2018: FAGNANI, Eduardo (org.). *A reforma tributária necessária:* diagnóstico e premissas. Brasília: ANFIP, FENAFISCO; São Paulo: Plataforma de Política Social, 2018, p. 806.

origem, visando fechar brechas para a sonegação, teria o condão de coibir as guerras fiscais entre os estados e remover uma das grandes distorções do sistema tributário, prejudicial para o crescimento econômico e para a arrecadação. Com ele, mais facilmente poderão ser estabelecidas alíquotas diferenciadas e seletivas, de acordo com a essencialidade do produto, mitigando a grande regressividade da tributação indireta.

As mudanças não deveriam parar, no entanto, por aí. O elevado nível de renúncias tributárias atualmente existentes – estimadas em 20% da arrecadação federal – deve ser motivo de criteriosa avaliação, pondo-se cobro àquelas concedidas em determinadas conjunturas que não mais as justificam, ou as que se tornaram desnecessárias, por já terem sido atingidos os objetivos para os quais foram criadas. A extinção da prática secular no Brasil de se transformar em direito adquirido incentivos que deveriam ser temporários é uma exigência para que se fechem canais que esterilizam recursos públicos em benefício de alguns setores, sem retorno para a sociedade.

A questão da tributação sobre a folha salarial merece, pelas discussões ocorridas nos últimos anos, uma breve reflexão. É evidente que a Previdência, pelo que representa atualmente para a política social, não pode ser financiada apenas com encargos incidentes sobre a folha de salários. O avanço tecnológico desigual entre os setores produtivos produziu oneração excessiva para segmentos que permanecem intensivos em trabalho, enquanto setores de alta intensidade tecnológica passaram a não mais ser onerados e deixaram de participar do financiamento dessa política. A desastrada experiência da desoneração iniciada em 2011, além de perder o foco dos setores realmente afetados e gerar uma espécie de clientelismo tributário, ainda conseguiu introduzir um novo tributo do tipo cobrança em cascata[160] e acabou criando, como decorrência, o pior dos mundos para o seu financiamento.

Como na atual estrutura tributária brasileira os impostos indiretos são predominantes, enquanto os impostos diretos – renda e patrimônio –,

---

[160] A tributação sobre a folha foi substituída, em mais de 50 setores produtivos, por uma alíquota sobre faturamento, claro fator de degradação da qualidade do sistema tributário.

teoricamente impostos mais progressivos e civilizados, participam com pouco mais de 20% no total da carga tributária, não deve causar estranheza que o Brasil conte com um sistema de impostos na contramão do que recomenda um princípio caro às finanças públicas, o da equidade, ou seja, cobrar proporcionalmente mais impostos de quem mais recebe.

A Tabela III.2 mostra, por sua vez, o quão distante o Brasil se encontra dos países desenvolvidos da OCDE em termos de taxação dos rendimentos do capital e das pessoas físicas. Enquanto na média da OCDE, o imposto de renda representou 34,1% de sua receita total (ou 11,5% do PIB) no ano de 2015, no Brasil não passou de 21%, incluindo a CSLL, ou 6,8% do PIB. Esses números revelam que, apesar da tendência de redução do imposto de renda para o capital e os rendimentos das pessoas físicas, devido aos motivos anteriormente apontados, o Brasil tem se destacado em relação a esse conjunto de países como completamente descomprometido com o princípio da justiça fiscal.

Tabela III.2
OCDE e Brasil: Imposto sobre a renda total, individual (IRPF) e das corporações (IRPJ), em percentagem da receita e do PIB – 2015

Países	Imposto de Renda Total		IRPF		IRPJ	
	% na Receita	% no PIB	% na Receita	% no PIB	% na Receita	% no PIB
Alemanha	31,2	11,6	26,5	9,8	4,7	1,7
Bélgica	35,7	16,0	28,3	12,7	7,4	3,3
Chile	36,4	7,5	9,8	2,0	21,0	4,3
Coreia do Sul	30,3	7,6	17,2	4,3	13,1	3,3
Dinamarca	65,2	29,0	55,2	25,3	5,6	2,6
Espanha	28,3	9,6	21,3	7,2	7,0	2,4
Estados Unidos	49,1	12,9	40,5	10,6	8,5	2,2
França	23,5	10,6	18,9	8,5	4,6	2,1
Holanda	27,7	10,4	20,5	7,7	7,2	2,7
Irlanda	43,0	9,9	31,6	7,3	11,3	2,6
Itália	31,8	13,8	26,0	11,3	4,7	2,0
Japão	31,2	9,6	18,9	5,8	12,3	3,8
Noruega	39,4	15,1	27,9	10,7	11,5	4,4
Portugal	30,2	10,4	21,2	7,3	9,0	3,1
Reino Unido	35,3	11,5	27,7	9,0	7,5	2,5
Suécia	35,9	15,5	29,1	12,6	6,9	3,0
Turquia	20,3	5,1	14,6	3,7	5,7	1,4
Média OCDE	**34,1**	**11,5**	**24,4**	**8,4**	**8,9**	**2,8**
Brasil*	**21,0**	**6,8**	ND**	ND**	ND**	ND**

Fontes: OCDE. Revenue Statistics Comparative Tables. 2015. Disponível em: https://stats.oecd.org/index.aspx?DataSetCode_REV.Acesso em: 10 out. 2019; Receita Federal Brasileira. Brasília: Receita Federal, Centro de Estudos Tributários e Aduaneiros. Carga Tributária de 2015. Disponível em: http://www.receita.fazenda.gov.br..

(*) inclui receita da CSLL

(**) A Receita Federal divulga os dados do imposto de renda das pessoas físicas e jurídicas, mas uma parte apreciável de sua arrecadação (+ de 50%) aparece registrada como não alocável, dificultando sua origem e a identificação de quem o paga, se pessoa física ou jurídica, e, como decorrência, a confiabilidade desse cálculo.

Estudo do IPEA, de 2009, estimou uma carga tributária bruta de 53,9% para as famílias que ganhavam até 2 salários mínimos, de 41,9% para as que se situavam na faixa de 2 a 3, com esta apresentando tendência declinante à medida que se avança para maiores níveis de renda, até se situar em 29% para as famílias que recebiam mais de 30 salários mínimos.[161] Um sistema altamente regressivo, que opera, portanto, como uma espécie de Robin Hood às avessas, em que cabe aos mais pobres o maior fardo de financiamento dos gastos do Estado, os quais tendem a favorecer, de maneira geral, as classes das camadas mais ricas e o capital.

Ora, um sistema tributário com esse perfil não é prejudicial apenas para a questão da justiça fiscal, mas também para a própria atividade econômica e para o crescimento. Apesar do pensamento conservador que condena a tributação sobre os mais ricos, alegando ser destes que nasce a poupança para os investimentos, baseado em teses anacrônicas como a da improdutividade dos gastos do Estado e da necessidade de uma poupança prévia para a acumulação, e do novo paradigma teórico de que se deve evitar a taxação sobre os fatores de maior mobilidade espacial, o Estado, ao abdicar de cobrar impostos desses segmentos, estreita consideravelmente suas bases de tributação, penaliza exageradamente as camadas da sociedade de menor poder aquisitivo e enfraquece o potencial de crescimento da economia. Isso porque, como demonstrou Keynes em seu trabalho lapidar de 1936,[162] são as camadas de mais baixa renda que, por possuírem maior propensão ao consumo, tendem a fortalecer a demanda agregada e o mercado interno, revitalizar as forças do sistema e contribuir para atenuar as flutuações cíclicas do sistema. Não se trata, assim, apenas de uma questão de justiça fiscal, mas também de uma razão econômica.

É amplo o campo que pode ser explorado no caso da tributação direta para o aumento da arrecadação, inclusive para mais do que compensar eventuais perdas de receitas que venham a ocorrer com a reforma da tributação indireta. Se seguir o caminho dos países mais desenvolvidos, nos quais o peso dos impostos diretos é bem mais elevado em suas estruturas tributárias, o Brasil certamente estará dando passos importantes para modificar a tradição histórica no País que considera crime ou

---

[161] IPEA. *Receita pública:* quem paga e como se gasta no Brasil. Brasília: Comunicado da Presidência n. 22, 19 jun. 2009.
[162] KEYNES, John Maynard. *A Teoria geral do emprego, do juro e da moeda.* São Paulo: Editora Cultural Abril, [1936] 1983.

pecado capital cobrar impostos do capital e das camadas mais ricas, transformando-se efetivamente em um sistema que contribui para a redução das desigualdades sociais e de renda.

Além da maior exploração dos impostos cobrados sobre a riqueza acumulada (o patrimônio), que, no Brasil, geram níveis desprezíveis de receitas (cerca de 1% do PIB), muito aquém do que ocorre principalmente nas economias desenvolvidas, mudanças nas regras de cobrança do imposto sobre a renda (sobre os fluxos) apresentam potencial considerável para permitir que esse imposto se torne o tributo mais relevante da estrutura tributária do País.

Não são pequenas as alternativas que existem para que isso se torne possível, bastando apenas ousadia política para incluir os setores mais poderosos da sociedade entre os que efetivamente arcam com o ônus da tributação, ousadia da qual se esquivaram, como já se disse, governos dos mais diversos matizes políticos, de direita, esquerda ou centro.

A alíquota-teto do imposto das pessoas físicas, atualmente de 27,5%, uma das mais baixas do mundo, poderia ser elevada para 35-40%, aproximando-se da alíquota média dos países da OCDE e até mesmo dos Estados Unidos, sem provocar grandes desvios em relação ao padrão que vigora no plano internacional. A extinção de injustificadas isenções do pagamento de impostos de rendimentos das pessoas físicas, como as que dizem respeito aos lucros e dividendos por elas recebidos e que constituem parcela apreciável de suas rendas, inscrevem-se também entre as que fortaleceriam a capacidade de geração de receitas desse imposto. O mesmo se pode dizer em relação à subtaxação dos rendimentos das aplicações financeiras, em geral, e à excrescência dos dividendos recebidos pelos acionistas das sociedades anônimas, na forma de Juros sobre o Capital Próprio (JCP). Além disso, uma revisão das deduções das despesas a elas permitido para o cálculo desse imposto, as quais beneficiam, inequivocamente, as camadas mais ricas, fecharia brechas que contribuem para diminuir sua arrecadação.[163]

---

[163] Para muitas dessas questões, consultar os trabalhos: GOBETTI, Sérgio Wulff; ORAIR, Rodrigo Otávio. *Distribuição e tributação de renda no Brasil:* novas evidências a

No caso das pessoas jurídicas, em que são maiores as pressões para se avançar na desoneração desse imposto para melhorar a competitividade da produção nacional, seguindo as tendências internacionais, importante para o Brasil é fechar as brechas na legislação que, internamente, tornam suas alíquotas estatutárias uma ficção e que permitem às empresas inseridas no mercado internacional exportarem seus lucros para paraísos fiscais, escapando do pagamento do imposto.

Regimes especiais de tributação, casos do Lucro Presumido, do Simples e do Microempreendedor Individual (MEI), no qual se abriga a maioria das empresas brasileiras, propiciam ao contribuinte isenções ou pagamento camarada de impostos, muito inferiores aos que seriam cobrados pelo regime normal de tributação ou enquanto contribuintes como pessoas físicas, corroendo as bases da tributação. Uma revisão das condições, limites dos valores das receitas e do faturamento para o enquadramento das empresas nesses regimes, bem como das alíquotas estabelecidas para a incidência do imposto, representaria ganhos importantes para a arrecadação.

De outro lado, especialmente no caso das empresas multinacionais, no que têm sido seguidas por empresas nacionais com o mesmo objetivo, o capital produtivo tem estendido uma rede de filiais em outros países onde se paga pouco ou se é isento do pagamento de impostos, os chamados "paraísos fiscais", visando exportar suas bases tributáveis e escapar de seu pagamento. Mecanismos como os de "preços de transferência" e outros congêneres possíveis no mundo globalizado, em que o capital não tem de "fincar pé" num território para a extração de lucros, podendo materializá-los nesses paraísos por meio de artifícios legais, tornam-se canais de erosão das bases tributárias dos impostos, reduzindo sua contribuição relativa na carga tributária, o que a Lei 9.249/95 apenas aprofundou no Brasil e que uma reforma do sistema não pode ignorar.

---

partir das declarações fiscais das pessoas físicas. Brasília: International Policy Centre for Inclusive Growth, 2015. Disponível em: https://www.conjur.com.br/dl/tributacao-onu.pdf. Acesso: 10 out. 2019; OLIVEIRA, Fabrício Augusto; BIASOTO JR., Geraldo. "A reforma tributária: removendo entraves para o crescimento, a inclusão social e o fortalecimento da federação". *Revista Política Social e Desenvolvimento*, São Paulo, n. 260, set. de 2015.

Deve-se ter claro, no entanto, que a reforma da tributação indireta dificilmente se viabilizará se não realizada simultaneamente com a *revisão do modelo federativo*, pela interação entre eles existente. Essa revisão passa, necessariamente, por uma definição clara e acordada da distribuição de encargos entre os entes federativos, bem como de um adequado mecanismo de financiamento para garantir sua oferta para a população, o que significa reavaliar campos de competência de tributos, sistema de transferências e de partilha de tributos, os quais apresentam hoje muitas inconsistências. É pelo menos o que se espera se o País pretende, de fato, construir uma federação mais equilibrada, e não apenas reproduzir o seu simulacro, como tem sido recorrente em sua história.[164]

Se como resultado da desconstrução federativa que se observou especialmente a partir da década de 1990, o poder foi sendo crescentemente centralizado na esfera federal, em pleno regime democrático, para prejuízo da eficiência das políticas públicas, na revisão do modelo federativo, a reatribuição aos governos subnacionais de autonomia para definir suas próprias políticas, à luz das necessidades e carências de sua população, é essencial para se recuperar as bases da federação e permitir a oferta dessas políticas com melhores resultados. Para essa revisão, é indispensável, contudo, adotar medidas emergenciais para sanear financeiramente os entes que integram a federação.

Depois de mais de duas décadas de políticas de austeridade fiscal, de baixo crescimento da economia, de enfraquecimento dos governos subnacionais com a centralização do poder na esfera federal, a recessão profunda e prolongada de 2014-2016 representou a conclusão do processo de falência financeira dos entes federativos diante da queda substancial de suas receitas e a elevação preocupante de seus níveis de endividamento.

Além da situação crítica do governo central, cujos *déficits* primários retornaram à cena a partir de 2014, com a dívida pública bruta dos governos, em geral, como proporção do PIB, atingindo 75% no final de 2016, a situação dos governos subnacionais apresentava-se não menos

---

[164] Uma análise mais completa das diversas questões que devem ser enfrentadas numa revisão do modelo federativo no Brasil se encontra em Rezende (2009).

dramática: nesse último ano, três dos maiores estados do País registravam nível de endividamento superior ao limite de 200% estabelecido na Lei de Responsabilidade Fiscal: Rio de Janeiro, com 232%; Rio Grande do Sul, com 213%; e Minas Gerais, com 203%.

Dos 27 estados da federação, 13 registravam gastos com pessoal superiores ao limite de 60% em relação à receita corrente líquida, muito como resultado dos desequilíbrios em seus sistemas previdenciários, aos quais, em geral, pouca atenção deram nos períodos de bonança financeira: Minas Gerais (78%), Rio Grande do Sul (76,1%) e Rio de Janeiro (72,3%) apareciam como os casos mais graves. Tocantins (67,8%), Rio Grande do Norte (67,5%), Mato Grosso (67,3%), São Paulo (66%), Bahia (63,4%) e Piauí (62,1%) completavam o quadro dos estados com orçamento mais enrijecido com o pagamento dos salários do funcionalismo.

Em 2017, por outro lado, pelo menos seis estados se defrontavam com dificuldades para efetuar o pagamento dos salários do funcionalismo e, mais ainda, de seu 13º salário, levando alguns a contraírem empréstimos no setor bancário para dar início, ainda que escalonadamente, a esse pagamento: Rio de Janeiro, Minas Gerais, Rio Grande do Sul, Rio Grande do Norte, Sergipe e Tocantins, o mesmo acontecendo com mais de centenas de municípios espalhados pelo País.

Tal situação, em que se transfere para o futuro compromissos financeiros do presente, é indicadora de uma progressiva condição de falência dos entes federativos que compromete crescentemente sua capacidade de ofertar políticas públicas para a população, caso não se empreendam ações para solucioná-la e para se poder avançar na revisão do modelo federativo.

Estes os desafios colocados para uma reforma tributária que propicie ao Brasil o reencontro com o crescimento econômico, o compromisso com a questão da equidade e a reconstrução das bases da federação. Embora outras questões não possam ser ignoradas para tais objetivos, predomina o consenso de que, sem essa reconstrução, dificilmente eles serão atingidos.

Referências bibliográficas

INSTITUTO BRASILEIRO DE PLANEJAMENTO TRIBUTÁRIO. *Quantidade de normas editadas no Brasil:* 28 anos de Constituição Federal. Curitiba: IBPT, out. 2016.

FAGNANI, Eduardo (org.). *A reforma tributária necessária:* diagnóstico e premissas. Brasília: ANFIP, FENAFISCO; São Paulo: Plataforma de Política Social, 2018, p. 804.

GOBETTI, Sérgio Wulff; ORAIR, Rodrigo Otávio. *Distribuição e tributação de renda no Brasil:* novas evidências a partir das declarações fiscais das pessoas físicas. Brasília: International Policy Centre for Inclusive Growth, 2015. Disponível em: https://www.conjur.com.br/dl/tributacao-onu.pdf . Acesso: 10 out. 2019.

IPEA. *Receita pública:* quem paga e como se gasta no Brasil. Brasília: Comunicado da Presidência n. 22, 19 jun. 2009.

KEYNES, John Maynard. *A Teoria geral do emprego, do juro e da moeda.* São Paulo: Editora Cultural Abril, [1936] 1983.

OCDE. Revenue Statistics Comparative Tables. Disponível em: https://stats.oecd.org/index.aspx?DataSetCode_REV. Acesso em: 10 out. 2019.

OLIVEIRA, Fabrício Augusto. *Reforma tributária e desigualdade social.* São Paulo: Plataforma de Política Social, 2014.

_____. *A evolução da estrutura tributária e do fisco brasileiro*: 1889-2009. Brasília: IPEA, 2010. (Texto para discussão n. 1469).

_____. *Economia e política das finanças públicas no Brasil*: um guia de leitura. São Paulo: Editora Hucitec, 2009.

OLIVEIRA, Fabrício Augusto; BIASOTO JR., Geraldo. "A reforma tributária: removendo entraves para o crescimento, a inclusão social e o fortalecimento da federação". *Revista Política Social e Desenvolvimento*, São Paulo, n. 260, set. de 2015.

PIKETTY, Thomas. *O Capital no século XXI.* Rio de Janeiro: Intrínseca, 2014.

RECEITA FEDERAL BRASILEIRA. *Carga Tributária de 2015.* Brasília: Receita Federal, Centro de Estudos tributários e Aduaneiros, 2015.

REZENDE, Fernando. *A reforma tributária e a federação*. Rio de Janeiro: Editora FGV, 2009.

REZENDE, Fernando; OLIVEIRA, Fabrício Augusto; ARAÚJO, Érika A. *O dilema fiscal*: remendar ou reformar? Rio de Janeiro: Editora FGV, 2007.

Obras de Fabrício Augusto de Oliveira como autor, coautor, organizador e coorganizador

Governos Lula, Dilma e Temer: do espetáculo do crescimento ao inferno da recessão e da estagnação (2003-2018). Rio de Janeiro: Letra Capital, 2019.

Política Econômica, estagnação e crise mundial: Brasil, 1980-2010. Rio de Janeiro: Editora Azougue, 2012.

A Crise da União Europeia: why pigs can't fly. Belo Horizonte: CORECON-MG/ASSEMG, 2012.

Dívida pública do Estado de Minas Gerais: a renegociação necessária. Belo Horizonte: Paulinelli, 2012.

As muitas Minas: ensaios sobre a economia mineira. Belo Horizonte: Conselho Regional de Economia, 2010.

Subprime: os 100 dias que abalaram o capital financeiro mundial e os efeitos da crise sobre o Brasil. Belo Horizonte: CORECON/MG, 2009.

Economia e política das finanças públicas no Brasil: um guia de leitura. São Paulo: Editora Hucitec, 2009 (1º Lugar Prêmio Brasil de Economia de 2011, do Conselho Federal de Economia-COFECON).

O Dilema fiscal: reformar ou remendar? Rio de Janeiro: Editora FGV-CNI, 2007.

Disciplina fiscal e qualidade do gasto público: fundamentos da reforma orçamentária. Rio de Janeiro: Editora FGV, 2005.

Federalismo e integração econômica regional: desafios do Mercosul. Rio de Janeiro: Fundação Konrad Adenauer, 2004.

Descentralização e federalismo fiscal no Brasil: desafios da reforma tributária. Rio de Janeiro: Fundação Konrad Adenauer, 2003.

O Orçamento público e a transição de poder. Rio de Janeiro: Editora FGV, 2003.

FABRÍCIO AUGUSTO DE OLIVEIRA

Contribuintes e cidadãos: compreendendo o orçamento federal. Rio de Janeiro: Editora FGV, 2002.

Crise, reforma e desordem do sistema tributário nacional. Campinas: Editora da Unicamp, 1995.

Autoritarismo e crise fiscal no Brasil (1964-1984). São Paulo: Editora Hucitec, 1995 (Indicado pela Câmara Brasileira de Livros para o Prêmio Jabuti de 1996).

Recessão e inflação: o (des)ajuste neoliberal. São Paulo: Editora Hucitec, 1992.

A economia brasileira em preto e branco. São Paulo: Editora Hucitec, 1991.

A Reforma Tributária de 1966 e a acumulação de capital no Brasil (2ª edição: revista e atualizada). Belo Horizonte: Oficina de Livros, 1991.

A Política econômica no limiar da hiperinflação. São Paulo: Editora Hucitec, 1990.

Os Descaminhos da estabilização no Brasil. Belo Horizonte: Diário do Comércio/Cedeplar, 1989.

A Reforma Tributária de 1966 e a acumulação de capital no Brasil. (1ª edição). São Paulo: Brasil Debates, 1981.

NOTAS

NOTAS

NOTAS

NOTAS

NOTAS

NOTAS

NOTAS

A Editora Contracorrente se preocupa com todos os detalhes de suas obras! Aos curiosos, informamos que este livro foi impresso no mês de agosto de 2020, em papel Pólen Soft 80g, pela Gráfica Copiart.